IMMORTAL
ON THE STONE

萧易 著

PATRONS OF
BASHU BUDDHIST GROTTOES
IN ANCIENT TIMES

石上众生

巴蜀石窟与古代供养人

广西师范大学出版社
GUANGXI NORMAL UNIVERSITY PRESS

·桂林·

石上众生：巴蜀石窟与古代供养人
Shi Shang Zhong Sheng

绘　　图：金磊磊
摄　　影：陈新宇　甘　霖　李绪成　李　升　李云松
　　　　　李　耿　李　辉　刘　莉　刘乾坤　向文军
　　　　　黄文志　王　炘　余茂智　闫　青　张云飞

出版统筹：廖佳平
策划编辑：邹湘侨
责任编辑：邹湘侨　赵　楠
助理编辑：唐划弋
责任技编：王增元
装帧设计：朱星海　一水长天
内文制作：王媚

图书在版编目（CIP）数据

石上众生：巴蜀石窟与古代供养人 / 萧易著. -- 桂林：广西师范大学出版社，2024.3（2024.4 重印）
　ISBN 978-7-5598-6542-7

Ⅰ.①石… Ⅱ.①萧… Ⅲ.①石窟－研究－四川 Ⅳ.①K879.294

中国国家版本馆 CIP 数据核字（2023）第 202614 号

广西师范大学出版社出版发行
（广西桂林市五里店路9号　邮政编码：541004）
　　网址：http://www.bbtpress.com
出版人：黄轩庄
全国新华书店经销
广西广大印务有限责任公司印刷
（桂林市临桂区秧塘工业园西城大道北侧广西师范大学出版社集团有限公司创意产业园内　邮政编码：541199）
开本：787 mm × 1 010 mm　1/16
印张：25.5　　　字数：250 千
2024 年 3 月第 1 版　　2024 年 4 月第 2 次印刷
定价：86.00 元

如发现印装质量问题，影响阅读，请与出版社发行部门联系调换。

目录

001　　开石窟的人

京华冠盖，不绝于路
（隋 — 盛唐）

016　　广元千佛崖
　　　　大唐官吏开巴蜀石窟之风
016　　唐朝官吏带来石窟风尚
022　　皇泽寺：四川少见的中心柱窟
025　　蜀王杨秀与则天武后
030　　大唐王朝兴衰的晴雨表

040　　巴中石窟
　　　　长安不见　河西驼铃
040　　捡来的隋朝佛像
042　　长安不见使人愁

053	循米仓道入蜀的唐朝官吏
058	来自河西走廊的凉商

067	**米仓道上的天宝遗事**
067	员外尉王伟
069	历史碎片
073	留下题记或是面容

079	**蒲江石窟**
	皇帝、胡人与供养人
079	隋大业十四年
082	两京的粉本，西域的胡人
089	最大胆的唐代供养人

092	**广安冲相寺**
	刺史、郡守与破贼僧
092	广德年间的叛乱
098	巴蜀唯一的隋代定光佛
102	岩壁上的史书

集社结邑，开龛祈福
（盛唐 — 中晚唐）

115	**营山透明岩**
	供养人安禄山谜案
115	令人困惑的安禄山

119	姓名雷同或余情未了？
123	造像与毁佛

130	**佛佑众生**
	唐朝的集社与结邑
130	天宝十三载的集社
136	从皇室到民间：平高里的善男信女
143	经幢上的唐人信仰

147	**夹江千佛岩　牛仙寺**
	青衣江畔的唐代风情画
147	中国大地遍地"千佛"
156	解读《营造法式》的线索
160	那些抵御南诏军队的武将们
162	农田里的三千佛影

168	**唐代古刹造像传奇**
168	洪水"冲出"龙兴寺
173	石笋山，历时四年的开龛
183	花置寺，正在隐去的唐人面庞
184	磐陀寺，因战乱戛然而止

大佛林立，弥勒盛行
（盛唐 — 中晚唐）

196	乐山大佛　天下第一佛

203	大佛之国 乐山大佛和它的兄弟们
203	牛角寨大佛，深山中的半身大佛
206	荣县大佛，鲜为人知的第二大佛
209	半月山大佛，巴蜀耗时最久的大佛
212	潼南大佛，僧人道士三百年接力
214	它们是不是乐山大佛的蓝本？

金戈铁马，乱世离苦
（中晚唐—五代）

228	崇贤里的广明二年
228	千秋万岁，寿命延长
233	九户人家，联合造像
235	倾听者与拯救者

241	咸通六年 大唐都虞候与资中石窟
241	北方天王背后的乱世
251	拨云见日的录事参军
256	来自敦煌莫高窟的信仰

264	内江石窟 晚唐风雨　五代离歌
264	圣水寺，唐人徐庆与阿谢往事

269　资圣寺，循古道而来的中原风尚
276　东林寺，千手观音冠巴蜀
284　高梁寺，远迁蜀地的戎昭军将士

市井生活，人间情趣
（宋代）

294　**安岳石窟**
　　　隐秘的佛息之地

294　杨义的卧佛院之旅
300　中国最集中的摩崖经窟群
305　九死一生的比丘怀真
307　削发为僧的孙孔目
314　在佛祖身边占据一席之地
319　中国晚期石窟的代表作

335　**大足石刻**
　　　宋代市井中的石窟史

335　右手握兵器，左手持佛经
339　中国宋代造像的绝巅
350　石篆山庄园主严逊
356　化首岑忠用的烦恼
363　经变故事，宋人的生活史
370　圣寿本尊殿僧人赵智凤

日暮残阳，星星落落
（明代）

385	泸县玉蟾山 铁骑下绽放的莲花
385	明代石窟凤毛麟角
387	家家念弥陀，户户拜观音
395	明人笔记小说中的鲜活生命
396	一代代供养人的身影

开石窟的人

公主

大唐天宝十五载（756）六月十三日凌晨，夜色如墨，冷雨拂面，长安城禁苑延秋门缓缓开启，71岁的唐玄宗与嫔妃、皇子、皇孙、公主，以及内侍、宦官、御林军，趁着夜色逃离长安。永和公主也在逃难的人群中，她是太子李亨与韦妃之女，玄宗的孙女。

当晚，庞大的队伍宿于金城县槐里驿（今陕西省兴平市），县令早已不知所踪，附近百姓送来粝饭，皇子公主争以手掬食，一抢而空，晚上不分贵贱，枕藉而寝。十四日，玄宗一行到达马嵬坡，士卒哗变，处死宰相杨国忠，逼迫杨贵妃自尽。玄宗无奈，令人草草掩埋贵妃，继续西行，经陈仓、两当、勉县，取道金牛道入蜀，从绵谷县（今广元）渡桔柏江到益昌县（今昭化），途中有个叫观音崖的地方，江边岩壁星星落落悬着几个龛窟。

桔柏江畔，永和公主想到这一路坎坷，不知何时才能回到故土，遂舍了些钱财，雇来工匠开龛。开龛耗时日久，永和公主自然不便久留，交代工匠几句，即随玄宗而去，途中，父亲李亨在灵武即位，是为唐肃宗，遥尊玄宗为太上皇。几个月后，这龛造像完工了，工匠在龛楣刻下五个楷体大字：永和公主造。

几年前，在一次文物调查中，我得以近距离观察永和公主龛，龛高1.1米，宽0.84米，中央设坛，一佛二菩萨立于仰莲座上，菩萨高矮不一，在唐代就算再普通的家庭，捐资的造像也不会如此寒酸，这恰恰是"安史之乱"中唐朝皇室狼狈不堪的见证。近一个月的流亡，饥饿、困顿、屈辱、死亡如影随形，他们中的许多人纷纷舍财开龛。观音崖不少供养人当与这些逃亡者有关。观音崖第39龛亦为一佛二菩萨，龛楣有则题记：左戎卫翊府郎蜀郡聂观敬造。唐朝太子出行，左右翊府郎班剑随行，聂观看来曾在长安任职，辗转来到了蜀地。

永和公主龛，给我提供了一个全新的角度：巴蜀石窟中有哪些供养人，阶层状况如何？不同地域、年代的供养人，有无明显差别？所谓供养人，是佛教中出资开凿石窟、绘制壁画、妆彩佛像的功德主，他们或在石窟中的角落里雕刻自己与家族、亲眷、奴婢的肖像，称"供养人像"；或在龛窟、龛楣留下题记，记录开龛原委、心事愿望。《敦煌石窟供养人研究》记载，莫高窟现存洞窟中有供养人画像的有281个，画像总数超过了9000身。

此后的几年中，我重新对巴蜀石窟进行调查，并着重寻找供养人信息：广元千佛崖、皇泽寺，巴中南龛、西龛、水宁寺，旺苍佛子崖，蒲江飞仙阁、龙拖湾，营山透明岩，夹江千佛岩、牛仙寺，内江圣水寺、资圣寺、东林寺，资中重龙山、御河沟，大足宝顶山、北山、石门山，安岳茗山寺、卧佛沟、毗卢洞，泸县玉蟾山……我的行囊中，通常只有几本出版于20世纪80年代的关于巴蜀石窟的简单指南，以及杂志上发表的论文。并非我有意偷懒，有关巴蜀石窟的史料实在少之又少，我那简单的行囊，实是巴蜀石窟研究成果的缩影。

巴蜀地区除广元、巴中、夹江、大足外，许多石窟还未出版总目，供养人信息就更鲜为人知了。经过几年调查，结合《八琼室金石补正》《金石苑》等金石学著作，以及前人的研究资料，我整理出数百位供养人信息，他们或在石窟中留下形象，或在龛壁、龛楣写下题记。敦煌莫高窟供养人，有"千人一面"的情况，即服饰、头饰基本一样，相貌也千篇一律，巴蜀石窟的供养人也存在这个情况，单凭石刻雕像，我们很难判断其准确身份；题记内容则十分丰富，供养人的官职、籍贯、家庭，乃至祈请，一一可见。

官吏

永和公主开龛前，广元皇泽寺与千佛崖两处岩壁的石窟早已密如蜂巢了。开元三年（715），太子左庶子韦抗出任剑南道按察使、益州大都督府长史，与剑南道的官吏一起，在千佛崖营造大云古洞与韦抗窟；开元八年（720），名臣苏颋赴蜀中任职，也在千佛崖开龛。唐代千佛崖供养人的身份，尚能看到利州刺史、剑州刺史、果州刺史、巴州刺史、利州长史、利州录事、利州参军、金水县令、朝议大夫、内府令、转运使等。

利州（今广元）是金牛道要冲，也是沟通中原与蜀地的官道，京华冠盖，往来不绝，这或许可以解释，为何千佛崖、皇泽寺的早期供养人大多是来自京师的官吏，特别是韦抗、苏颋、毕重华等大员。这些来自京师的队伍中往往不乏技术精湛的画师工匠，最易将长安、洛阳的流行题材带入西蜀。

同为入蜀门户，米仓道上的巴州（今巴中），虽隋代就已有开龛，但直到唐代才出现明确的供养人信息，且官吏依旧占了很大比重，但大多品阶不高：开元二十三年（735），化城县县尉党守业开凿释迦牟尼一铺；开元二十八年（740），化城县主簿张令该在南龛造像；京兆尹严武出任巴州刺史，也于乾元二年（759）为父严挺之造观音菩萨。

晚唐年间，唐王朝陷于与南诏、吐蕃的战争泥潭，金牛道一度中断，米仓道的地位愈发重要。广明元年（880）12月，黄巢义军占领东都洛阳，唐僖宗仓惶入蜀，户部尚书张祎也在南龛开龛，讲述自己颠沛流离的经历。巴中石窟中诸如毗沙门天王、分身瑞像显示出与河西走廊的联系，或许不少供养人是远道而来的西凉商人。

从利州、巴州两地供养人来看，官吏占了多数，这并非偶然。四川有题记的初盛唐龛窟，供养人的身份大多是官吏，且往往由外地赴任：在偏远的翼州，贞观四年（630），翼州刺史、上大将军李玄嗣与翼针县令范孝同、翼水县令席文静、左封县令刘保德等开龛祈福；开元四年（716），渠州诸军事主长史丁正已与朝散大夫张承观、司法参军王守忠等在冲相寺开凿七佛龛。

社邑

就在玄宗入蜀前一年，西蜀通义郡丹棱县一个偏远的山头，院主文龙戴、上座王智达领着众多社员，为大唐王朝与唐玄宗祈福。丹棱刘嘴第53号千佛龛，供养人姓名密密麻麻，有数十位之多，他们是来自平高里的乡民，在高僧清照的带领下从事佛事活动。

中晚唐时期，集社造像在西蜀腹地颇为流行，唐代"社""社邑"流行，又有亲情社、女人社、坊巷社、香火社之分，团体成员共同造佛像、建寺院、诵佛经、做斋会。元和年间，邛州磐陀寺，申五娘、郝十三娘、李十七娘、杨五娘等造阿弥陀佛；营山透明岩，陈氏、罗氏、顾氏以及20余位女弟子举办斋会，其组织形式似乎与唐代敦煌的女人社类似。

个人、家族开龛风气亦继续流行，供养人的身份却发生了显著变化，来自长安、洛阳的大员几乎消失，低级官吏、商贾、贩夫、村民等成为主流：唐永泰元年（765），村民周七奴叔伯早逝，手足阴阳相隔，遂舍去家中田产，捐资开龛；元和十五年（820），杜渐与妻何氏、后妻杨氏，在夹江县牛仙寺造八部龛一所；大顺元年（890），渠州大竹场衙典冯可振路过太蓬山，捐资开凿千手观音。

开元初年，僧人海通营建乐山大佛，断断续续历时七十载才得以完工，在此期间，两任西川节度使章仇兼琼、韦皋先后捐出俸禄。大佛耗时日久，所费不赀，蜀地的商贾、船工、走卒、贩夫、文人、农夫都曾加入其中，聚少成多，集腋成裘，他们或许才是隐形的供养人。蜀人不仅开凿出了中国史上最大的佛像，他们还创造出一个大佛群落，盛唐之后，荣县大佛、半月山大佛、阆中大佛、仁寿大佛、潼南大佛等相继开凿。

武将

晚唐五代石窟，大多分布于东大路沿途，出成都东门，五里一店，十里一铺，经简阳、资中、内江到重庆。资中古称资州，是唐时军事重镇，咸通六年（865）四月，都虞候冯元庆来到重龙山北岩院，请工匠镌刻了一龛毗沙门天王，在军中任职的他，或许正为唐朝的战事忧心忡忡。景福元年（892），昌州刺史、静南军使韦君靖也与诸多将士一起在昌州龙岗山开凿天王，期望能在乱世中求得安宁。

五代供养人中，武将占了很大比重。普州卧佛院，军事衙推王彦昭造佛顶尊胜陀罗尼经幢，希望亡者从地狱解脱；在爱敬院，都虞候邓幸牧用众多佛像化解心中的恐惧；在清溪县高梁寺，戎昭军将领杨承进、杨承初与县令杨钊等人一同开凿西方净土变。戎昭军的历史，《十国春秋》有载，高梁寺的这则题记，可补史书之阙。

自朱温灭唐建立后梁以来，中原金戈铁马，兵连祸结，西蜀大地虽相对安宁，却也是诸侯割据：成都的王建，昌州的韦君靖，利州的李茂贞。五代乱世，武将或许比普通人更能感受到战争的残酷与死亡的恐惧，戎马一生、朝不保夕的生活，加深了他们对佛教的依赖，却也是他们脆弱内心的见证。

乡绅

南宋绍兴年间，昌州大足县北山，巍峨的多宝塔完工了。绍兴十八年（1148），家在大北街的乡绅何正言与妻子杨氏、儿子何浩在多宝塔中开凿观音菩萨。何浩自幼饱读诗书，早些年通过乡试、府试两级选拔，只是参加礼部的进士科考试未能擢第（故题记称乡贡进士）。

何正言生活的南宋，老百姓既信道，也崇佛，佛道诸神一同庇护着芸芸众生。何正言也是如此，他曾在城南广华山捐资造后土三圣母，后土三圣母是主管子嗣的神灵，何浩功名有成，让何正言发愁的，是否因何浩未有子嗣？石窟给了我们想象的空间。

何正言的生活轨迹终止于1154年。北山观音坡第1号地藏、引路王龛中，有一则"亡……何正言"题记。地藏、引路王菩萨通常为亡者而开，因此推测何正言死于1154年前。何正言的生平，不见于任何史书记载，几龛石窟，几则题记，一位乡绅的希冀与烦恼，隐约可见。

宋代的昌州，街道交错纵横，民居鳞次栉比，街上车水马龙，百肆云集，富足的生活令市民有余力开龛。正北街的陈升与袁氏万一娘在多宝塔造了如意轮观音；正东街的张辉与刘氏，在北山造了药师佛；左朝散大夫张莘民、昌州录事参军赵彭年以及王升、陈文明等人，则协同开凿转轮经藏窟，现编号北山136龛，被誉为"中国石窟艺术皇冠上的明珠"，工匠胥安自颍川而来，带来了中原地区精湛的雕刻工艺。大足城外，庄园主严逊苦于乡野之处无处礼佛，干脆买下石篆山，延请著名文氏工匠开龛，以作水陆法会之用……

宋代不同阶层、不同行业的供养人，都乐于在石窟中留下形象，镌刻题记。他们娓娓道来，家在哪条街、娘子是何人、家境是否殷实，借助这些信息，忧国忧民的任宗易，三教融会的冯楫，一掷千金的庄园主严逊，插科打诨的岑忠用，三代开龛造像的杨才有、杨文忻、杨伯高……一个个鲜活的生命，出现在我们面前。宋代都市经济发达，市民阶层兴起，自我意识开始觉醒，这是中国历史上最具有人文精神、最有思想的朝代之一，那些跨越时空的供养人，让我们看到了《宋史》以外的历史细节。

尾声

安史之乱与黄巢起义中，叛军两次攻占长安，唐玄宗、唐僖宗入蜀避难，大唐帝国陷入一场亘古少见的动乱之中。两次历史事件，既决定了唐朝走向，也影响了中国石窟的脉络，北方盛极一时、美轮美奂的石窟相继衰落，巴蜀继之而兴，将石窟的历史延续数百年之久。如果说北方、中原写下了中国石窟上半部历史，巴蜀就是下半阕。

巴蜀石窟的总数堪称全国之最，且分布广泛，单是一个县中就有数十个石窟点。云冈、龙门的石窟幽深、庞大，颇具皇家气度，相比之下，巴蜀石窟分散、零碎，且以浅龛为主。这自然是多方面因素造成的，供养人的变化，或许也是重要原因。盛唐之后，巴蜀供养人的身份，以低级官吏、僧侣、商贾、贩夫走卒为主，且结社流行，石窟的开凿多出于发愿者个人或者家庭的愿望，而少有政治的色彩，早期兼有修行与礼佛双重功能的石窟寺已经退化，大量以发愿、祈福为目的浅龛随之出现。

诸多供养人的发现，也给了我们具体的视角，去管窥石窟背后的故事，乃至补史料之缺，比如永和公主龛，便补充了《新唐书》之缺。永和公主的生平，《新唐书·诸帝公主传》记载极为简略："永和公主，韦妃所生。始封宝章。下嫁王诠。薨大历时。"倘若不是这则题记，我们或许很难知晓她在"安史之乱"中的离愁与困苦。众多小人物更是如此，他们卑微渺小，却鲜活生香，他们曾是国家最细微的"细胞"，难以在高贵的史书中留下只言片语，倘若不是开龛，他们或许不会留下任何痕迹。不同石窟的发现，于我们而言，意味着一扇了解中国城市、建筑、美术、服饰的窗随之开启。

巴蜀石窟的供养人，迄今尚未有完善的研究体系，本书选取的百余位供养人，也不足以反映全貌，但希望借此打开一扇了解供养人的窗户。这些供养人的一生，曾在佛陀的注视下，如同莲花般随风摇曳，他们的喜悦、悲伤、疾病、孤独、伤痛、死亡，也随之一一呈现。

京华冠盖，不绝于路

隋—盛唐

代表造像

释迦说法、弥勒说法、弥勒佛、释迦多宝对坐、菩提瑞像、分身瑞像、日月瑞像、阿育王像、定光佛、七佛、阿弥陀佛与五十二闻法菩萨、一佛二弟子二菩萨（二力士、二天王）等。

代表石窟

广元千佛崖、皇泽寺，巴中南龛、西龛、水宁寺、沙溪村，旺苍佛子崖、木门寺，蒲江鸡公树山、飞仙阁，龙拖湾，广安冲相寺，梓潼卧龙山，通江千佛崖，理县点将台等。

供养人

韦抗、苏颋、毕重华、王何、段文昌、杨秀、郭玄亮、党守业、张令该、严武、张祎、荥阳郑公、凉商冯明正与周邦秀、李思弘、王伟、袁蛮、丁正已、张承观、王守忠、张待宾、王游崖、张行、刘成、祝金、焦远、王元、罗相、赵明等。

蜀道之难，难于上青天。蜀地与中原之间，长期以来主要以金牛道与米仓道相通。广元北依秦岭，南控剑阁，自古即是蜀门锁钥，自然也成了佛教石窟进入巴蜀的前沿码头。北魏年间，广元皇泽寺已有开龛，45号中心柱窟显示出与北魏王朝的紧密联系。

时至唐代，官员、文人、商贾或外放为官，或流徙巴蜀，或往来经商，也将中原盛行的开窟祈福之风带到了巴蜀，尤其是来自长安、洛阳的官吏，如转运使田氏父子、剑南道按察使韦抗、大都督府长史苏颋，皆为由长安入蜀的大员，他们有财力开凿大窟，又熟悉两京造像的题材。而利州刺史、果州刺史、利州长史、利州录事等官吏，也曾在千佛崖开龛。

比起金牛道，米仓道的开发要略晚一些，巴中西龛第21龛，窟壁有"检得大隋大业五年造前件古像"题记，可见西龛隋代已有开龛。同为入蜀门户，米仓道并非官道，古道往来的虽不乏官吏，却缺少朝廷大员，比如水宁寺第1号龛药师佛，供养人曾任阆州录事参军一职；开元廿八年（740），党守业为亡父开凿释迦牟尼佛一铺，他时任巴州化城县县尉。

中晚唐年间，米仓道与大唐王朝关系愈加密切，甚至与唐王朝的命运绑在一起。黄巢义军攻占东都洛阳后，唐僖宗带着皇子、嫔妃以及数百御林军溜出京师。户部大臣张祎沿着米仓道一路追赶，他在巴中南龛开窟，讲述了这段艰辛的历程。

同为入蜀门户，广元、巴中堪称石窟艺术进入四川的前站，许多题材先在两地出现，尔后才向西蜀腹地流传。有意思的是，巴中、广元相隔不足百公里，巴中的分身瑞像、阿育王像、毗沙门天王、鬼子母等题材却不见于广元。古老的丝绸之路经河西走廊南下后，主道进入长安，另有一条岔路沿米仓道通往巴中。来自河西走廊的商贾，也给巴中石窟带来了敦煌特色。

金牛道、米仓道向四川盆地腹地延伸，官吏、诗人、商贾、行旅在古道沿途留下一龛龛造像。在梓潼县，僧道密在卧龙山造阿弥陀佛与五十二闻法菩萨、弥勒说法等龛，题记显示，邓士琬、邓厚顺、任八、杨知明、张世节、任逸、张世安、赵光、文七娘、王玉娘等人亦参与其中，各自认领了一尊闻法菩萨。[1]

贞观廿一年（647），任弘愿在剑阁县造释迦佛一龛，现编号武连横梁子第2龛，题记为"大唐贞观廿一年岁

---

[1] 四川省考古研究所等：《绵阳龛窟——四川绵阳古代造像调查研究报告集》，"梓潼卧龙山千佛崖摩崖造像"，北京：文物出版社，2010年。

次丁未九月一日甲申朔，弟子任弘愿敬造释嘉（迦）佛一龛供养"。

在通江县，龙朔三年（663），蔡洪雅在千佛崖造阿弥陀变相，此龛宋人王象之有载，"古佛龛在通江县四十里山，龙朔中壁州参军蔡洪雅创，唐人题诗甚多，风雨剥蚀，惟一碑粗可识，云阿弥陀龛"，[1] 现编号千佛崖第6龛。乾封元年（666），马明府也在此处开龛，"大唐乾封元年四月八日广纳县马明府为夫人□氏敬造"，现编号第2龛。[2]

除了古道重镇，早期佛教石窟的出现往往与供养人的生平有关。渠县冲相寺古称"药寺"，郡守袁蛮与州中官吏陆续出资开凿了定光佛、一佛二弟子二菩萨造像。茂县点将台位于叠溪镇校场坝，高约7米、周长约40米的石包上开凿有21龛造像，第1号弥勒龛成于贞观四年：

惟大唐贞观四年岁次庚寅九月癸亥（朔）/十五日丁丑大施主持节兼翼州诸军事/翼州刺史上大将军李玄

---

1 （宋）王象之：《舆地纪胜》，中华书局，2012年。
2 刘长久：《中国西南石窟艺术》，成都：四川人民出版社，1998年。

嗣行治中张仲品/敬造释迦及弥勒佛二龛助布施主录事/参军常诠胄司仓参军李德超行司户参/军王季札行参军刘绍约翼针县令范孝/同丞冯师才翼水县令席义静丞杨和鸾/左封县令刘保德丞常白宽如和府统军宋威/右别将王君相石白戌副郑宝贤敬造为法界。[1]

  茂县点将台，以翼州刺史、上大将军李玄嗣为首，翼州、翼针县、翼水县、左封县等地的官员，以及戍守翼州的将领也参与其中。贞观三年，唐太宗派名将李靖征讨突厥，并于次年在阴山大败颉利可汗，翼州是唐朝防备吐蕃的重镇，李玄嗣等人在此开龛祈福，或许有政治、军事上的考量。

  地理的先天优势，供养人的官宦背景，是影响本时期石窟的关键因素。

---

[1] 于春等：《四川茂县点将台唐代佛教摩崖造像调查简报》，《文物》，2006年2期。

广元千佛崖
大唐官吏开巴蜀石窟之风

当剑南道按察使、大都督府长史韦抗在利州开凿石窟之时,石窟艺术在巴蜀大地似乎尚不流行。正是韦抗、苏颋等入蜀为官的唐朝官吏,为巴蜀门户广元带来了两京流行的粉本,技艺精湛的石匠、画师,以及中原地区盛行的开窟祈福的风尚。从题记来看,千佛崖的供养人不少有官宦背景,如利州刺史、果州刺史、巴州刺史等。

唐朝官吏带来石窟风尚

唐开元三年(715)的一天,长安城,太子左庶子韦抗接到唐玄宗制书,令他即日出任剑南道按察使、大都督府长史。大都督府长史是唐时的三品官,掌握着兵马大权。韦抗不敢有误,不多日即与家人从长安沿褒斜道奔赴汉中,沿嘉陵江驿道入蜀。

在蜀中的两年,韦抗凡事谨小慎微,处处与人为善,加之当时蜀地少有战乱,并无什么特别的功绩。唐朝王室、官吏多有开窟祈福的传统，洛阳龙门石窟便是王室贵族发愿造像之地。在金牛道重镇利州（今广元），韦抗找来石匠，在嘉陵江旁一块岩壁开龛造像，这就是日后誉满巴蜀的广元千佛崖。716年，韦抗匆匆返回长安出任黄门侍郎，他是否看到了石窟完工，尚要打一个大大的问号。

韦抗开龛时，千佛崖已有些零散的造像了，其中又以弥勒大佛最为雄奇。弥勒佛高3.60米，面部方正，身体浑厚，善跏趺坐于佛座之上，展示着大唐王朝不凡的气度。这是493号窟，又称"神龙窟"，为某位田姓转运使所建。唐代转运使往往由皇帝直接任命，掌管榷盐、漕运、税茶等事务：

神龙二年三月八日□/□□转运使敬造供/养/儿田周敬造/儿田□敬造/儿田□（寿？）敬造。[1]

不远处，班定方的释迦牟尼佛也完工了，此龛因有先天二年（713）题记，故称"先天龛"。班定方时任利州录事参军，虽是州府僚佐，却有监察州中大小官吏之责。那时的班定方，茕茕孑立，不胜孤独：

承议郎行利州录事参军班定方为先灵及亡妻难氏敬造释迦牟尼像功德。先天二年四月戊。

先天二年的冬天，唐玄宗改年号开元。开元八年（720），又一位唐朝名臣苏颋自长安赴蜀，苏颋历高宗、武后、中宗、睿宗、玄宗五位皇帝，是五朝元老，开元四年（716）与宋璟共居相位，为官清正，礼贤下士，在朝野享有极高威望，诗人李白与号称"诗书画三绝"的郑虔初

---

[1] 四川省文物管理局等：《广元石窟内容总录·千佛崖卷》，成都：巴蜀书社，2014年。

广元千佛崖214窟中的供养人，身着圆领长袍，手持长柄香炉

到长安时，便受过他资助。

开元八年五月，苏颋除礼部尚书，出任益州大都督府长史，按察节度剑南诸州，第一次踏上西蜀大地，路过千佛崖，写下这篇《利州北师佛龛记》："吾见夫山连岷嶓，水合江沱。山兮水兮路穷险，郁南望兮

此情多。吾又见像法住于岩之阿,百千万亿兮相观我,载琢载追兮吾非他……"[1] 当时的千佛崖已是一派热火朝天的景象,工匠在绝壁上往来上下,凿石开龛,远远望去,佛像俨然有"千百万亿"之巨。

入蜀不久,苏颋即在千佛崖捐资开窟,两年后返回长安,并于开元十一年再次入蜀,路过千佛崖,又作下这首《利州北佛龛前重于去年题处作》:"重岩载看美,分塔起层标。蜀守经涂处,巴人作礼朝。地疑三界出,空是六尘销。卧石铺苍藓,行滕覆绿条。岁年书有记,非为学题桥。"此时的千佛崖规模更胜,岩壁上到处是清秀隽美的佛像,石窟层层罗列,直达山巅。

此外,利州刺史毕重华也在千佛崖开菩提瑞像窟,菩提瑞像是巴蜀少见的题材,表现的是释迦牟尼降魔得道之事。除了韦抗、苏颋、毕重华,千佛崖唐代捐资者中,尚有剑州刺史、果州刺史、巴州刺史、利州长史、利州参军、银青光禄大夫、御史大夫、朝散大夫等,可见早期造像往往具有官宦色彩。

有唐一代,官员、文人、商贾或外放为官,或流徙巴蜀,或往来经商,京华冠盖,不绝于路,特别是韦抗等来自长安的大员,随行人员中往往不乏技艺精湛的中原石匠、画师,最容易将洛阳、长安的造像题材带入西蜀。巴蜀新的题材,往往首先在广元出现,尔后才遍及全蜀;他们的官宦身份有很好的示范效果,于是引来普通百姓竞相效仿,中原地区盛行的开窟祈福之风也在蜀地慢慢延续开来。

---

[1] (唐)苏颋:《利州北师佛龛记》,见龙显昭主编:《巴蜀佛教碑文集成》,成都:巴蜀书社,2004年。

上图　皇泽寺45号中心柱窟的大龛，45号龛营造日久，从北魏持续到唐初
右图　皇泽寺45号龛中的一佛二弟子二菩萨

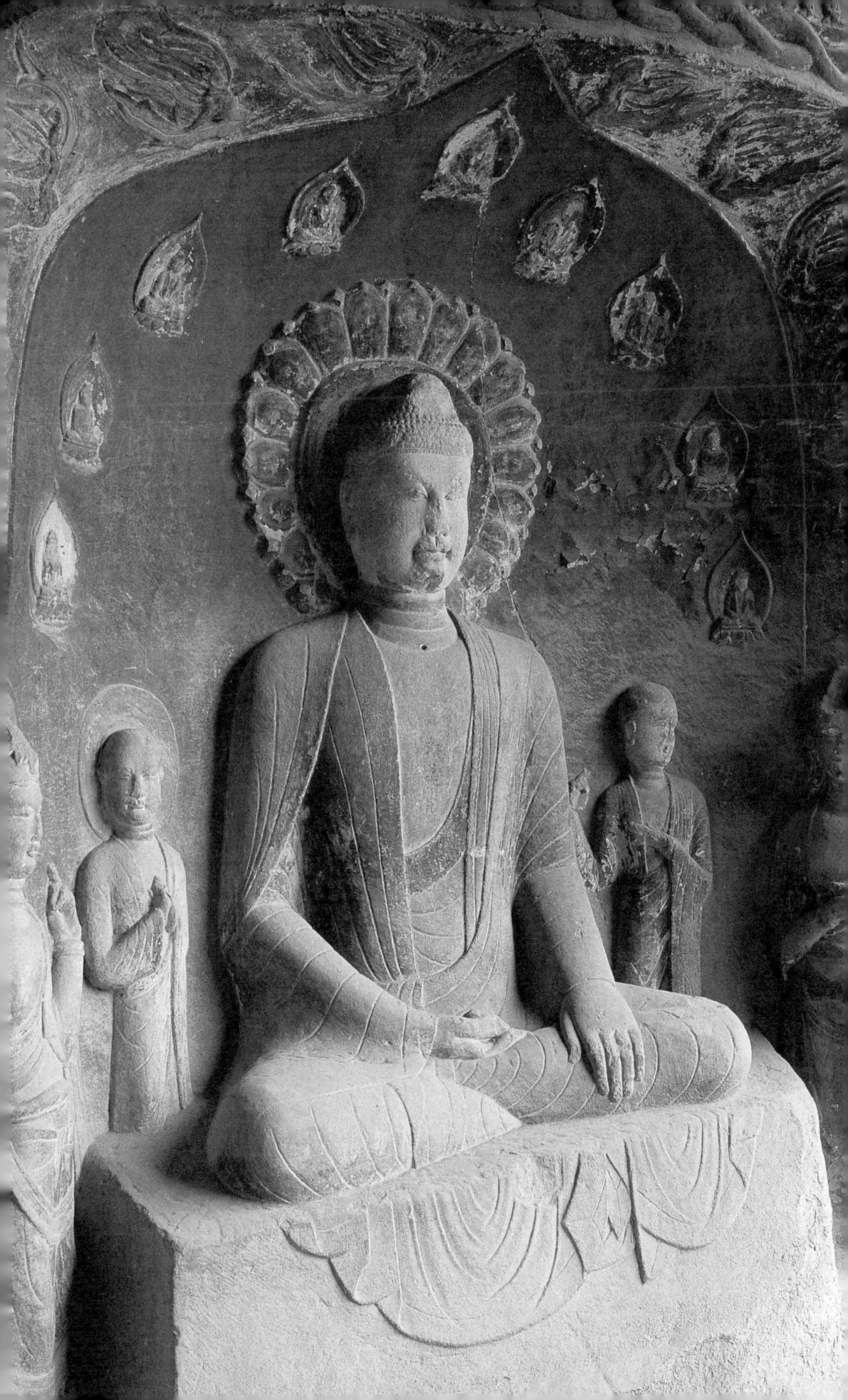

皇泽寺：四川少见的中心柱窟

韦抗窟开凿于开元年间，清代《广元县志》认为此乃广元石窟的开端。事实上，石窟艺术进入广元的时间，远比清人想象的更为久远。

1914年，法国汉学家色伽兰来到了与千佛崖隔江相对的乌尤山皇泽寺，他从汉中进入四川，沿途岩壁上精美绝伦的佛像令他恍若进入"佛国"，他不止一次地看到，那些年迈的中国妇女挪着小脚，虔诚地在佛龛中插上一炷炷青香。

在《中国西部考古记》中，色伽兰记录了不少颇有意思的造像：

寺后岩上有一洞，吾人暂名之曰"方柱洞"。洞宽深各两公尺五十分。三壁皆有一佛二尊者像，结构干枯柔弱，显属宋代体范。洞中有方柱，柱分数层，上刻有记，审其年号，识为宋神宗时石刻……[1]

色伽兰对此提出了一个问题，他看到的广元石窟，大多是"唐朝体范"，四川有没有唐代之前的造像？眼前的"方柱洞"，色伽兰认为风格柔弱，出自宋人手笔，他或许不会想到，"方柱洞"其实就是他苦苦寻觅的唐前造像。

色伽兰书中的"方柱洞"，即皇泽寺第45号窟，这也是四川少见的中心柱窟。中心柱窟，顾名思义，中心立有方柱，将窟顶与窟底连为一体，三壁雕有佛像，信徒围绕方柱礼拜。中国的中心柱窟发源于龟兹，在这里，工匠将印度支提窟中的窣堵波改造成巨大的中心柱，开创了全新的洞窟形制。

---

1 ［法］色伽兰：《中国西部考古记》，商务印书馆，1930年。

45号窟高2.36米、宽2.96米、深3.05米，方形中心柱直达窟顶，四面分上下两层，各开一尖拱形浅龛；窟内三壁开三个圆形大龛，龛中雕一佛二弟子二菩萨，上方密密麻麻排列千佛。从造像风格看，45窟的中心柱、千佛开凿于北魏，三壁大龛则是初唐续凿的。中心柱窟工程浩大，耗时日久，广元建制却时有变动，可能还未等到石窟完工，供养人便不知去向，唐人又续开造像，这场持续数百年的"接力"才得以完工。

巴蜀的石窟造像，大多为唐及唐以后作品。石窟艺术进入广元年代颇早，这或许得益于其特殊的地理位置。广元北依秦岭，南控剑阁，东北扼秦陇而西南控巴蜀，地处四川盆地通往汉中平原的金牛道之上，又位于自秦陇入蜀的必经之路，战争年代更是兵家必争之地。史载广元南北朝时初属南朝，后归北魏，北魏分裂成东魏、西魏后，广元又为南朝所得——45窟的供养人，或许与北魏王朝渊源颇深，抑或就是北魏委任的官吏。

北魏时期，不少僧侣从北方来到广元，传播佛法。1982年，广元城内豫剧团基建工地曾出土了一件释迦文佛像，为显明寺比丘惠楞与平都寺比丘僧政在北魏延昌三年（514）所造，造像记显示，两人从梁州、秦州入蜀：

延昌三年太岁在甲午廿日，梁、秦显明寺比丘惠楞与平都寺比丘僧政等，觉世非常，敬造释迦文佛石像一区。各为亡者、现在眷属、诸师同学，龙华三会，愿登初首。诸劝助者，并润动众生，普同此愿，得道如佛。

广元虽地处巴蜀，却屡屡更名，归属建制也时有变化，而上述这一段时期正是中国北方开山造像的高峰期。甘肃麦积山开窟，始于十六国后秦，历北魏、西魏、北周、隋、唐至鼎盛；龙门石窟始凿于北魏孝文帝迁都洛阳之时，北魏、唐朝大规模营建140余年，地处要冲的广元自然深受影响。

蜀道难，蜀地与中原的交通长期以来唯赖金牛道、米仓道而已，石窟艺术也沿着这为数不多的道路向四川盆地慢慢推进。其中，金牛道是古蜀道主干线，其路线为从汉中兴元府（今陕西汉中）以西，经勉县西南烈金坝（金牛驿），南折入五丁峡入蜀；米仓道则由南郑（今陕西汉中）南向米仓山，经集州（今四川南江）直抵巴州（今四川巴中）。广元也就当之无愧地成为石窟艺术进入巴蜀的前码头，地处米仓道要冲的巴中则是巴蜀早期石窟艺术的另一个前站。

皇泽寺隋代大佛窟，相传为蜀王杨秀开凿

广元皇泽寺大佛窟供养人像

蜀王杨秀与则天武后

很长一段时间里，色伽兰被认为是近代历史上考察巴蜀石窟的第一人，其实早在1908年，德国建筑学家柏石曼就来到了皇泽寺，他虽不像色伽兰留下颇多著述，却首次拍下皇泽寺存照，照片发表在1926年出版的《中国建筑与景观》中。

照片中的皇泽寺（当时叫武后寺）荒芜而落寞，大门紧锁，破败的山门背后，大大小小的石窟层层叠叠，密如蜂巢，即便是再小的石窟，

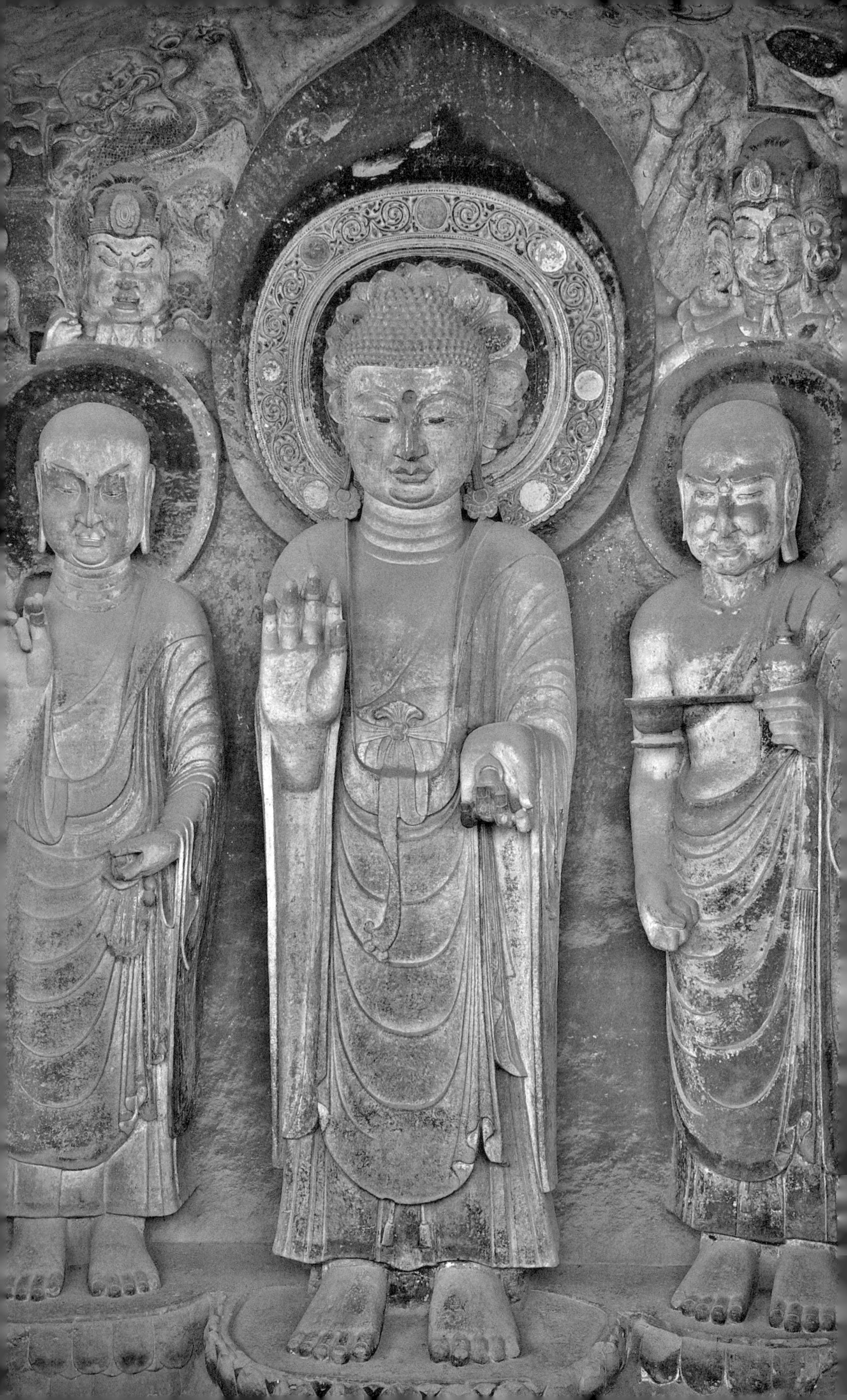

左图　皇泽寺隋代大佛窟与二弟子
上图　皇泽寺隋代大佛窟与二弟子线描图

京华冠盖，不绝于路

都能清楚地看到菩萨曼妙的身姿与华丽的背光。

20世纪50年代，武后寺在修宝成铁路时被拆除。现存的皇泽寺是后来成立旅游景区时新修的。皇泽寺大佛窟高7米、宽6米、深3.5米，主尊为站立的阿弥陀佛，身边是弟子迦叶与阿难，两边为观音与大势至菩萨，窟壁浮雕天龙八部。对比照片，我发现石窟曾在民国年间被妆彩一新，石窟漆成红色，主佛也披上了斑斓的彩衣，而当年威武无比的力士如今已风化成斑驳的轮廓，唯有残存的一肢一臂，令人追忆昔日风韵。大佛窟佛像体形浑厚，表情冷漠、僵硬，菩萨的璎珞也显得硕大，带有隋代石窟的特点。

隋代，蜀地开窟之风尚不盛行，有财力开凿如此恢宏的大佛，供养人的身份应该颇为显赫，这些推测，皆指向了蜀王杨秀。杨秀是隋文帝杨坚第四子，开皇元年（581）出镇蜀地，拜益州刺史。杨秀起初受封越王，因杨坚担心他"必以恶终"，这才改封蜀王，杨秀于是满腹牢骚地走在了入蜀的古道上。治蜀期间，杨秀政绩平平，却与佛教感情甚笃，入蜀时还曾携高僧释善胄同行，沿途建造寺院、开凿石窟。

开皇十二年（592），杨秀复镇于蜀，生活奢侈，宫殿、车马的规格比于天子，最终被杨坚贬为庶人，囚禁宫中。不知道他每日坐井观天，是否会祈求皇泽寺的大佛拯救自己？

皇泽寺据传与武则天不无关系。《金石苑》记载，唐太宗贞观年间，武士彟与杨氏在寺中捐资造像，时至晚唐已为风雨侵蚀，太守北平公出资重修，建阁保护。1954年，皇泽寺大殿前出土了一通石碑，上书"大蜀利州都督府皇泽寺唐则天皇后武氏新庙记"，立于后蜀广政二十二年（959），为时任昭武军节度使的李奉虔重修武氏旧庙的纪功碑，立碑虽然距离武则天的时代已经三百余年，但多少验证了史书记载，碑文载：

……天后武氏其人也，事具实录，此不备书。贞观时。父士彟为都

广元千佛崖远景

千佛崖大云古洞

京华冠盖，不绝于路　029

督于是□□□后焉。寺内之庙，不知所创之因，古老莫传，图经罕记。[1]

文中的缺字，郭沫若先生推补为：州始生。武则天之父武士彟曾任利州都督，夫人杨氏在利州产下了武则天。同样的说法也见于《元丰九域志》"利州路"："皇泽寺有唐武后真容殿。按士彟为利州都督，生后于此。"[2]

许是因为武则天的缘故，唐代皇泽寺的香火一直颇为旺盛。皇泽寺与千佛崖，虽然同在北魏出现开窟现象，但皇泽寺的开窟年代似乎要略早一些，现存北魏、隋、唐石窟52龛，造像1200余尊。玄宗一朝，乌龙山的岩壁几乎已开凿殆尽，皇泽寺石窟走向衰落，而此时的千佛崖，却是方兴未艾。

大唐王朝兴衰的晴雨表

千佛崖全长380余米，西高东低，最高处84米，状若扁平的直角三角形，现存石窟873窟，造像7000余尊。千佛崖西临嘉陵江，金牛道依崖而过，再后来，民国川陕公路、当代108国道又从崖下而过。

沿着石梯一步步登临，石窟在面前次第出现。幸运的是，苏颋窟与韦抗窟保存至今。苏颋窟高1.8米、宽1.64米，弥勒佛面形方圆，嘴角微陷，双目微睁，磨光大肉髻，表情肃穆安详，堪称巴蜀盛唐造像的绝品，龛门左侧题记犹存：都督府长史持节剑南道节度按察使上柱国许

---

1 张明善、黄展岳：《四川广元县皇泽寺调查记》，《考古》，1960年7期。
2 （宋）王存：《元丰九域志》，中华书局，1984年。

千佛崖苏颋窟,苏颋是五朝元老,自然也有实力延请技艺高超的工匠

国公武功苏颋敬造。[1]

　　韦抗窟外龛高 2.48 米、宽 2.22 米,内龛高 2.2 米、宽 2.32 米,主尊阿弥陀佛,身边站立二弟子、二菩萨,两个青筋暴露的力士守护龛门,龛外雕有二天王,天王上身着铠甲,下身着战裙,宛如威武的唐朝将领。右侧力士头顶有则楷书题记:剑南道按察使银青光禄大夫行益州大都督府长史韦抗功德开元十年六月七日。

1　成都市文物考古研究所等:《广元石窟内容总录·千佛崖卷》,成都:巴蜀书社,2014 年。

805窟，俗称供养人窟，唐代极少有供养人将自己放在如此重要的位置

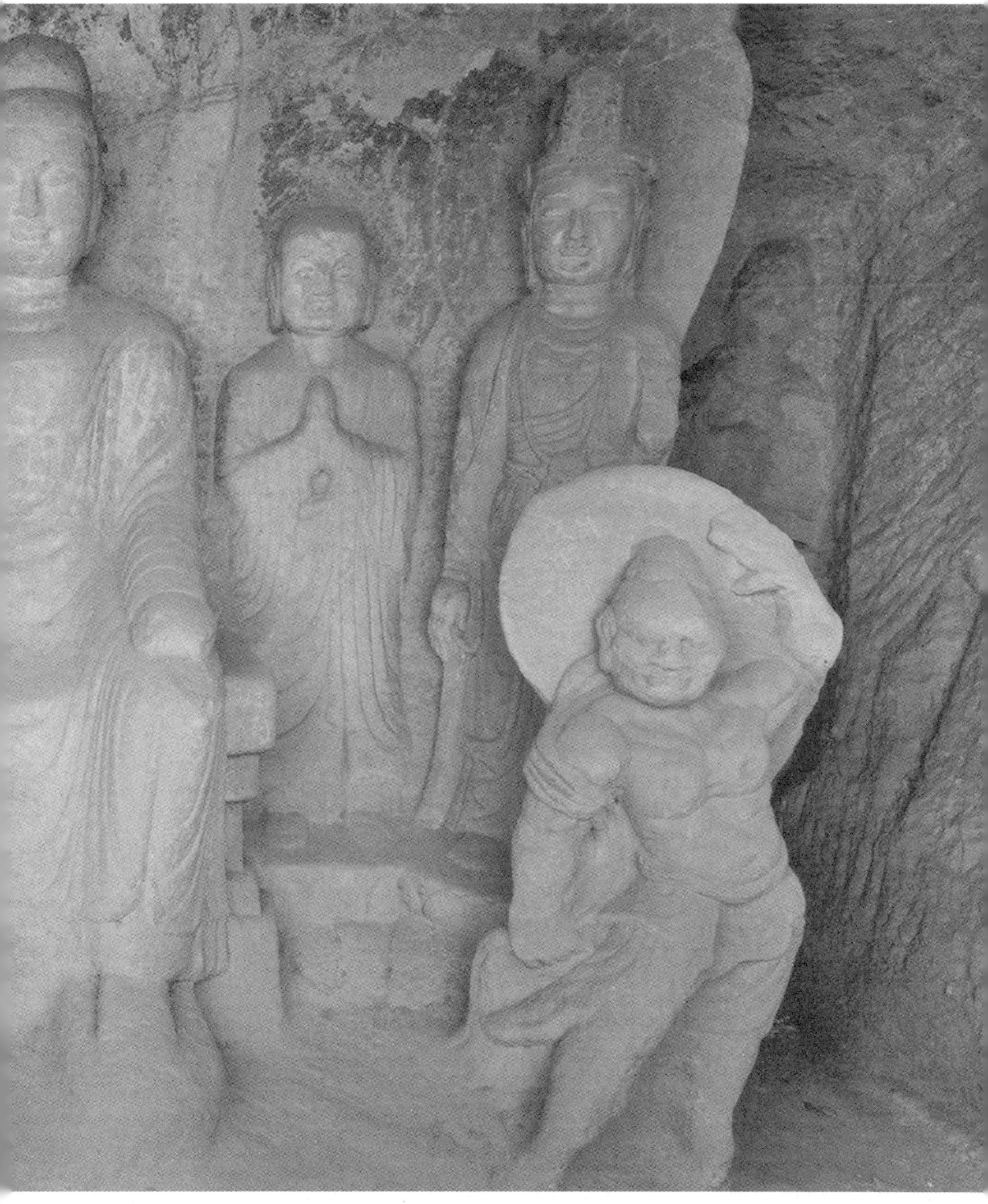

上图　释迦多宝对坐说法窟全景
右图　释迦多宝对坐说法窟局部

奇怪的是，韦抗开元四年即返回长安，为何他捐资的龛窟六年后才完工？韦抗窟与大云古洞相连，也是千佛崖最大的一龛，高3.8米、宽5.3米、深10.6米，中央雕有通顶大立佛，磨光肉髻，鼻梁高直，身着通肩袈裟，腹部微凸，南北两壁密密麻麻排满菩萨。

大云古洞南北两壁，"果州刺史王仁保敬……""上柱国行剑州""巴州刺史""朝散大夫邛州司马陈□造""朝散大夫行彭州……"等题记犹存。唐代剑州、彭州、邛州皆为剑南道属州，学者雷玉华、王剑平认为，除了韦抗窟，大云古洞亦是韦抗主持开凿的，此乃一时之盛事，得

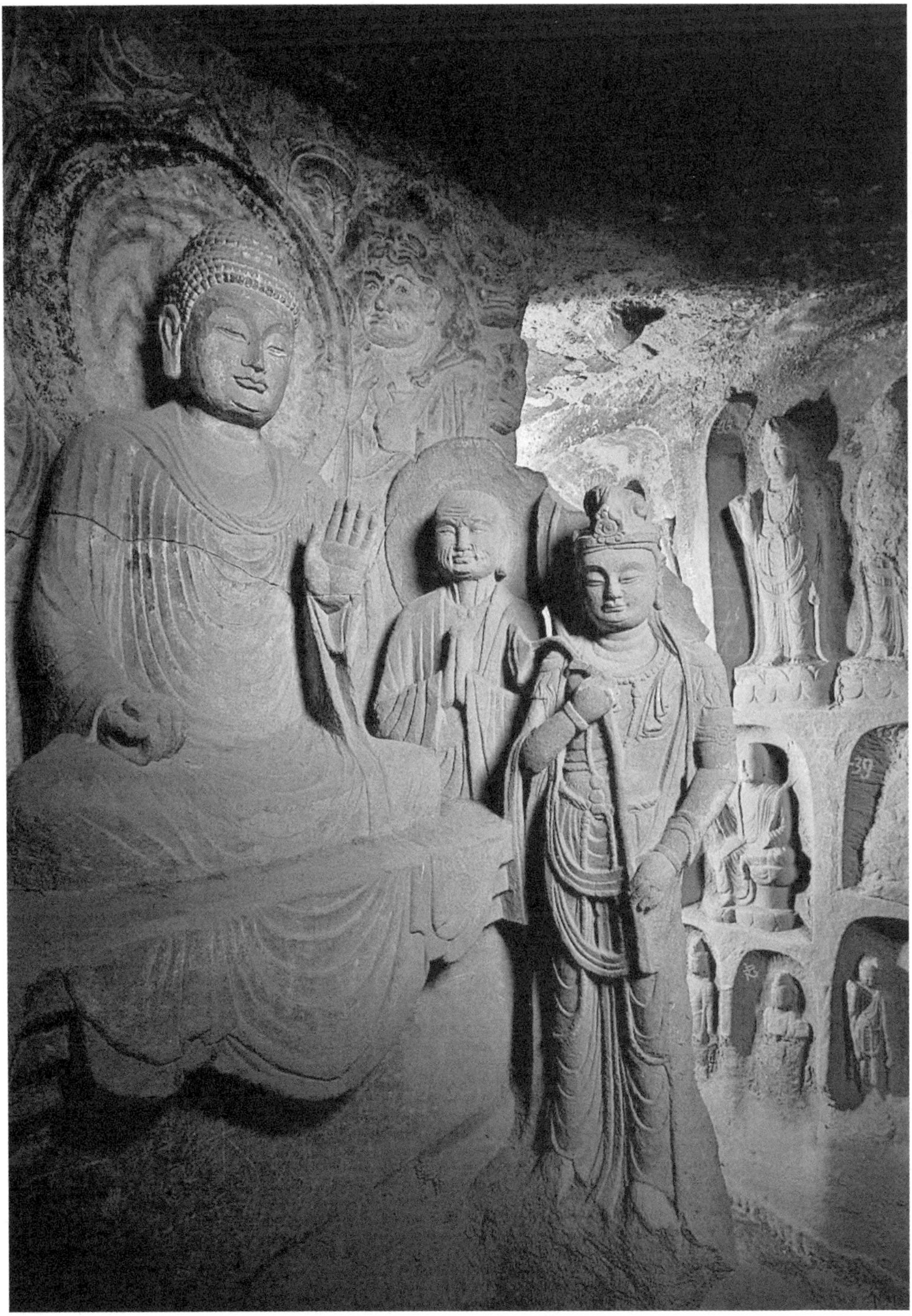

到下属官吏的支持，这些菩萨即是官吏捐资塑造的。开元八年（720），韦抗受命慰抚叛乱，却滞留半路，借口坠马受伤，竟未到叛军军营而还。两年后，他又因所荐非人，被贬为蒲州刺史，伴随着他的浮沉，龛窟开凿也颇受影响，直到开元十年才陆续完工。

大云古洞的名称，可能来源于《大云经》。《大云经》本是一部流传已久的佛教典籍，却因记载了天女以女身当国王的故事，被有心人拿来附会武则天称帝，武后授意沙门怀义等人造作《大云经神皇授记义疏》，朝廷诏令广为刊刻，全国郡县皆建造大云寺，以传抄、颂念《大云经疏》为时尚。果然，《大云经疏》颁行两个月后，武则天就改国号为"周"，自称圣神皇帝了。

韦抗窟与大云古洞，既是韦抗个人浮沉的见证，也是大唐王朝兴衰的晴雨表。元和二年（807），前秘书省校书郎段文昌携子斯立、思齐，入京为官，路过千佛崖，在韦抗窟镌刻题记。段文昌《旧唐书》有载，此番前往京师，自是踌躇满志，恐怕谁也不会想到，这个年轻人日后将官至宰相，后以使相出镇，出任西川节度使；广明二年（881）六月，朝议大夫、守内常侍田匡祚等人奉唐僖宗诏令，调集左右神策军收复长安，一行人返程路过韦抗窟，捐资开凿了一龛观音菩萨，并撰文为纪。

围绕大云古洞，石窟向南北两段延伸，见缝插针一般布满岩壁，最密处上下十三层，蔚为大观。第805窟，俗称供养人窟，窟中的弥勒佛与弟子、菩萨早已斑驳，倒是三壁的十二位供养人清晰可辨，六男六女，高约1米，占去了大半个龛窟，男子头戴幞头，身着圆领窄袖长袍，腰系带，下着乌皮靴；女子头绾高髻，穿着交领窄袖长袍，下着云头靴。幞头最初由民间包头的布、巾演变而来，裹在发髻之后，两条带子垂在脑后。[1] 唐朝男子以戴幞头为时尚，故宫博物院藏唐代韩滉的《文

1　兰宇：《唐代服饰文化研究》，陕西人民美术出版社，2017年。

千佛崖韦抗窟

苑图》，画中的唐代文人，皆是戴着幞头的。

供养人窟上方，即是著名的多宝窟，高2米，宽3米，中央凿有长方形高坛，释迦多宝并坐，面相方正，眼睛微闭，似乎正醉心于玄妙的佛法之中，左侧菩萨发辫披肩，双手持长茎莲花，若有所思，右侧菩萨早年被盗割。释迦、多宝对坐说法的典故出自《法华经·见宝塔品》，释迦牟尼在灵鹫山说法时，地中突然涌出宝塔，多宝佛在塔中分半座给释迦，一同讲法。南北朝以来，《法华经》是中土最流行的经典之一，释迦多宝对坐说法也就成了中国石窟经久不衰的题材。

释迦、多宝佛背后的大背屏直通窟顶，背屏浮雕菩提树，天龙八部在其间隐约可见，而牟尼阁、菩提瑞像窟、供养人窟中也能看到类似背屏。晚唐五代，敦煌莫高窟亦出现了中心设坛背屏式窟，比如晚唐阴氏家族创修的138窟。佛坛与背屏的出现，与中国佛殿的布局如出一辙，或许来自对佛殿扇面墙的模仿，五台山佛光寺东大殿即设有扇面墙，墙前建坛。[1]

中和二年（882）五月，巴州化城令王何在千佛崖补凿了一个小龛，记载下自己颠沛流离的经历：广明二年十月，鸿胪主簿王何出为奉国令，领着一家老小刚离开京城，黄巢义军就攻占了长安。在奉国令任上五个月，王何不知何故丢掉官职，中和二年，他到成都面见圣上，讲述自己遭遇，唐僖宗赐官化城令，赐予章绶。王何路过千佛崖，又与失散的家人团聚，百感交集，遂捐资镌刻观音菩萨，凿石为记：

新授朝散大夫、巴州化城令王何，广明二年十月，左藏专知鸿胪主簿除奉国令，罹难前七日，挈家出京到官，五月遭替，中和二年三月赴

---

[1] 萧默：《敦煌莫高窟的洞窟形制》，见敦煌文物研究所编著：《中国石窟·敦煌莫高窟（第二卷）》，北京：文物出版社，1984年。

行在，蒙圣帝鉴屈除官赐章绶，五月赴使参谢，经此院获骨肉平善，相随重建此功德，时中和二年五月九日题记。[1]

中晚唐年间，千佛崖的岩壁业已开凿殆尽，王何于是见缝插针，在251龛下方找了个方寸之地。之后，佛龛风化斑驳，湮于荒草，后唐天成二年（927）十二月一日，尚书右仆射、御史大夫刘处让经过千佛崖时，见到佛像青苔丛生，遂捐资给222窟重塑金身。此后，宋人、元人、明人、清人，或进窟参拜，或捐资妆彩，留下了自己的希冀、悲伤或喜悦。佛像新了旧，旧了新，杂草枯了青，青了枯，石窟艺术却生生不息，源远流长。

---

[1] 雷玉华等：《川北佛教石窟和摩崖造像研究》，"罹难前七日"，《刘申叔遗书补遗》作"罹乱"。

巴中石窟
长安不见　河西驼铃

除了金牛道，米仓道也是条入蜀要道。地处米仓山南麓的巴中，也就成为佛教石窟进入巴蜀的另一个前站。同为入蜀门户，巴中一方面受到长安、洛阳的影响，另一方面又显示出与河西走廊的联系，这也使得其供养人呈现出多元特征——他们多是来自长安、洛阳的官吏与来自河西走廊的西凉商人，给巴中石窟带来了多元风格。

捡来的隋朝佛像

前蜀永平三年（913）的一天，巴州凤谷山龙日寺，前夜风雨，电闪雷鸣，第二日，有和尚在清扫落叶时捡到一尊残缺的佛像。和尚连忙禀告院主傅芝，院主一看，佛像上"大隋大业五年"几个字清晰可见。大业是隋炀帝杨广年号，大业五年为609年，距离永平年间已逾三百个年头了。傅芝在发现造像的地方，唤来工匠刻了则追记：检得大隋大业五年造前件古像，永平三年院主僧傅芝记。

西龛山位于巴中市西一公里处，山上西龛寺、龙日寺、流杯池镌刻着近百龛隋唐石窟，也是巴中开凿较早、延续时间较长的石窟，傅芝的题记便是镌刻在西龛第21号龛窟壁。21号龛规模宏大，高3米有余，分外、中、内三龛，中龛上层檐顶饰山花蕉叶，下层翘角飞檐，以连珠纹分六格，雕刻卷草、异兽，龛楣装饰华丽的三角垂帐纹。遗憾的是，龛中造像大多残破，主尊荡然无存，后壁听法的天龙八部也已七零八落。种种迹象表明，永平年间，或许正是21号龛崩塌，一尊有纪年的造像落到了院子中。

大唐开元年间，州人郭玄亮父亲驾鹤仙去，悲痛万分的他找来工匠，来到凤谷山，开凿了一龛宏大的"弥勒说法图"，开元三年（715）春日完工。这或许是唐代最流行的题材之一，弥勒佛善跏趺坐，弟子、菩萨、金刚力士分列左右，身后排列阿修罗、摩睺罗伽、夜叉等听法的天龙八部。郭玄亮还留了则情意绵绵的题记：

菩萨圣僧金刚等，郭玄亮昆季奉为亡考造前件尊容，愿亡考乘此征因，速登净土弥勒座前，同初会法。开元三年岁次乙卯四月壬子朔。[1]

唐代的巴州，不少像郭玄亮这样的唐人来到凤谷山，或追忆亡者，或期盼来生，或祈求健康，他们的希冀化成龛窟，渐渐布满了岩壁。第44号龛菩提瑞像，主尊结跏趺坐于菩提树下，戴花冠，佩耳环，手臂有臂钏与手镯。

菩提瑞像由唐朝使臣王玄策从印度带回中国，《法苑珠林》卷二九《感通篇·圣迹部》记载了造像渊源：西域狮子国国王尸迷佉拔摩崇信佛法，一日招募工匠，有外来客不请自来，言可造像，所需仅香、水、

---

[1] 胡文和、胡文成：《巴蜀佛教雕刻艺术史》，成都：巴蜀书社，2016年。

灯油、艾料而已，限期六个月完工。还有四天就满六个月时，众人见外来客终日闭门不出，心生疑虑，遂推门而入，只见造像已接近完工，只有右乳上方还有些许未完成。原来弥勒菩萨化身为外来客，为世人造了这尊释迦像。史载唐代高僧玄奘在西域曾见到菩提瑞像，并解释瑞像其实是释迦牟尼降魔成道之像："垂右手者，昔如来之将证佛果，天魔来扰，地神告至，其一先出，助佛降魔。"[1]

菩提瑞像由王玄策从印度带回中国后，一时间"道俗竞摹"，起初在两京流传，后传入巴蜀。有意思的是，巴蜀近半数的菩提瑞像又分布在巴中。巴中菩提瑞像的供养人虽未留下题记，但他们或许曾往来于蜀地与两京之间，熟悉两京的造像模式，这才能将最新的题材带入巴中，使之继续往西蜀腹地流传。

长安不见使人愁

蜀道之难，难于上青天。这种状况直到唐代依旧没有太大改善，沟通西蜀大地与中原的，长期以来以金牛道与米仓道为主，金牛道早在春秋年间就已开通，公元前316年，秦国大将司马错、张仪灭蜀走的就是这条古道，这也是中原入蜀的主要通道。时至唐代，米仓道的地位愈加重要，它北接京师长安，沿斜水、褒水南下至南郑（今汉中），尔后翻越米仓山，经集州（今南江县）至巴州，陆路经阆州（今阆中）、绵州（今绵阳）进入成都，水路则顺巴河、渠江南下重庆。

一千多年前的唐朝，巴中扮演了一个矛盾的角色。它是蜀地的门

---

[1]（唐）玄奘：《大唐西域记》，广西师范大学出版社，2007年。

户,蜀人走到巴中,面前便是繁华的京师;而在中原王室、官吏看来,巴中却是边城,从长安进入巴中,便意味离天子脚下的京城越来越远,因此在历代帝王眼中,巴中一直是流放的好去处。唐代王室、贵族、官吏历来有开龛祈福的传统,伴随着他们的迁任或流放,米仓道沿途的石窟如满天星斗般显现。

通江到巴中的公路旁,有个叫水宁村的小村庄,曾是巴州始宁县治所在地,地处南北交通要道。水宁村中有座水宁寺,寺院已湮,后山长约百米的石壁上开凿了11龛造像,内容诸如"药师佛""释迦说法""弥勒说法""释迦弥勒对坐"等,又以药师佛龛最为精彩,堪称西蜀盛唐造像的美品。药师佛面相丰腴,目光温和,左手托药钵,右手持锡杖;两侧的日光、月光菩萨戴三叶宝冠,表情妩媚,肌肤细腻,宛如窈窕淑女;力士竖眉瞪眼,块状的肌肉鼓起,条条青筋犹依稀可见;体态轻盈的飞天在祥云中飞行,身后彩带飞舞。与阿弥陀佛掌管的西方净土相对,药师佛掌管着东方净土,佛教宣扬供奉药师佛,可以不入畜生道、地狱道,免除生、老、病、死、恶象、毒蛇、盗贼、难产等诸多苦难。

中国存世的盛唐造像,大多风化斑驳,而经过一千余年的时光,药师佛龛几乎完好无损,造像体态丰圆、安详宁静;模仿屋檐构造的龛楣层层叠叠排列着几何纹、忍冬纹、宝珠纹,繁复而豪华的盛唐气韵彰显无遗,加上清人出资妆彩一新,石窟直到今天依旧流光溢彩。

药师佛外龛开有两个小龛,其中各有两位供养人,内侧龛前排男子头戴硬脚幞头,着圆领长袍,微微发福的身体前倾,身后造像不明;外侧龛供养人头戴高髻,体态丰满,双手抱腹,其后跟着女佣。1号龛的供养人,此时正面临着升迁之喜,改任阆州录事参军,录事参军负责监察州中官员,杜甫之友韦讽就曾任此职(杜甫《送韦讽上阆州录事参军》)。在题记中,供养人留下了只言片语:

巴中水宁寺全景

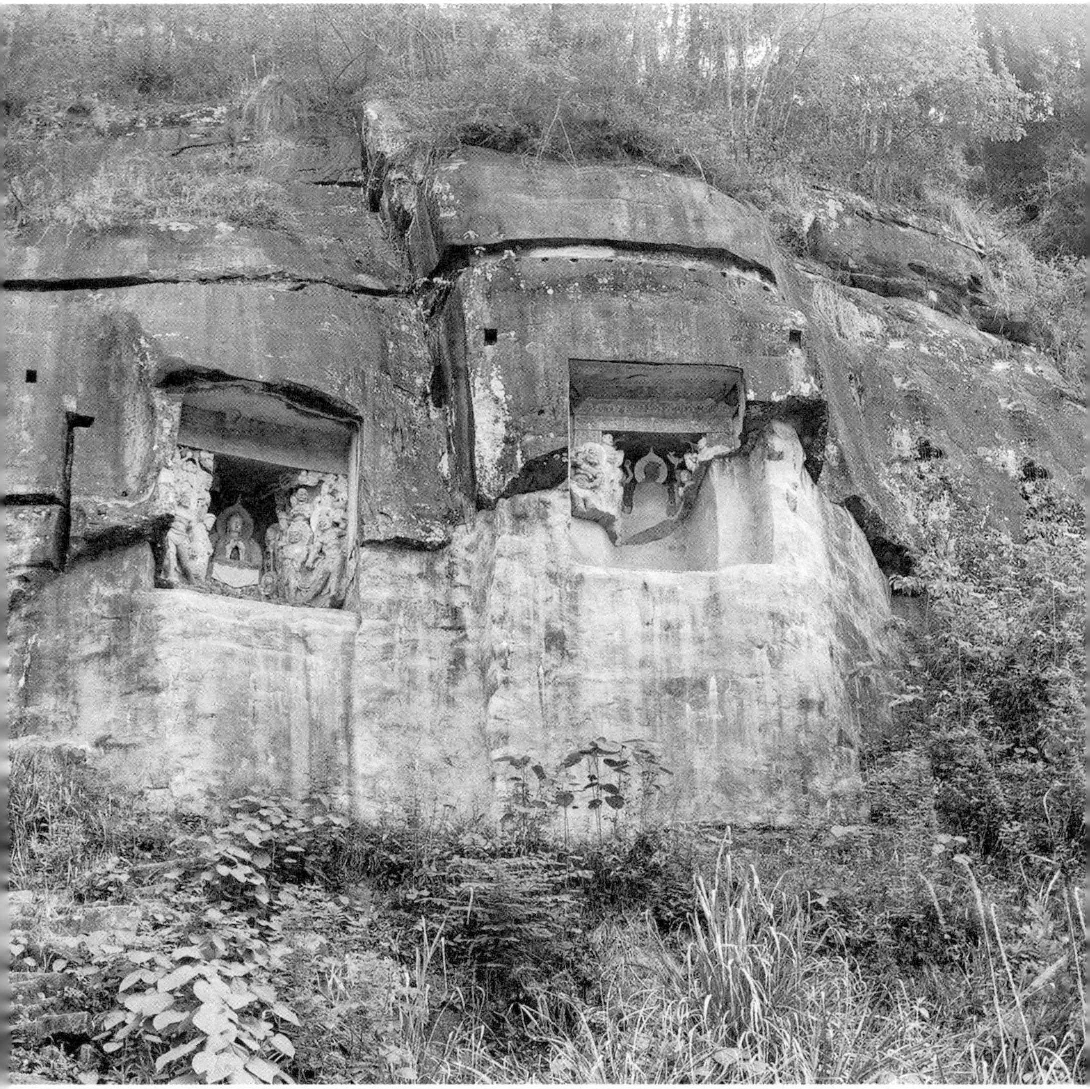

水宁寺力士特写

石上众生

水宁寺1号龛

水宁寺第 8 龛释迦说法图里栩栩如生的天龙八部、飞天、力士

……巴州始宁县改阆州录事参军□像检校□□□州西县菩提寺沙门昙□书文曹等。[1]

水宁寺第 8 龛释迦说法图,亦是盛唐佳作,佛帐形龛垂下帐幔、流苏与风铃,束莲柱飞龙缠绕,释迦牟尼佛正在方座说法,座下的异兽吐出枝蔓,秀美的供养菩萨跪在座前,天王、天龙八部似乎按捺不住佛国

---

1 四川省文物管理局等:《巴中石窟内容总录》,成都:巴蜀书社,2006 年,第 408 页。

水宁寺第 8 龛释迦说法图线描图

的寂寞，全部从龛里探出了脑袋——威武的天王、俊美的龙、狰狞的夜叉、盘巨蛇的摩睺罗迦……

所谓"天龙八部"，其实是佛教的八个护法神：天、龙、阿修罗、夜叉、乾闼婆、迦楼罗、紧那罗、摩睺罗迦。《过去现在因果经》记载，"当于善慧受记之时，无量天、龙、夜叉、乾闼婆、阿修罗、迦楼罗、紧那罗、摩睺罗伽，人非人等，散众妙花，满虚空中，而发誓言：善慧将来成佛道时，我等皆愿为其眷属"。

天龙八部作为护法神众，也就成了石窟里的常客，8 号龛的天龙八部尚保存完好，夜叉张牙舞爪，头发竖立；阿修罗王三头六臂，面目狰狞，因帝释天抢走了他美丽的女儿，故阿修罗王一直与其鏖战，战争惨烈无比，佛教常常用"修罗场"来借指战场；摩睺罗迦，也叫大蟒神，脖子上缠绕着蟒蛇。

水宁寺石窟一路走来，历经劫难。1957年，四川省修巴（中）达（州）公路，工程队沿途炸山取石。剧烈的爆炸声过后，那些菩萨、力士、天王、伎乐的身躯刹那间化为碎片，被担下山填成了路基。9号龛"释迦说法图"的下半截就在这次爆炸中被毁，佛祖、弟子、菩萨的下半身荡然无存。

左图　巴中北龛第 7 窟男供养人，跪于方形地毯上，衣着与莫高窟隋代供养人相似

右图　巴中北龛 14 号龛药师经变，手持长茎莲蕾的供养人

9号龛左侧窟壁有则斑驳的题记：

……日月……虽土地之重……布过往之良缘遂发弘愿而修龛托故□将石将……之力衣食之资奉为□□见存□慈母上古侯氏敬……借卜吉是日焚香□……[1]

捐资开窟的供养人路过水宁寺，为岩壁上的造像触动，拿出平日内省吃俭用的积蓄，为亡父开凿造像，也为健在的慈母侯氏祈福。唐朝崇尚孝道，殴打双亲者往往被处以极刑，孝敬父母者则会得到官府的褒奖，朝廷还不定期给老人赏赐粮食与布帛。巴蜀不少龛窟是唐人为双亲开凿的，也是唐代孝道风气的体现。

从水宁寺沿巴达公路往巴中方向行驶大约10公里，从这里走下公路，沿着阡陌交错的田垄走进沙溪村。初春，稻田里蓄上了水，水面上浮着一捆捆秧苗，沙溪村的村民迎来了一年中繁忙的插秧时节。

水田的西头是条青石板路，路边有个石包，唤作邬家梁子，上面开凿着17龛佛像，以"释迦说法""弥勒说法"最为常见，佛龛大多1米见方，风化剥落颇为严重，大多只剩下了轮廓。龙门石窟研究所前所长温玉成先生认为石窟造型方圆、身材魁梧，与龙门石窟唐高宗时开凿的一些小龛相似，其开凿年代或许在初、盛唐年间。

石窟虽然斑驳，供养人的形象却依旧鲜活。7号龛的供养人，头绾圆形发髻，体态丰腴，手捧莲花，身后跟着孩童。15号龛的供养人腰系长裙，脚穿云头鞋，微胖的身子面向佛祖，将一位丰腴的唐代女子形象勾画得惟妙惟肖。唐代出土的侍女陶俑面如满月、丰颊厚体，石窟中的女子，多少也印证了这样的风气。

---

[1] 四川省文物管理局等：《巴中石窟内容总录》，成都：巴蜀书社，2006年，第426页。

循米仓道入蜀的唐朝官吏

巴中四面环山，数千尊造像就雕凿在县城四周山崖上，分别得名东龛、西龛、南龛、北龛。20世纪六七十年代，因修巴中大桥，在东龛炸山取石，如今只剩了8个初盛唐年间的残龛。北龛地处城北一公里处的苏山之麓，现存34龛，除了几龛清代的达摩祖师、老君像外，大多也为初、盛唐作品。

相比较而言，南龛规模更大，山上千佛岩、老君洞、大佛洞、佛爷湾、云屏石开凿有170余龛、2553尊造像，年代从初唐、盛唐、中晚唐延续到两宋，民国年间仍有造像。盛唐之后，水宁寺、沙溪、西龛、北龛石窟纷纷走向衰落，南龛却是方兴未艾，晚期巴中石窟的特点，其实是由南龛来呈现的。

大唐至德三载（757），京师长安发生了一件震惊朝野的大事，宰相房琯以居功自满被唐肃宗罢相，次年被贬为邠州刺史，京兆尹严武作为党羽，也被流放到巴州任刺史。来巴州赴任后，严武听说城南有佛龛500余铺，遂与同僚前去游玩，然岁月久远，佛龛斑驳陆离，严武派人扫去苔藓，兴建庙宇三十余间，延请高僧主持。第二年，严武找了个石匠，在南龛开凿了一龛观音菩萨。观音高2.12米，左手举杨柳，右手握净瓶，面容肥硕，肢体粗壮，比例不协调，造型也略显呆板。

说起严武，可是个狠角色。他年少时看到母亲在房间里抹眼泪，上前询问缘故，母亲说，你父亲宠爱小妾"英"，眼中哪里还有我们母子。母亲只是发发牢骚，哪想到八岁的严武趁"英"在睡觉，抡起大锤将她砸死。年纪稍长，严武看中一户人家的女儿，将其诱骗到小船上，不料东窗事发，小船被官兵包围，严武为求自保，扯下琵琶弦将女子活活勒

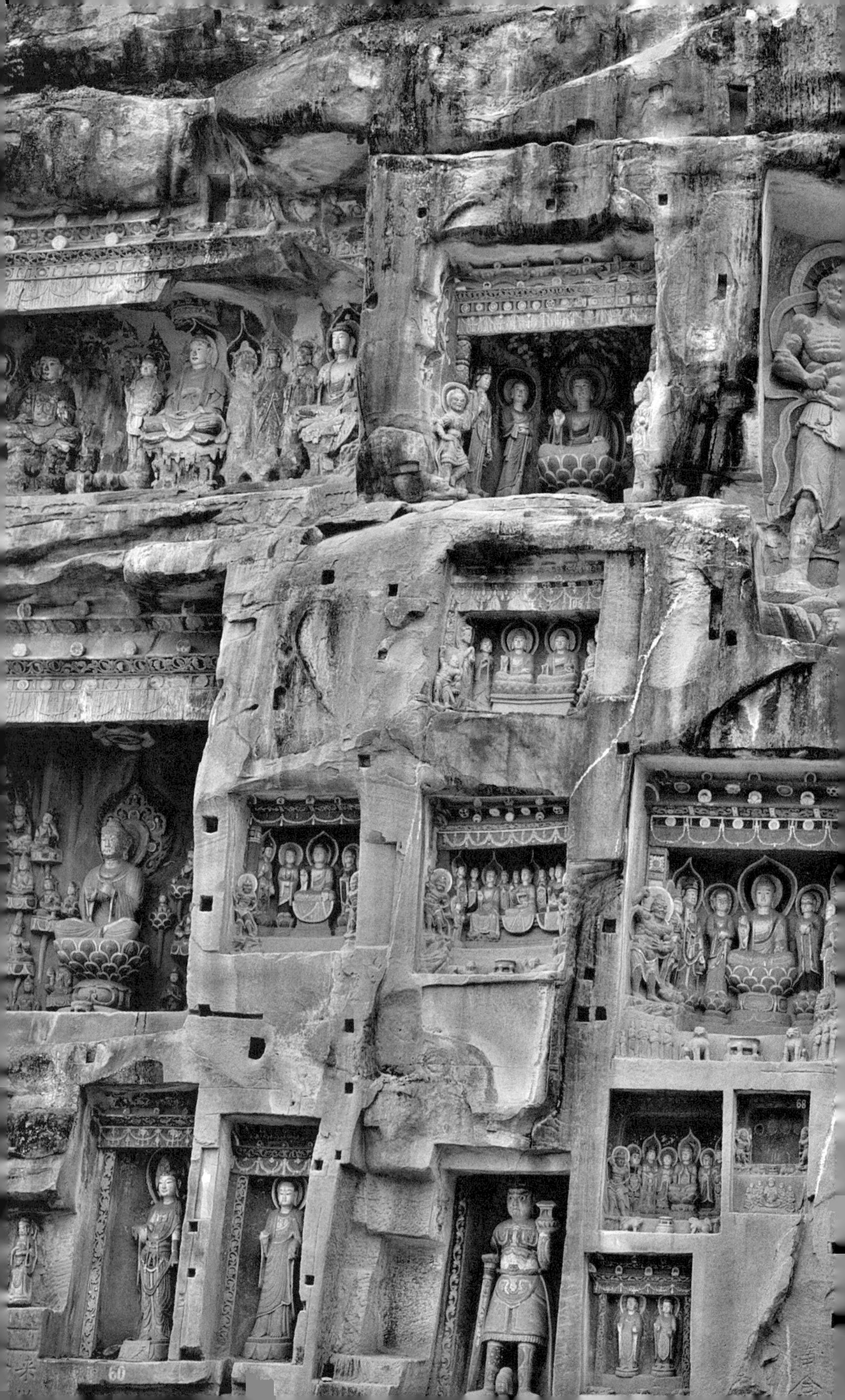
68
60

南龛现存 170 余龛、2500 余尊

死，将尸体丢在湍急的江水中。

谪贬巴州的几年中，严武时常来到南龛，他与诗人杜甫交往甚密，往来唱和，杜甫的《九日奉寄严大夫》，就是写给他的：九日应愁思，经时冒险艰。不眠持汉节，何路出巴山。小驿香醪嫩，重岩细菊斑。遥知簇鞍马，回首白云间。

乾元三年（760），严武将建寺造像之事上奏唐肃宗，奏表明清重刻，至今仍在南龛岩壁上：

巴州城南二里，有古佛龛一所。

右山南西道度支判官、卫尉少卿兼侍御史内供奉严武奏：

臣倾牧巴州，其州南二里有前件古佛龛一所。旧石壁镌刻五百余铺。划开诸龛，化出众像。前佛后佛，大身小身，琢磨至坚，雕饰甚妙。属岁月绵远，仪形亏缺，乃扫拂苔藓，披除榛芜。仰如来之容，爰依鹫岭；祈圣上之福，新作龙宫。精思竭诚，崇因树果，建造屋宇三十余间，并移洪钟一口，庄严福地，增益胜缘。焚香无时，与国风而荡秽；然灯不夜，助皇明以烛幽。曾未经营，自然成就。臣幸承恩宥，驰赴阙庭，辞日奏陈，许令置额。伏望特旌裔土，俯锡嘉名。降以紫泥，远被云雷之泽；题诸绀宇，长悬日月之光。兼请度无色役有道行者漆僧永以主持，俾其修习。

敕旨：其寺宜以"光福"为名。余依。

乾元三年四月十三日。[1]

在安史之乱中即位的唐肃宗，对佛教无比崇信，一遇战事，即派人请高僧不空领着百位僧人到宫中诵经，名将郭子仪收复长安，肃宗甚至

---

[1]（唐）严武：《巴州古佛龛记》，《巴蜀佛教碑文集成》，成都：巴蜀书社，2004年，第38页。

《巴州古佛龛记》，记录了严武开凿石窟、兴修寺院的历史

认为这是佛祖庇护。上元二年（761），严武终于等来了诏书，返回京师出任京兆尹，不知道是因为投其所好打动了唐肃宗，还是那尊观音给他带来了好运？

时至晚唐，唐王朝接连与南诏、吐蕃作战，金牛道一度中断，米仓道的地位也就愈发重要了，晚唐蜀地几次叛乱，朝廷军队皆由米仓道入蜀弹压，甚至与大唐王朝的命运绑在一起。880年12月，黄巢义军占领东都洛阳后，大军向潼关进发，守将望风而逃。意识到长安城沦陷只是时间问题后，唐僖宗于一天深夜带着皇子、嫔妃以及数百御林军，神不知鬼不觉地溜出了京师。户部大臣张祎上朝时找不到皇上，才在慌乱中沿着米仓道追寻僖宗，沿途又遇兵变，待到辗转至巴州，已是两年之后的事了。惊魂未定的张祎在南龛开龛，并在题记中详细记录了自己颠沛流离的入蜀历程。

张祎窟在南龛神仙坡北段，也是龛释迦说法图，题记在龛楣正中央，地当风口，佛、弟子、菩萨几乎面目全非，残像上堆满了剥落的细沙，题记也是风化殆尽，难以辨认。《金石苑》收录碑文，寥寥数语，当年的硝烟似历历在目：

圣上西巡之辰，余自金门飞骑追扈大驾，中途隔，烟尘遁迹。及中秋，方达行在……中和四年甲辰三月八日。尚书右丞、判户部张祎记。时为侄暖等修释迦像，遂刊于此。男询书赠元□□题王简镌。[1]

伴随僖宗南迁，中原王室、官吏、商贾、画师、文人也随之涌入西蜀大地。他们或惊魂未定，或思念故土，或骨肉分离，南龛晚唐许多石窟，应该与这些逃亡者不无关联。在巴州短暂停留后，他们顺着米仓道进入四川盆地腹地，来自长安、洛阳的粉本，也如同涓涓细流一般流淌在巴蜀大地上。

来自河西走廊的凉商

南龛第94龛毗沙门天王，高1.84米，身着明光甲，胯下横刀，着战靴，左手叉腰，右手握拳，脚踩在地天上。此龛开凿于会昌六年（846），为"巴郡太守荥阳郑公"捐资开凿。郑公的夫人一同来到巴州，

---

[1] （唐）张祎：《南龛题名记》，《巴蜀佛教碑文集成》，成都：巴蜀书社，2004年。

途中偶染风疾，遂在天王旁开凿观音菩萨还愿，观音慈眉细目，衣饰华丽，俨然贵妇。

毗沙门天王也称北方多闻天王，其余天王为东方持国天王、南方增长天王、西方广目天王。诸天王中，又以毗沙门天王最为流行，唐人常常单独开龛供奉。宋代毗沙门天王还有市场，《水浒传》中，林冲被发配后看守"天王堂"，供奉的就是毗沙门天王。

南龛第83龛分身瑞像，主佛一尊身躯，却有两个佛头。传说有两个贫民想捐资开龛，怎奈钱财不够，画师为其虔诚感动，给他们创作了这尊双头佛像，分别供奉。其实，分身瑞像是西域流行的题材，玄奘法师在西域就曾见过，在《大唐西域记·卷二·健驮逻国》中，他记载道："大窣堵波石陛南面有画佛像，高一丈六尺。自胸已上，分现两身；从胸已下，合为一体。"[1] 在中国，分身瑞像主要流行于克孜尔石窟、敦煌莫高窟，大多为壁画，石刻分身瑞像迄今仅见于巴中。

分身瑞像左右各有一尊佛像，左侧佛像立于仰莲座之上，左手上举指天，右手下垂指地，可能是日月瑞像；右侧阿育王像身着通肩袈裟，左手握住袈裟一角，头顶有硕大的束发状肉髻，八字胡须，眼睛圆睁。[2] 所谓阿育王像，其实是古印度孔雀王朝阿育王造释迦牟尼像的简称。自晋代以来，阿育王像常被视为祥瑞之兆，其中又以长干寺的阿育王像最为著名。传说此像是五位西域僧人从天竺古国带回，后辗转为陈文帝所得。据说天嘉年间，沿海兵乱，陈文帝向阿育王祈祷国运昌盛，陈朝军队果然一举荡平了叛军。

有意思的是，广元与巴中距离不过百公里，毗沙门天王、分身瑞像、阿育王像却从未在广元发现过，此外，巴中流行的阿弥陀佛与

---

1 （唐）玄奘：《大唐西域记》，广西师范大学出版社，2007年。
2 雷玉华 罗春晓 王剑平：《川北佛教石窟和摩崖造像研究》，甘肃教育出版社，2016年。

南龛分身瑞像

南龛分身瑞像线描图

阿弥陀佛与五十二闻法菩萨，莲花摇曳，菩萨在其上听佛讲法

063

南龛毗沙门天王

五十二闻法菩萨、鬼子母等题材也不见于广元。同为入蜀门户，以洛阳、长安为代表的"两京模式"显然是巴中、广元共同的源头，而巴中诸如毗沙门天王、分身瑞像等题材，又显示出与河西走廊有着密切的联系。

敦煌莫高窟现存天王塑像86身，其中唐宋天王77身，虽然为了对称，天王有南北之分，但占主流地位的却是毗沙门天王。大英博物馆、印度国立博物馆、俄罗斯国立艾尔米塔什博物馆中也保存了诸多纸本、绢本毗沙门天王像，反映出天王信仰曾兴盛一时。从年代来说，莫高窟更早，北魏时期，时任瓜州太守的元荣出资抄写了大量佛经，其中不少与毗沙门天王有关，我们似乎可以得出这样的结论：是来自敦煌的粉本被带了到巴蜀。

20世纪80年代，文物工作者在巴中石窟发现了"凉商"活动的踪迹，比如"凉商冯明正重彩""凉商周邦秀装修"等题记，显示他们似乎非常热衷于妆彩佛像。这些"凉商"，便是来自河西走廊的商贾。在古代印度，商人既是佛教的资助人，又是传播者，早期佛教的流传很大程度上要归功于印度商人。现在看来，这些来自河西走廊的商人，同样不经意地充当了传播佛教的使者。

凉商的活动，可以给我们提供一个线索——河西走廊与西蜀大地之间有路相通。古老的丝绸之路从西域经河西走廊南下后，主道进入长安，另有一条岔路，进入陇右天水，南下仇池山区至徽县，经勉县进入南郑，尔后沿米仓道进入巴中。历史上，毗沙门天王的信仰最早始于河西走廊；分身瑞像在敦煌莫高窟唐代壁画中也屡有出现。如此说来，便有这样一种可能：那些来自河西走廊的商贾，在带来珠宝、美酒、皮毛的同时，也将河西走廊特有的造像题材带到了巴中——此后，随着更多的官吏、商贾、僧侣的脚步，这些题材又被带到巴蜀大地的郡县中，成为更多供养人的粉本。

中晚唐年间，南龛岩壁业已开凿殆尽，善男信女转以妆彩为主。光启三年（887），同节度十将、巴州军事押千兼都押都巡李思弘，在南龛重妆了8龛石窟，共计205身，祈求"仕宦高迁，男女阖家康健"。《唐会要》记载，光启元年（885），宦官田令孜招募新兵五十四都，每都千人，首领称都押、都头，都巡则负责稽查军务。

第二年，李思弘如愿升官，他的头衔，已加上了"殿中侍御史"一职。唐代承袭前制，设立御史台监督百官，御史台下设台院、殿院、察院，分别由侍御史、殿中侍御史与监察御史担任，也称三院御史。殿中侍御史官位从七品下，掌管百官上朝班次，并在皇帝出行时纠察仪仗，维持京畿日常治安。[1] 李思弘又来到南龛，妆彩释迦、如来、观音等 61 身，施予金、铜香炉各一，并撰文为纪，那时的他，似乎正醉心于功名：

右弟子同节度十将军事押衙，充都押都巡，兼殿中侍御史李思弘夫妻，发心报修妆前件功德，伏愿自身迁荣，禄位日新，设斋表庆毕。文德元年（888）十二月十五日记，绘士布衣张万余，勾押官杨绾书。[2]

殿中侍御史在京师任职，李思弘或许也在此年离开巴州，前往京师，不知他是否得偿所愿，从此步步高升？李思弘可能不会想到，短短十余年后，大唐王朝大厦倾颓，这个从七品官也随之消失在历史深处。

伴随着大唐帝国的覆灭，唐王朝与吐蕃、南诏的战争亦宣告结束，南来北往的行人又回到相对好走的金牛道上，米仓道也就日益荒废了。但在巴蜀石窟史上，巴中石窟的地位显而易见。巴中石窟以佛帐形龛楣最具特色，檐下悬有悬帐、铃铛，繁复华丽，这种龛形在四川流行一时，比如旺苍佛子崖、营山透明岩中都能看到类似龛楣。因为地利之便，来自长安、洛阳，乃至河西走廊的石窟题材，往往先传到巴中，再由供养人带到四川其他郡县，有些题材甚至只见于巴中，比如双头瑞像、阿育王像等等，巴中也成为中国石窟艺术的重要中转站。

---

1 钱宝：《唐代殿中侍御史探究》，《鸡西大学学报》，2016 年 10 期。
2 （唐）李思弘：《唐化城县李思弘造像记》，《巴蜀佛教碑文集成》，成都：巴蜀书社，2004 年。

米仓道上的天宝遗事

唐天宝六载，地平县员外尉王伟在佛子崖捐资造像，亦留下了自己的委屈与希冀，倘若不是开龛，这个九品芝麻官或许不会在历史上留下任何记载。佛子崖于 20 世纪六七十年代被炸毁，菩萨的头颅与双脚已不知去向，地上随处可见佛祖、弟子、菩萨、天王、力士残损、开裂的身躯……

员外尉王伟

唐玄宗天宝六载（747）的一天，小吏王伟在米仓道上跋涉着。前些日子，王伟不知何故被贬为地平县员外尉（治今四川旺苍县普济镇，唐高祖武德元年分清化县为狄平县，次年更名地平县），自是唉声叹气，作别家人，满腹忧愁地走在了赴任的道路上。唐朝规制，上县设县尉（掌县中治安、捕盗之事）两人，中下县设县尉一人，编制以外增加的职位，即称员外尉。[1]

天宝六载的唐朝，一派太平盛世的景象。这一年，安禄山被授予大夫一职，从此平步青云。同年，一位名不见经传的诗人写下了那首《别董大》，其中两句传咏至今："莫愁前路无知己，天下谁人不识君。"他，便是高适。

这些朝野之事、诗人唱和，想来王伟是难以知晓的，他沿清江河而下，路过宝鼎罐山，抬头看到岩壁上的一龛龛佛像，许是想起了伤心事，也找来石匠，开凿了一龛释迦牟尼佛像，祈望诸事顺遂，早日回到故乡。唐代石窟大多由寺院僧人主持。开龛耗时日久，王伟公务在身，自然等不到石窟完工，于是便拿出几两碎银交予僧人，自己匆匆踏上了赴任的旅程。

上任后的王伟究竟有没有回来看看捐资的石窟，我们已难知晓，如果不是捐资开龛，这个唐朝九品芝麻官恐怕不会在史书中留下任何记载。除金牛道外，米仓道是另一条入蜀要道，王伟走的这段是米仓道分支，起点是陕西宁强，经茅坝河、鹰嘴岩进入旺苍，也是连接金牛道与米仓道的通道。

唐时的金牛道、米仓道是联系蜀地与中原的两条重要通道，官吏从中原入蜀赴任，商贾往来贸易，文人行吟西蜀，无不从这两条古道而过。唐人开龛祈福的风气，当然也影响到这些行色匆匆的官吏、商贾、文人、挑夫、僧侣，他们也在古道旁的岩壁上虔诚地留下了一龛龛造像。除了王伟的释迦牟尼佛，宝鼎罐山尚有"西方三圣""七佛""阿弥陀佛与五十二闻法菩萨""佛塔""一佛四弟子四菩萨"等40余龛，造像面容丰腴，身材粗壮，璎珞华美，颇有盛唐之风。

1　黄永年：《唐天宝宣城郡丁课银铤考释》，《陕西师范大学学报》，1978年第4期。

历史碎片

宝鼎罐山与普济镇五星村隔河相望,当地人称佛子崖。清江河两岸方圆几里无桥可通,想到宝鼎罐山只有蹚水而过,大多数时候,宝鼎罐山人迹罕至。

蹚过清江河,穿过一片鹅卵石河滩,半山腰有个青砖小院,文管员侯端龙打开木门,这是怎样一幅场景:岩壁上的龛窟大多残损,裸露出暗黄色的岩体;菩萨的头颅与双脚已不知去向,仅留下一尊尊披戴着璎珞的身躯,佛像的身躯也如同被利斧齐刷刷斩去一半;地上随处可见佛

一声爆炸之后,佛像身首异处

祖、弟子、天王、力士残损、开裂的身躯，还有菩萨的璎珞、猛兽的头颅、空空荡荡的莲台以及那些精美的佛帐形龛楣。

1969年夏，鼎罐山的石窟造像被炸毁，只有释迦牟尼佛和临近的几个小龛保存了下来。

十多年前的一个深夜，一群盗贼摸黑来到宝鼎罐山，盗走了"西

随处可见佛祖、弟子、天王、力士残损、开裂的身躯，菩萨的璎珞，猛兽的头颅

方三圣"的头颅。"西方三圣"雕凿的是阿弥陀佛与观音、大势至菩萨，大小与真人无异，是佛子崖规模最大、最精彩绝伦的一龛。"西方三圣"身躯被炸毁，观音与大势至的头颅侥幸保存下来，却终究没躲过盗贼的黑手。旺苍文管所依山修建了一圈围墙，侯端龙跟他的兄长侯敏龙，两位年过七旬的老人，从河滩中扒出了许多残破的佛像与碎片。

阿弥陀佛与五十二闻法菩萨残龛

佛子崖3号龛，从题记的位置看，应该就是小吏王伟捐资开凿的

佛子崖被炸毁于 20 世纪六七十年代，可谓不幸；残损的佛像并未成为铺路石，又是不幸中的万幸。那些散落尘埃的唐代碎片，将佛子崖的时光永远定格在了被毁的那一刻。

留下题记或是面容

从此，长 150 余米的佛子崖便有了截然不同的风景：西段几乎完好，东段则满目疮痍。西段龛窟数目不多，规模也不大，3 号龛外龛高 1.13 米、宽 0.87 米，内龛高 0.64 米、宽 0.65 米，内龛佛帐形龛楣，脊下饰蕉叶、宝珠纹饰，檐板上雕刻六个方格，悬上华丽的罗帐，装饰华绳与流苏，奢华无比。

2 号龛顶、3 号龛旁有则题记："地平县员外尉王伟，因谪官至此，敬造释迦牟尼佛一铺，愿早平安归。天宝六载六月建造。张季和书。"[1] 2 号龛浮雕二菩萨，3 号龛则为唐代流行的释迦说法图，由此看来，王伟捐资的应是 3 号龛。不远处，另一位唐代供养人还将自己的形象留在了石窟中，他头戴圆领幞头，腰间束带，脚踏乌皮靴，手持莲花，似乎正在诚心礼佛。

8 号龛布局完整，色彩艳丽，是巴蜀盛唐造像的美品。弥勒佛面容饱满，大耳垂肩，身着双领下垂式袈裟，足踏莲台，身边站立二弟子二菩萨。8 号龛的特别之处，在于左右龛口又开 4 个小龛，其中安置五位供养人，左壁男供养人戴幞头，身着圆领窄袖长袍，面向佛祖胡跪；右

---

[1] 广元皇泽寺博物馆：《旺苍县佛子崖摩崖石刻造像调查简报》，《四川文物》2004 年第 1 期。胡文和《巴蜀佛教雕刻艺术史》释"王伟自谪官至此"句时，将"因"误为"自"。

保存几近完好的佛子崖东段

佛子崖 8 号龛弥勒说法图,两侧的供养人跪立礼佛,8 号龛部分造像 2020 年被盗

壁女供养人束发髻，肩披帔巾，身材丰腴，跪立时连小肚子也露了出来。王伟的题记，记录下他的忧愁，8号龛的供养人，则留下了自己的模样，加之清人曾经加以彩绘，眉目直到今天依旧清晰可见。

9号龛高0.95米、宽0.91米，雕有三座佛塔，正中为重檐庑殿顶，每层檐角挂有风铃，塔中立有七尊佛像，即"七佛"。两侧的阁楼式佛塔上下六层，每层正面开圆拱形龛，塔顶雕有宝珠。唐代佛塔极为流行，是中国历史上的建塔高潮期，寺院大殿两侧一般都建有佛塔，这从敦煌莫高窟盛唐壁画中便可窥见一斑。唐代佛塔有楼阁式和内部空筒外部密檐式两种式样，其代表作分别为建于唐高宗永徽三年（652）的大雁塔与建于唐景龙年间（707—709）的小雁塔。[1]

佛子崖东段造像颇为集中，诸如"西方三圣""阿弥陀佛与五十二闻法菩萨"等大型龛窟也多集中在东段。佛子崖有四龛"阿弥陀佛与五十二闻法菩萨"，其中三龛毁于20世纪六七十年代，只有一龛整体坠落，歪倒在泥土中。石窟正中为阿弥陀佛、观音、大势至菩萨，底部生出无数莲叶，上面坐着一尊尊闻法菩萨，或冥思苦想，或双手捂面，或双手托腮，或抱膝而坐，姿态各异，造型生动，哪里像是菩萨，分明就是一个个游戏于莲叶间的少女。

巴蜀最早的阿弥陀佛与五十二闻法菩萨，雕刻于梓潼卧龙山，年代在唐贞观八年（634）。《法苑珠林》记载：

隋时有阿弥陀五十菩萨者，西域天竺之瑞像也。相传云昔天竺鸡头摩寺五通菩萨往安乐界，请阿弥陀佛：婆娑众生愿生净土，无佛形象，请垂降许。佛言："汝且前去，寻当现彼。"及菩萨还，其像已至。一佛

---

[1] 张驭寰：《中国佛塔史》，科学出版社，2006年。

9号龛的佛塔，中塔下部雕有七佛

9号龛佛塔线描图

五十菩萨各坐莲华，在树叶上。菩萨取叶，所在图写，流布远近。[1]

早于《法苑珠林》的《集神州三宝感通录》《续高僧传》等已有五十身像、五十菩萨像故事记载，五十二菩萨可能是流传过程中出现的讹传。佛子崖这龛仅雕出了三十四个闻法菩萨，可能是龛窟面积太小，菩萨又生动别致，工匠没有施展手艺的空间了。

今天的旺苍县属于广元市管辖，而佛子崖造像却显示出与巴中石窟的亲密联系。广元千佛崖、皇泽寺并未发现阿弥陀佛与五十二闻法菩萨，而这个题材却出现在巴中南龛。巴中石窟的一大特色，就是精美绝伦的佛帐形龛与奢华的罗帐、流苏。如此一来，佛子崖受巴中石窟的影响，便是显而易见的了。

巴蜀自古山高水长，通行不易，北方、中原石窟艺术只能顺着金牛道、米仓道缓慢地进入四川盆地腹地，这也可以解释为何巴蜀初盛唐年间的佛教造像往往出现在金牛道、米仓道沿途重镇，诸如金牛道上的广元、剑阁、梓潼，米仓道上的旺苍、通江、巴中，都称得上石窟艺术进入巴蜀的前码头。

---

1 （唐）释道世撰，周叔迦、苏晋仁校注：《法苑珠林校注》，中华书局，2003年。

蒲江石窟
皇帝、胡人与供养人

公元618年，隋炀帝在江都被杀，李渊创立唐朝。这一年，蜀地临邛郡深山中，一龛造像完工了，供养人留下题记：大业十四年。四川省蒲江县境内分布着鸡公树山、飞仙阁、龙拖湾、白岩寺诸多石窟群，尤以初盛唐造像最佳，且不少题材来自两京。中国早期的供养人，大多矮小卑微，蒲江的供养人却大大方方占据了龛口，甚至喧宾夺主，将弟子挤走了。

隋大业十四年

中国历史上，隋大业十四年（618）可谓多事之秋。这一年，隋朝大地上农民起义风起云涌，隋炀帝见大势已去，准备从江都前往南京，但扈从士兵怀念故土，途中纷纷逃离，宇文化及趁机发动兵变，隋炀帝欲饮毒酒自尽，叛军不许，遂被缢弑。同年五月，李渊在长安称帝，改国号为唐，是为武德元年，中国历史步入新纪元。

在那个动荡的年头，西蜀大地临邛郡鸡公树山中，一龛佛教石窟完工了。这是个双层龛，高约 1 米，下层佛祖结跏趺坐于莲台之上，左右立有二菩萨；上层的佛像身着通肩袈裟，施禅定印，龛口右侧文殊菩萨骑着狮子，左侧龛壁残损，造像荡然无存。改朝换代的消息经帝国的驿道与百姓的耳语缓慢流传，不知是否传到了遥远的西蜀大地，供养人在龛口，令工匠刻下五个小字：大业十四年。

隋代的西蜀大地，石窟造像尚是稀罕物。大业五年（609），巴中凤

鸡公树山 1 号龛为双层龛，龛窟左侧业已残破

谷山，一龛恢宏的说法图业已完工；大业六年，绵阳西山观，道士黄法曔为父母敬造天尊像；大业十一年（615），从东都洛阳入蜀的元祥、国满等兄弟，在盐亭龙门垭捐资开凿了弥勒佛、天尊、老君、观音四龛造像。蒲江鸡公树山 1 号龛，也是迄今我们在四川能找到的最晚的隋代石窟。

鸡公树山地处长秋乡新建村，山中有座小庙，唤作漏米寺，2 龛隋代造像就藏身在寺前果园里的大石包上，其余 16 龛分布于寺院里的漏米石上。大多数时间里，漏米寺并不对外开放，岩壁上的佛像大多业已损坏，乡民用水泥塑上头颅，再用墨笔绘出眉眼，一尊尊唐代佛像的生命便以这样的方式延续下来。

漏米石上的造像，最早的年号为唐高宗李治显庆（656—661），最晚为大中九年（855）。规模虽小，却走过了大半个唐朝。第 9 龛十二光佛，十二尊佛像分三层排列，结跏趺坐于莲台之上，莲台下有莲茎，优美的线条划过庄严的龛窟，佛像旁边隐约能看到名号："如意光佛""无边光佛"。龛口有则题记："十二光佛……为亡……造，大中九年十月十日。"[1] 十二光佛题材在四川极为少见，佛教中，掌管西方净土的阿弥陀佛有十三个称呼，其中十二种与光有关，诸如无量光佛、无边光佛、无碍光佛、无对光佛、炎王光佛、清净光佛、欢喜光佛、智慧光佛等。十二光佛，其实是阿弥陀佛净土信仰的延伸，显然，供养人开龛是希望让死去的亲人往生极乐世界。

---

[1] 卢丁等：《中国四川唐代摩崖造像　蒲江·邛崃地区调查研究报告》，重庆：重庆出版社，2006 年。

两京的粉本，西域的胡人

就在鸡公树山凿石声回荡在山谷之时，蒲江城南的飞仙阁也有石匠开龛造像了。飞仙阁现存石窟104龛，造像700余尊。明人曹学佺在《蜀中名胜记·蒲江县》中记载："南十五里，莫佛镇。相传汉文帝时有莫将军征西南夷归，而学佛于此。其佛台前，石羊虎尚在，居民往往于其处得金银。"既有石羊，又得金银。飞仙阁最早似乎是莫将军的陵墓，随着佛教的流传，剽悍的将军也变成了念经的僧人。

唐永昌元年（689），那时候的蒲江已是邛州蜀县，有个姓王的供养人在飞仙阁开凿了一龛恢宏的石窟，并在龛壁留下题记："永昌元年五月为天皇天后敬造瑞像一龛　王□合家大小□通供养。"

咸亨五年（674）八月十五日，唐高宗改称天皇，武则天为天后，并称"二圣"。上元二年（675），中国石窟造像记中首次出现"天皇天后"[1]，而直到玄宗年间，依旧有造像记写作"天皇天后"。改朝换代对于老百姓的影响很是滞后，造像记中的皇帝之称，仅仅是模式化的语言，他们更重视自己和亲人的幸福与长寿。[2] 永昌元年唐高宗早已辞世，飞仙阁的这龛瑞像依旧为天皇、天后开凿，亦是这个道理。

菩提瑞像龛编号60，高1.88米、宽1.49米，佛祖头戴花冠，冠中有化佛，身着袈裟，袒右肩，右臂戴臂钏，左手仰掌置于腹前，右手抚膝，施降魔印，左右有二弟子、二菩萨。清人曾经将龛窟妆彩一新，佛祖、弟子、菩萨直到今天依旧浓妆艳抹，栩栩如生。

唐朝初年，伴随着高僧玄奘《大唐西域记》、道宣《集神州三宝感

1　"上元二年弟子宣义郎周志远等……奉为天皇天后太子诸王，远劫师僧，七代父母，敬造阿弥陀石像一龛"，见《八琼室金石补正》，北京：文物出版社，1985年。
2　李晓敏：《世情与佛理——隋唐佛教造像题记研究》，人民出版社，2018年。

通录》的流行，许多带有神奇传说与灵验故事的造像受到世人推崇，称为瑞像，比如菩提瑞像、优填王瑞像、双头瑞像等，玄奘在《大唐西域记》中，记载了菩提瑞像渊源：

精舍既成，招募工人，欲图如来初成佛像，旷以岁月无人应召，久之有婆罗门来告众曰，我善图写如来妙相，众曰："今将造像，夫何所须？"曰："香泥耳，宜置精舍之中，并一灯照，我入已，坚闭其户，六月后乃可开门。"时诸僧众皆如其命，尚余四日未满六月，众咸骇异，开门观之，见精舍内佛像俨然，结跏趺坐，右足居上，左手敛，右手垂，东面而坐，肃然如在……[1]

玄奘曾见到菩提瑞像，但并未带回中土。贞观十七年（643），出使印度的唐朝使臣王玄策携之回长安，洛阳敬爱寺佛殿中的菩提树下弥勒菩萨塑像，即以王玄策带回的图像为样，因塑像的婆罗门是弥勒菩萨化身，故菩提瑞像有时会将弥勒一并塑出。菩提瑞像起初流行于两京，尔后传入西蜀，广泛分布于广元、巴中、邛崃、蒲江、安岳等地，飞仙阁第60龛，也是迄今四川发现的最早一龛菩提瑞像。[2]

瑞像信仰在蒲江颇为流行，飞仙阁第9龛同样是菩提瑞像，释迦牟尼身着袒右袈裟，头戴宝冠，宝缯垂肩，佩耳环，戴项圈，右臂戴臂钏，身边站立二弟子，一年轻，一老迈，菩萨善跏趺坐，璎珞遍体，纱幔飘逸，后壁雕刻双菩提树，天龙八部在树间隐约可见。有意思的是，龛口两尊造像，有着浓密的胡须、卷曲的头发、炯炯的目光——他们是胡人。

---

[1] （唐）玄奘：《大唐西域记》，广西师范大学出版社，2007年。
[2] 雷玉华、王剑平：《四川菩提瑞像研究》，见成都文物考古研究所编：《成都考古研究》，科学出版社，2009年。

飞仙阁 60 号菩提瑞像龛

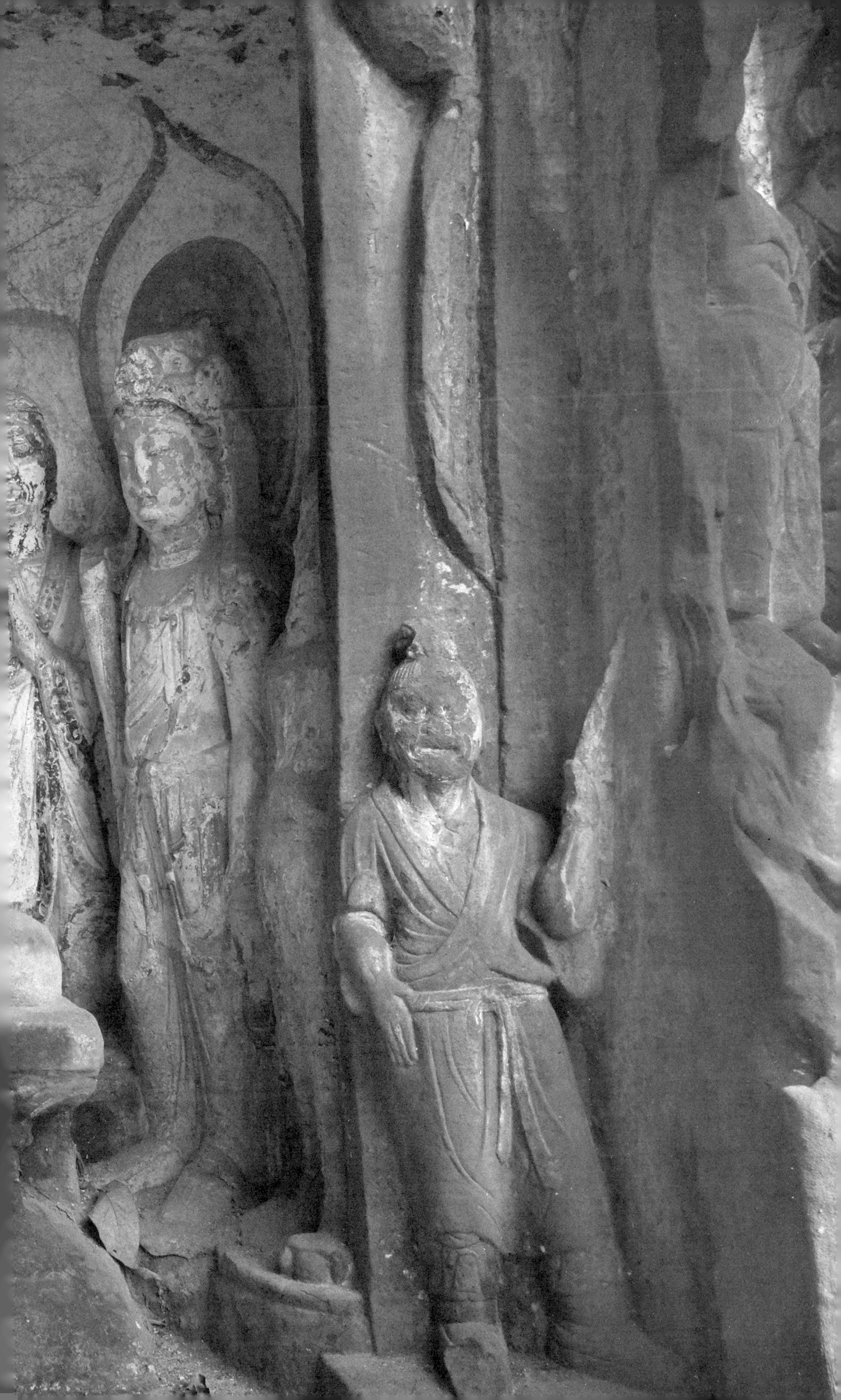

飞仙阁第9龛菩提瑞像，龛口的武将是胡人

"南海商船来大食，西京祆寺建波斯。远人尽有如归乐，此是唐家全盛时。"随着丝绸之路的开通，大量胡人来到中国，唐朝亦对此持开放、包容态度。自20世纪50年代以来，在陕西各地出土的陶俑、壁画中屡有胡人形象出现，他们或作为使臣质子，或前来经商买卖，或充当侍从随从，或入行伍为将帅。美国纽约大学安吉拉教授认为，9号龛口的两位胡人是胡商，"这两尊造像，形象无疑不是汉人，它令人回想起那些到达中土的西域商人的外貌，尤其是波斯人。另一尊胡人造型没有这么夸张，只不过是作为其到达中土来的伙伴而已；其嘴上表现有长鼻和倨傲的阔嘴。"

安吉拉教授将造像认定为胡商，但它们身披明光甲，胸前有两圆护，脚踏长靴，明显是武将形象，或许定为天王更为合适。《资治通鉴》记载，盛唐之时"其余酋长至者，皆拜将军中郎将，布列朝廷，五品以上百余人，殆于朝士相半，因而入居长安者近万家"。胡人骁勇善战，唐朝军队中云集了大量胡人将领，比如定远将军安菩，右骁卫将军阿史那忠，右屯卫将军阿罗憾，皆因战功青史留名。飞仙阁9号龛、60号龛的供养人可能与两京交往颇密，抑或是自两京而来。

早在天授元年（690），武则天加尊号圣神皇帝，通过《大云经疏》宣称自己是弥勒化生，将弥勒信仰推向顶峰，飞仙阁不少龛窟即是此种信仰的体现。第68号七佛龛，弥勒佛着通肩袈裟，善跏趺坐于中央，两边各有三尊站佛。有意思的是，七佛是释迦牟尼与此前六位佛陀的统称，即毗婆尸佛、尸弃佛、毗舍浮佛、拘留孙佛、拘那含牟尼佛、迦叶佛、释迦牟尼佛，此为皆已入灭的过去七佛，而弥勒佛是未来佛，它在此处不但跻身七佛之列，还将释迦挤走了。

盛唐年间，不少县人到飞仙阁开窟，或以家族为单位，或结社造像。开元二十八年（740）二月，张行、刘成、祝金、焦远、王元、罗相、赵明等人捐资开凿了一龛说法图。眼看佛教石窟鳞次栉比，道教徒

飞仙阁第 68 号七佛龛

也坐不住了，同一年，罗德、史力、王钦、毛秀等十一人，联合开凿长乐天尊造像，天尊是神阶最高的神仙，长乐天尊即太乙救苦天尊，在明代小说《封神榜》中，它是哪吒的师傅，掌管东方长乐世界，拯救亡灵。

　　四川的初盛唐石窟，大多集中在金牛道、米仓道沿途重镇，而地处西蜀腹地的蒲江，却保存着为数众多的早期龛窟，这或许与它的地理位置不无关联。来自两京的石窟粉本，往往先传到以成都为中心的区域，地处西蜀腹地的蒲江自然也会深受影响；再者，蒲江地处茶马古道要冲，自古盛产井盐，汉宣帝地节三年（前67）开盐井二十所，设置盐官，唐宋年间依旧不竭。自古以来，食盐便是重要的战略物资，也是历代王朝最感兴趣的资源——无论是朝廷任命的官吏，还是追逐财富的商贾，都有可能来到蒲江，带来两京、成都最流行的造像粉本。

最大胆的唐代供养人

飞仙阁第 60 号龛门外有两位供养人，男子身着袍服，系着腰带；女子眉眼含笑，头绾双髻，长裙及地，大小与弟子迦叶、阿难相差无几。有意思的是，通常在唐代龛窟中，龛口本是力士的位置，如今却被供养人取代了。

蒲江龙拖湾 9 号龛的女供养人，让人联想起西安出土的唐三彩女俑

京华冠盖，不绝于路　　089

蒲江龙拖湾的唐代供养人，簇拥着佛祖，
反而把弟子挤到边上去了

如果说飞仙阁的供养人占据了龛口，龙拖湾的供养人就更胆大妄为了。龙拖湾地处蒲砚村古佛山，传说古时神龙在此腾空，升天时尾巴扫到岩壁，一块石包坠落，故称"龙拖湾"。龙拖湾岩壁上有通碑刻，碑额风化，碑上刻三行文字，字在隶楷之间："张仁忠□ 嘉兴元年 许七忠□午。"嘉兴是西凉国李歆年号，嘉兴元年为417年，有学者据此认为龙拖湾始凿于南北朝时期，但龙拖湾造像却是典型的唐代风格。

龙拖湾现存造像11龛，其中10龛分布在山崖上，另一龛道教造像早年从山上坠落，从此湮没于杂草之中。9号龛飞天赤裸上身，凌空飞舞；一位体态丰腴的女供养人身着交领窄袖襦衫，胸部袒露，长裙覆脚，长长的帛带飘于身后，让人联想起西安出土的唐三彩女俑，这也是唐朝女子最常见的装扮。

龙拖湾1号龛高1.05米，宽1.08米，雕有一佛二弟子二力士，枯藤垂下崖壁，植物的根须爬进龛窟，与那些千年的造像缠绕在一起。有意思的是，佛祖旁边簇拥着五名供养人，看起来是一家，四名男子身着交领袍服，头戴小帽，女子着交领窄袖襦裙，下系长裙，脚穿云头鞋，亲密地站在佛祖旁边，反而把弟子挤到龛口与力士紧紧挨在一起了。在蜀地的山野乡间，工匠开凿石窟时可能并无太多粉本，供养人的需求，往往是决定石窟布局的关键因素。这户供养人并未留下题记，他们或许是我见过最"胆大妄为"的供养人了。

这是个奇怪的现象。中国北方、中原石窟里的供养人，往往身材矮小、表情卑微，蜷缩在角落里，借以表现佛祖的高大。飞仙阁9号、60窟的供养人大小与弟子无异；而龙拖湾1号的供养人，干脆取代了佛弟子的位置。蒲江的供养人，似乎很乐意将自己变成天国的一分子。人间与天国，没有界限。

广安冲相寺
刺史、郡守与破贼僧

渠江之畔的广安冲相寺,是巴蜀少见的隋代造像群,开凿于隋开皇八年(588)的定光佛,可能与流江郡守袁君有关,也是四川迄今发现的唯一一龛定光佛。冲相寺岩壁上,一通通珍贵的唐代、宋代题记穿插在龛窟旁,那些刺史、朝散大夫、县令、进士、僧人、孝子的故事,讲述着这座寺院的血性、浮沉与沿革。

广德年间的叛乱

唐代宗广德元年(763),一封加急文书送到了长安城,史思明长子、叛将史朝义被唐军围于莫州,自缢而死。史朝义的死,标志着持续八年之久的安史之乱最终结束,盛极一时的大唐王朝在这场大乱中遭遇空前浩劫,早已千疮百孔,战乱却依旧挥之不去。同年十月,泾州刺史高晖引吐蕃军队东下,代宗仓皇出逃,京师震动。

广德年间的西蜀大地亦不太平,南阳贼流窜于渠州冲相寺附近,渠州刺史卢朝澈领兵征讨，久攻不下，反因粮草不济陷入困境，危难之际，冲相寺僧人澄海随军队对神祈祷，保护百姓收割庄稼，粮草充足，军民齐心，一举击败贼人。百姓觉得此乃神灵庇护，遂在冲相寺开龛祈福。永泰二年（766），大理寺廷评（评事别称，掌推勾狱讼之事）崔季华来到冲相寺，听说此事，感叹之余，提笔著文，令工匠刻于碑上，这便是《大唐渠州渠江县冲相寺破贼碑》：

南阳贼窜渠江冲相寺近境，渠州刺史及洞帅、将帅、粮官等讨贼，时禾稼未登。有僧澄海祷于神，偕兵护百姓刈获，因以足粮，遂大破贼众。感神之贶，刻祀神像于龛以报。

前令卢朝澈、后令崔衡克美始终，寺之大德灵秀等名道行纯茂。耆德蒲晃、何尝、蒲璀等共葳工事。廷评崔公季华嘉其荡寇之功，命其叙历事，而己为之铭。其将士文武名字、官品，共列于他壁。（后有铭十六韵）

永泰二年岁次景午，七月甲申朔十五日戊辰建。镇碑人河东蒲□。[1]

就在工匠凿石刻碑之时，冲相寺岩壁上，大大小小的龛窟早已是鳞次栉比了。开元四年（716）四月，渠州诸军事主长史丁正已，巡行至渠江县，在冲相寺开凿了一龛七佛龛，朝散大夫张承观，司法参军王守忠，司户武连，置尉殷宗，参军张待宾、王游崖等人亦参与了建造，并在岩壁刻碑为记。丁正已可谓名门之后，祖丁仁观曾任代州都督，父亲丁辅为舒王府骑曹参军事，丁正已先任果州刺史，开元二年六月官拜渠州诸军事主长史。

冲相寺地处渠江北岸，距离肖溪古镇尚有 6 公里。肖溪古镇四野皆

---

[1] 崔季华：《大唐渠州渠江县冲相寺破贼碑》，见《巴蜀佛教碑文集成》，成都：巴蜀书社，2004 年。

广安冲相寺佛龛全景

平坝良田，唯有冲相寺后山有几壁十多米高的砂岩，成为古人开凿石刻的绝佳场所，58龛造像就雕凿其上。当年大破南阳贼人后，寺僧在冲相寺开凿了哪龛石窟，我们已难以考证。如今只见丁正已与下属捐资开凿的七佛龛。七佛龛高4米、宽10米，毗婆尸佛、尸弃佛、毗舍浮佛、拘留孙佛、拘那含牟尼佛、迦叶佛、释迦牟尼佛一字排开，结跏趺坐于

岩壁上记录冲相寺沿革的题记

金刚座之上,龛口有两个青筋暴露的力士。历经千年的时光,七佛与力士的头颅荡然无存,赭红色的窟壁上"……革命""打倒四人帮"等石灰标语残存,让人觉得这里的时光一直错乱着。

佛经《长阿含·大本经》记载,在释迦牟尼成佛之前,过去还有六位佛陀,与释迦并称"七佛"。七佛是云冈、龙门石窟中经久不衰的题

京华冠盖,不绝于路　095

上图　人迹罕至的冲相寺

下图　冲相寺七佛龛

右图　赭红色的窟壁上，"打倒四人帮"的石灰标语清晰可见

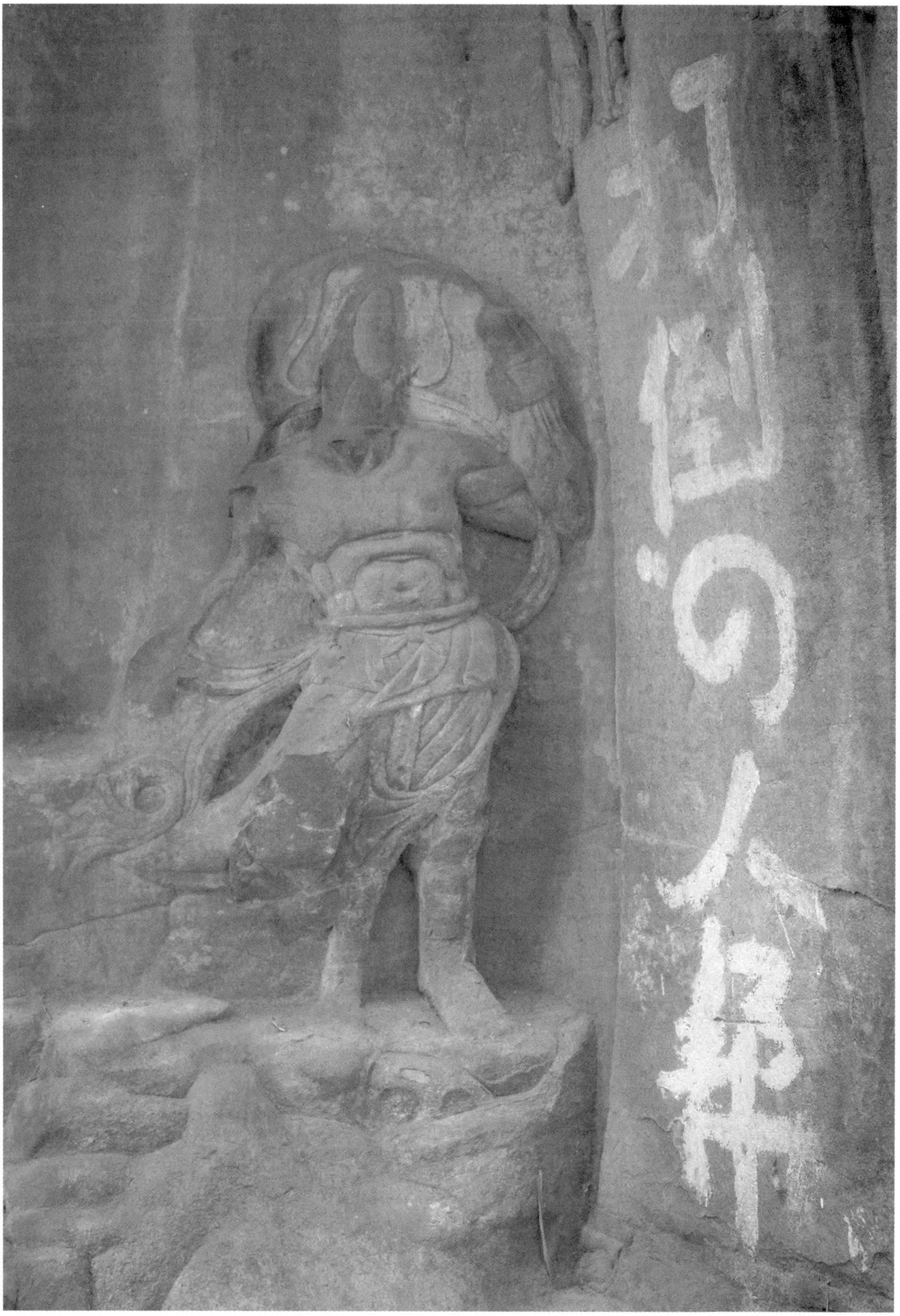

材，巴蜀几乎每处石窟也都有分布。七佛龛左侧，《大唐渠州始安县冲相寺七佛龛铭碑》至今犹存，碑文记载，当年除了七佛，还开凿了"狮子神二，左右安置"，所谓狮子神，或许指的是来自狮子国的神灵，就是两位力士了。

巴蜀唯一的隋代定光佛

冲相寺位置最好、年代最早的造像，当数第 19 龛定光佛，佛高 2.2 米，双目平视，面容清秀，头后有锯齿状头光，双手自然向前斜伸，左手掌心向下，右手掌心向上，身着"U"形通肩袈裟，赤足站立在两朵覆莲之上。外壁有造像题记一则：

……/ 王知□□同……二人……/ 先发心……主……/ 定光佛并斋表庆讫□□/……/……财帛公私□□□（开）皇（八？）年十一月十八日设斋题赞记 / 永为福□□记。[1]

题记缺衍严重，但两条重要信息尚存，一是定光佛的名称，二是隋开皇年号。《大唐渠州始安县冲相寺七佛龛铭碑》中，有"其寺，隋开皇八年流江郡守袁君等所立"的记载。冲相寺古称"药寺"，由郡守袁君等人于开皇八年创立，此后，寺院香火旺盛，石窟相继出现，定光佛的供养人或许与袁君不无关联。

开皇是隋文帝杨坚年号，开皇八年即 588 年。杨坚创立隋朝后，废

---

[1] 蒋晓春等：《嘉陵江流域石窟寺调查及研究》，科学出版社，2018 年。

冲相寺第 19 龛定光佛，是四川迄今发现的唯一一龛

郡立州，改立刺史，但郡守之称依旧流行，先后任渠州刺史的，有郑道育、周儒、袁蛮、郑大侍、杨林甫、王人，袁姓刺史只有袁蛮一人，曾任开、巴、渠三州诸军事、刺史。[1]

定光佛造像在中国并不常见，过去仅在云冈、龙门、麦积山石窟以及邯郸鼓山水浴寺有发现，冲相寺的定光佛，也是迄今巴蜀发现的唯一一尊。定光佛，因"出生时身边一切光明如灯"，故又称燃灯佛。佛教有三世佛之说，即过去佛、现在佛与未来佛，燃灯佛就是过去佛，现在佛与未来佛分别是释迦牟尼佛与弥勒佛。

《佛说太子瑞应本起经》记载：释迦牟尼佛尚未成佛前，过去世是善慧童子，途经莲花城，看到全城在欢庆集会。有人告诉他，燃灯佛不久要来莲花城说法，国王下令百姓供养。善慧童子在城中寻找花店，想挑几枝鲜花供奉给燃灯佛，不想国王已经包下了所有花店的鲜花。

童子只得私下寻访，他在河边碰到一个打水的婢女，她偷偷藏了七枝花，童子欣喜不已，拿出五百钱买花。婢女说，这七枝花是隔壁花店老板的女儿收了我五百钱，偷偷把花拿出来的，我正要拿去供养燃灯佛呢。童子最后答应娶婢女为妻，这才取得鲜花。

几天后，燃灯佛来到莲花城，国王与老百姓纷纷出城迎接。许多人把上好的衣服铺在地面，童子只有一件鹿皮，人们嫌鹿皮没有档次，纷纷辱骂童子，并把鹿皮扔到远处；燃灯佛为了考验众人，变出一片泥泞的土地，众人纷纷躲避，只有童子将鹿皮平铺，面朝下把头发铺在地上，以身体为燃灯佛做桥。燃灯佛从童子身上走过，回头说，只有我能从此人身上走过，而你们都不能——他就是将来的释迦牟尼佛。

燃灯佛在摩崖造像中虽不常见，但在中国的寺院中供奉的倒不少，比如通州辽代燃灯佛舍利塔；成都洛带古镇燃灯寺据传说也早在隋开皇

---

[1] 王守梅：《四川广安冲相寺历史与石窟造像研究》，西华师范大学硕士论文，2017年。

冲相寺石窟始凿于隋代，延至唐代

年间便已立寺，寺中供奉有铁铸燃灯佛一尊，身上有108处穴位，每一处铸有一孔，孔内置灯，象征燃灯佛出生便"光明如灯"，据说善男信女燃灯而疾病自愈，甚是灵验。

除了定光佛，冲相寺尚有10余龛隋代造像，题材以一佛二弟子、一佛二菩萨、观音菩萨、释迦说法为主。就中国西南地区而言，隋代造像并不常见。巴中西龛第21窟龛壁有"检得大隋大业五年造前件古像"题记；广元皇泽寺大佛窟，据说是隋代蜀王杨秀捐资的；蒲江鸡公树山1号窟，窟壁有"大业十四年"年号，也是四川迄今最晚的隋代题记。这些隋代石窟大多零星分散，冲相寺，则是西南罕见的隋代石窟群。

广元、巴中地处入蜀门户，为何地处内陆的渠州，会留存如此多的隋代石窟，供养人的社会身份或许是其中的关键原因。隋文帝杨坚统一中国，结束了南北朝200多年的分裂，他自小出生于寺院之中，由女尼抚养成人，于佛教的情感自然非同一般。在他的提倡下，中国北方石窟艺术掀起了新的高潮，隋到初唐短短的八十多年中，莫高窟就开凿了139个石窟，约占总数的四分之一。高涨的崇佛之情，无疑会影响到隋朝的臣子，伴随着他们外出为官或四处征战，石窟也就随之四散在帝国的疆土上。

岩壁上的史书

肖溪古镇南北两头窄，中间宽，中心是条长三百余米、凹凸不平的青石板路，沿街面伸出檐廊四五米，百姓可在宽阔的檐廊下赶场。

由于渠江水利之便，从隋唐直到明清，肖溪古镇舟楫穿行，是远近闻名的水码头，古镇上的客栈、青楼、茶馆、酒楼、油房、药铺、铁匠铺一家连着一家，商贾、文人、香客、游客、贩夫络绎不绝，镇子可以歇脚、喝茶、听戏。他们中的许多人，也来到冲相寺捐资开窟，凿石刻碑。不大的岩壁，挤满了大大小小的龛窟，一通通唐代、宋代题记见缝插针地穿插其中，黄桷树的根须爬上岩壁，也把一行行楷体小字遮得严严实实。

盛唐年间，西方净土信仰在蜀地逐渐流传开来。佛教宣扬，在阿弥陀佛主宰的西方极乐世界，人们居住于天宫楼阁之中，天空飘荡着悠扬的梵乐，佳果成林，粮食自熟，地上随处可见砗磲、玛瑙、水晶、珊瑚、琥珀、珍珠、麝香，七宝莲池、八功德水中生长宝树、珍禽。冲相寺西方净土变3米见方，亭台轩榭布满整个石窟，仙人在亭台间悠闲自得，石窟底部生出无数枝莲花，一花一菩萨。遗憾的是，菩萨的头部皆已损坏，只有那些曼妙的莲花与凌风飞舞的飞天，令人依稀追忆唐时风韵。

西方净土变下，刷上了几个石灰大字：毛主席万岁。石灰大字下，隐藏着一幅唐代地图：波浪纹代表着渠江，粗线条示意大道，细线条是小径，那时的冲相寺，亭台楼阁，梵宫艺苑，鳞次栉比，绵延数里。

地图曾被认为是唐代冲相寺导游图，但题记隐约可见"……住激瑞田地一□□录咸通十四年"楷书，与宣统《广安州新志》中的《冲相寺田业界址石记》一文符合。原来，冲相寺大佛殿曾有一通咸通十四年（873）开凿的界址碑，唐代末年大殿焚毁，碑亦不存，乾德元年三月（919，一说963年），寺僧行源怕外人侵占寺产，遂在狮子山重新凿刻标记：

冲相寺田业界址石记，在七佛龛右面南。寺内常住激瑞田地一段，载录咸通十四年界址，已于大佛殿内置立石碣记。标竖讫，伏思久之，堂殿隳摧，切要永远有凭。今更狮子山下再凿山图，重标地界，明显确

岩壁上，一通通唐代、宋代、明代题记，讲述着冲相寺的沿革

庭堅君守此州勸耕互沖相
逢興紀元之明年也令修蒙
恩繼來亦遇
新天子踐阼之二禩春到山谷父老
洽顧惟昧陋懼不足以奉
明詔既躬行相勞廷拜手敬書紹熙
辛亥二月甲午朝散郎權知渠州軍
州兼管內勸農事借紫何令修
迪功郎流江縣尉呂鑒仁入石
任山守一磨崖

实，以责他时记验有凭者，乾德元年岁在己卯三月己巳朔十日戊寅，寺主僧行源记案。[1]

　　冲相寺岩壁题记内容极为丰富，很能反映当时的社会生活。太和六年（832），渠江县令李襄见冲相寺斋粮欠缺、入不敷出，遂出资给寺里置办水牛两头、牛犊一只，收成供给住持、寺僧粥食，此事为《李县令给牛碑》所载；晚唐黄巢义军席卷中原，进士崔涂为躲避战火，来到渠州，春日独自到冲相寺游玩，远眺渠江，翌日方归；渠州人秦义与妻子素来崇信佛法、恪守孝道，立下心愿每年为冲相寺妆彩佛像一堂……四川诸多石窟中，冲相寺或许是最有故事的一处，岩壁上的题记，讲述着古人的故事，也见证了寺院的浮沉。

1　蒋晓春等：《广安冲相寺"唐代石刻导游图"辨误》，《西华师范大学学报·哲学社会科学版》，2013 年第 6 期。

集社结邑,开龛祈福

盛唐——中晚唐

代表造像

一佛二弟子（二菩萨二力士）、释迦说法、弥勒说法、观音、地藏、观音地藏合龛、西方净土变、千佛、七佛、三世佛、毗沙门天王、佛顶尊胜陀罗尼经幢、如意轮观音等。

代表石窟

营山透明岩，邛崃石笋山、磐陀寺、花置寺，夹江千佛岩、牛仙寺，丹棱郑山、刘嘴、鸡公山，蓬溪新开寺，资阳北崖，仁寿白艮罐，乐山龙泓寺，宣汉浪洋寺、唐家坝等。

供养人

安禄山、王文殊、文龙戴、宋才惠、章元、章研、章汉、章叶、王元合、王究、王干、阁梨清照、胡振、史会、史海、解氏、冯可振、黄宁、孟通、徐诣、申五娘、郝十三娘、李十七娘、杨五娘、杜渐、罗弘启、王龙盛、王龙华与妻陈氏、罗氏、顾氏、李尚甫等。

"一骑红尘妃子笑，无人知是荔枝来"。玄宗年间，因杨玉环喜食荔枝，一条运送荔枝的驿道随之产生，史称"荔枝道"，古道始于涪陵郡，经万州，取开州、通州至长安。朝廷休整道路，广设驿站，荔枝道虽因杨玉环的口腹之欲而开，客观上却成为沟通蜀地与中原的另一条通道。近年来的石窟调查中，在古道沿途发现了不少石窟。

永泰元年（765），阆英县丰饶寺（唐天宝九载置，治今达州市北），一位刘姓县令来到寺院，与朝议郎司兵、寺主（姓名已泐）等人，捐资开凿了一龛弥勒说法图，八月十五日完工，现编号浪洋寺第2龛，岩壁上的《丰饶寺记》记载了这段历史，撰文者为峨眉山人李尚甫。[1] 八天后，李尚甫又撰写《石像记》一文，可见唐代丰饶寺造像之风颇为兴盛。

盛唐之后，巴蜀之地俨然佛国，这是巴蜀石窟生命力最旺盛的时期，也是分布最广、影响力最大的时期，几乎在四川、重庆每个区县都有分布。在仁寿县白艮罐，至德元年（756）十一月，配法弟子陈珍宝与他

---

[1] 四川文物考古研究所编：《四川散见唐宋佛道龛窟总录·达州卷》"浪洋寺摩崖造像"，文物出版社，2017年。

的老母亲、兄弟捐资造西方三圣，两龛佛道合龛，龛窟今已不存，留有题记一通："至德元年岁次丙寅十一月辛亥朔三日癸□，□□□有配法男弟子陈珍宝母子昆季等，愿□□□□灵合□所，奉为□皇帝陛下、郡县文□□□□□玺生天□□□，永为供养。"[1]

简州，唐永泰元年（765），村民周七奴叔伯早早过世，周七奴感慨手足阴阳相隔，茕茕孑立，田地荒芜日久。失去亲人的痛苦使他开凿了千手观音等龛，并将田地施于僧人惠峰，"南至市为界，西至双泉寺池头古山地，四面其地，内□树五棵……"，此事见于《金石苑》。[2]

大历十二年（777），资阳法雨寺上座僧昭玄，寺主法演，与近百位供养人一起，在法雨寺开凿释迦牟尼佛，《金石苑》曾收录题记：

> 法雨寺上座僧昭玄，寺主法演，都维那海藏，□□法洪，法昂，法常，何行超，大娘上座李二娘，录事王无碍，都知赵大□，李国华，王四娘，勾俊□□□□，杨国倩，唐仙进，杨有意，苏进，尹茂，朱使，何

---

[1] 高俊英、邹毅：《仁寿龙桥乡唐代石窟造像》，《四川文物》，1994年1期。
[2] 《唐施山田记》，见（清）刘喜海编：《金石苑》，成都：巴蜀书社，2018年。

超，庞娘，徐细儿，韩大娘，二□□□，赵花藏，何昌，刘珍，陈蛮子，刘□，赵明，董二娘，李举，□简，□□，何庆，杨□，黄怡良，张蛮，吴天宝，王善惠，谢□，张芬，刘耀，杨抱日，刘法，王□，□□，何□，何□，张迪，姚□，勾朝，龚老生，□安。大历二十一年二月十五日□庆毕，书人大沙门之广，镌人勾海朝。

从所记录的供养人规模来看，这更像是一次在僧人指导下的开窟造像。古代大的寺院常设有三纲，即上座、寺主、维那，供养人姓氏众多，显然并非来自某一家族或某一同姓村庄，结合上座、录事等信息，可见当时结社供养的人员来源较为广泛，也是一次集社造像。

在蓬溪县，黄光才与妻子李波若于贞元元年（785）出钱十五千文，在新开寺开龛。此龛至今仍存，编号第4龛，高1.9米，宽3.9米，龛中雕刻三世佛、二弟子、二菩萨，右侧有则题记：

右弟子黄才光及妻，菩萨戒行女李波若，行施金薄彩色钱十五千文，愿百病除，善夫黄光才，男女大小，各乞平安，同施助成功德。唐贞元元年太岁乙丑四月十五日工毕。悟达施地，修造匠工离尘，妆人谭宝积。[1]

新开寺的题记，信息丰富。黄光才与妻子李波若是出资人，李波若曾行菩萨戒行，波若是法号，他们捐出了十五千钱用于开凿、妆彩石窟；僧人悟达舍出土地，离尘是镌造者，谭宝积则完成了最后一道妆彩的工序。这为我们了解石窟开凿流程提供了参考。

在合州，唐长庆三年（823）三月，银青光禄大夫、合州刺史郑温在濮岩寺造卢舍那佛并二菩萨，龛窟经后世涂抹，已难以辨形，《合川县志》收录其题记："敬造卢舍那佛一躯菩萨二/唐长庆三年岁次癸卯三月十/九日银青光禄大夫使持节合/州诸军事行合州刺史兼御史/中丞□□□……温自幽燕而来□□羽林军使/改授此记之归正寺岩。"[2]

本时期的供养人呈现出两个特点：其一，供养人虽可见合州刺史郑温这样的官员，但大多品阶不高，如营山透明岩千手观音供养人冯可振，时任渠州大竹场衙典。家庭成为这一时期开龛的主体，比如陈珍宝、黄光才、杜渐，

---

1 邓鸿钧：《新开寺唐代摩崖造像初探》，《四川文物》，1989 年 5 期。
2 （唐），郑温：《卢舍那佛二菩萨记》，见《民国新修合川县志》，成都：巴蜀书社，1992 年。

均是以家庭为单位开窟造像。

其二，集社造像流行。天宝十三载（754），通义郡丹棱县的百姓集社开龛，社邑设有上座、录事、平正等职位；一山之隔的刘嘴，百姓参与的模式似乎更为直接，且留下了丰富的供养人信息。在邛州、普州、嘉州等地，集社星火燎原。

这个时期，巴蜀龛窟规模一般不大，题材也较雷同，并未像云冈、龙门石窟那样形成区域中心。云冈、龙门石窟与北魏、唐朝皇室、贵族、官吏渊源颇深；而从题记来看，巴蜀地区的供养人林林总总，有官吏、商贾、贩夫、士卒、农民、僧侣等。这或许是盛唐之后巴蜀石窟遍地开花，却没有形成明显中心的原因——供养人的身份已经发生了很大变化，石窟的开凿大多出于发愿者个人或者家庭的愿望，这也是佛教石窟艺术深入民间的见证。

营山透明岩
供养人安禄山谜案

说起安禄山与安史之乱，恐怕稍有历史知识的人都不会陌生。史料从未记载安禄山到过四川，而营山县太蓬山岩壁上，却有一龛造像，据题记显示是大唐先天二年（713）一个叫安禄山的信徒捐资开凿的，堪称石窟界一桩悬案。安禄山龛背后，或许隐藏着某些鲜为人知的谜团，甚至充满诅咒与谋反的味道。

令人困惑的安禄山

要论巴蜀石窟名气最大的供养人，恐怕非营山透明岩的安禄山莫属。这是个常见的唐代龛窟，高2米、宽2.23米，主尊弥勒佛今已荡然无存，背后雕双菩提树，龛壁残留弟子、飞天的石痕。几年前，善男信女就着唐朝的坯子，新塑了一尊头戴发冠、手持《大学》的孔子像。窟壁有一方题记，短短128字，记录了一段令人困惑而又着迷的历史：

安禄山龛题记

大唐先天二年岁在辛丑七月朔十五日，弟子安禄山稽首和南，尽虚空遍法界常住一切诸佛。但弟子业缘五浊，受萌阎浮，恒为二鼠相催，四蛇所逼。加以法王垂泽，梵帝流恩，伏闻大圣大慈能救众生之苦，真实不虚，遂发微心，于此蓬山，敬造弥勒像龛一铺，合家心愿。上为□□帝主人公，七代父母，下及法界苍生普同供养。谨白。[1]

---

1 蒋晓春等：《嘉陵江流域石窟寺调查及研究》，科学出版社，2018年。

给大唐带来噩梦的那个安禄山本姓康，幼年丧父，随母改嫁突厥人安延偃，更名安禄山。其为人狡黠奸诈，凶狠毒辣，后与史思明一同参军，战阵之中每每能以少胜多，对过往的朝廷使者不惜重金巴结，使者返回长安后皆对他赞誉有加，遂得唐玄宗青睐。天宝二年（743），安禄山入朝，唐玄宗倍加恩宠，几乎有求必应，平卢、范阳、河东三镇节度使皆落入他囊中。从此，安禄山私下招兵买马，收买人心，意图谋反。

大唐天宝十四载（755），安禄山起兵叛乱，并于次年正月称帝，国号大燕。天宝十五载（756）六月，潼关失守，久久不愿相信安禄山谋反的唐玄宗，这才无奈地与嫔妃、官吏、将士逃亡入蜀。安史之乱成为唐朝由盛而衰的转折点，生机勃勃的大唐王朝由此走向衰落，昔日的强盛、繁荣一去不复返。不过，从古至今的史料，从未记载安禄山到过四川，他正忙着夺军权、当皇帝呢，哪里有暇在四川开凿石窟呢？

太蓬山地处营山县东北47公里，今属太蓬乡，现存石窟104龛，造像1450余尊，年代从盛唐延续到明清，"安禄山龛"也是太蓬山年代最早的造像之一。根据唐人的习惯及题记"敬造弥勒像龛一铺"可知，造像应是"弥勒说法图"，弥勒佛两边为二弟子二菩萨，窟壁浮雕天龙八部。倘若不是供养人像已了无痕迹，或许倒可以看看石壁上的这位安禄山是否是个大腹便便的胡人模样——《旧唐书·安禄山传》载："晚年益肥壮，腹垂过膝，重三百三十斤，每行以肩膊左右抬挽其身，方能移步。"[1]

---

[1] （后晋）刘昫：《旧唐书·安禄山传》，中华书局，1975年。

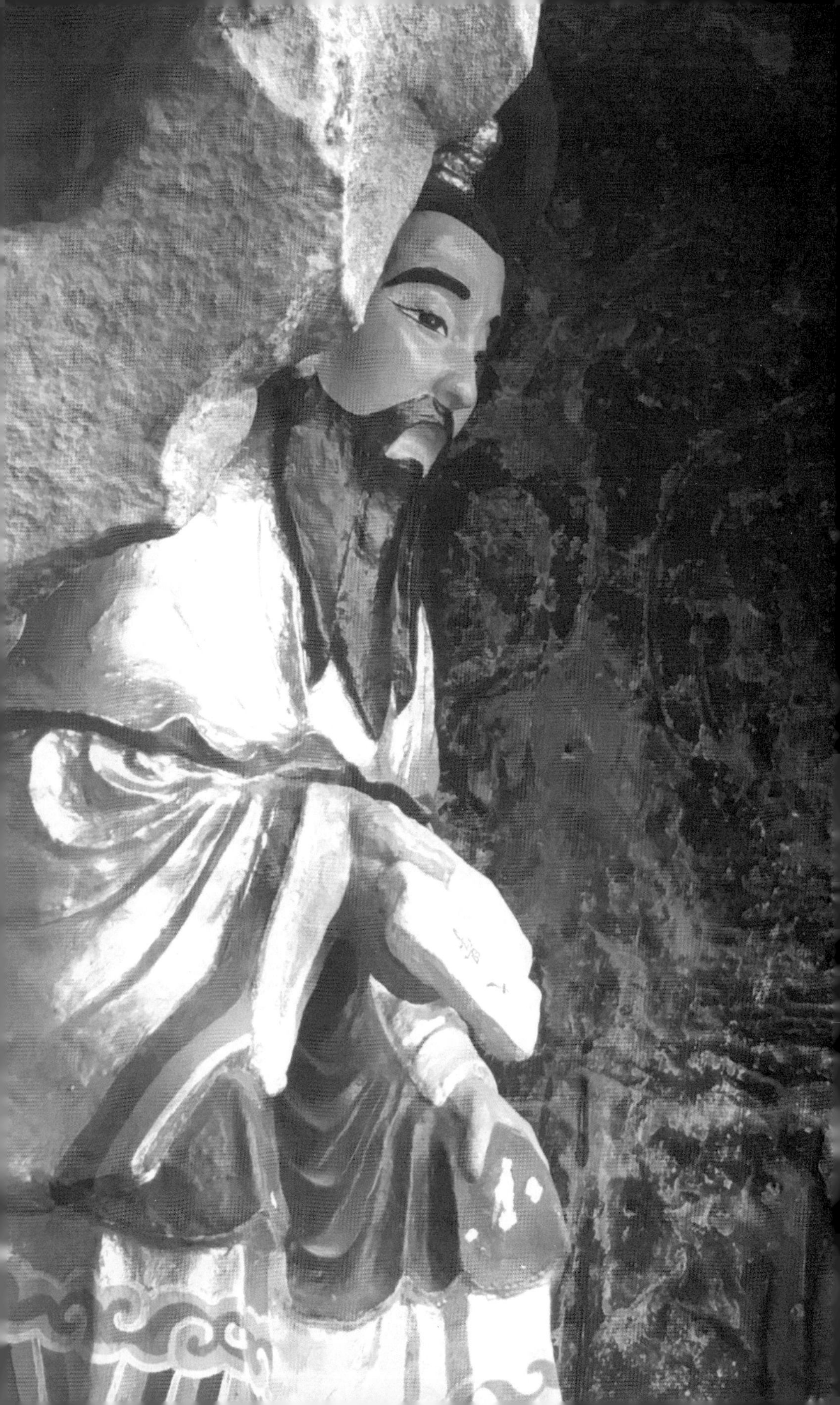

善男信女将安禄山龛改塑为一尊头戴发冠、
手持《大学》的孔子像

姓名雷同或余情未了？

从古至今，"安禄山龛"名气颇大，宋人王象之的《舆地纪胜》就有此窟的记载，并附有考证：

安禄山题在透明岩。大唐先天二年，安禄山造弥勒佛一龛祈求。云：象之按《唐史·禄山传》，禄山死于至德二载，年五十余，而先天二年即开元元年岁次癸丑，下及至德二载岁在丁酉，已四十五岁。以年月考之，禄山是时未及十岁，不应入蜀祈福，此可疑者一也；又《禄山传》载，张守珪为幽州节度日，禄山以盗羊获罪当死，守珪壮而释之。《通鉴》开元二十年，张守珪始为幽州节度使，而开元二十四年，张守珪始执禄山赴京城，不应开元元年已曾入蜀，此可疑者二也。以相传之久，兼恐别有姓名偶同，姑两存之。[1]

王象之认为，其一，安禄山生于武周长安三年（703），先天二年（713）尚是乳臭未干的小儿，想来不会因为疾病之故捐资开窟；其二，安禄山家境贫寒，青年时代曾因盗羊被人围殴，还是幽州节度使张守珪出手相救才得以幸免，让这个穷光蛋出钱开窟，似乎也无可能。此说得

---

[1] （宋）王象之：《舆地纪胜》，中华书局，2012年。

《辨安禄山题龛》碑

到蓬池主簿朱时敏的赞同，南宋绍定二年（1229），他路过太蓬山，在岩壁镌刻《辨安禄山题龛》碑，意为太蓬山一洗千年之耻，认为所谓"安禄山龛"，只是姓名雷同罢了。

古往今来，文人墨客对"安禄山龛"颇感兴趣，留下了诸多有意思的考证。四川省文史馆冯汉镛先生提出，开凿"安禄山龛"的不是别人，正是在马嵬驿香消玉殒的杨贵妃。[1] 当年，高力士做了手脚，杨贵

---

1 冯汉镛：《营山县太蓬山安禄山石刻考释》，《文史杂志》，1997年第3期。

妃得以死里逃生，隐居在太蓬山中，九死一生的杨贵妃对安禄山余情未了，找来工匠开凿了这龛造像。史书中，有关安禄山与杨贵妃男女私情的记载层出不穷，连史学家司马光都不能免俗："自是禄山出入宫掖不禁，或与贵妃对食，或通宵不出，颇有丑声闻于外，上亦不疑也。"[1]

《旧唐书·杨贵妃传》记载，杨贵妃被缢而死，群情激愤的禁卫军目睹了整个过程，确认杨贵妃已死，这才散去。杨贵妃被草草葬在马嵬驿古道旁，待到唐玄宗派人收敛尸骨，此时距离她离世已有一年零六个月之久，"肌肤已坏，而香囊仍在"。官吏将香囊呈给唐玄宗，玄宗睹物思人，令人画了一幅画卷，挂于宫中，驻足于前，久久不愿离去。据此推断，在马嵬驿，杨贵妃显然难逃一劫。冯汉镛所谓杨贵妃隐居太蓬山乃至为安禄山开龛的说法，恐怕难以令人信服。

除了姓名巧合，抑或贵妃痴情，"安禄山龛"的出现，或许是大唐王朝走向没落的见证。中晚唐时期，"贞观之治""开元盛世"的盛况早已是过眼云烟，《全唐文》中一段直白的描述，便是此时社会的真实写照："天下百姓哀号于道路，逃窜于山泽，夫妻不相活，父子不相救。百姓有冤诉于州县，州县不理；诉于宰相，宰相不理；诉于陛下，陛下不理。何以归哉？"[2]《唐会要》记载，唐武宗会昌五年（845）四月，全国有大、中、小寺院44600所，僧尼260500人，而当时总人口还不足五百万人。寺院兴盛，僧尼众多，无形中消耗了唐朝大量财力、物力。同年七月，武宗下令灭佛，寺院被捣毁，财产充入国库，僧尼解袈归田，史称"会昌法难"。对这些长期诵经礼佛的僧尼而言，他们无不怀念着昔日寺院清净的生活，对唐王朝积怨颇深。

学者刘敏认为，从《全唐文》与《唐会要》的记载来看，中晚唐的

---

[1] （宋）司马光：《资治通鉴·唐纪》，中华书局，2011年。
[2] （唐）刘允章：《直谏书》，《全唐文》，中华书局，1983年。

岩壁上留下残缺的佛像身躯

大唐王朝，面临严重的社会危机，无论是颠沛流离的百姓，还是被遣散的僧尼，无不对大唐王朝心生怨恨，希望唐朝早日灭亡。[1] 安禄山龛或许正是在这样的情况下产生的，安史之乱后，安禄山即被视为乱臣贼子，而假借安禄山之名来开龛造像，反叛与诅咒的意味便是显而易见的了。

　　关于安禄山龛，古往今来出现了安禄山本人、同名同姓者、杨贵

---

[1] 刘敏：《唐安禄山题龛的时代及成因问题窥豹》，《中华文化论坛》，2005年第2期。

妃、心怀不满的百姓或僧侣等诸多说法。综合几种观点，同名同姓者或许是最为合理的解释——这位叫"安禄山"的供养人，或许做梦也不会想到，在大唐王朝的北方，有个与他同名的孩童，日后将敲响唐朝中衰的钟声，并在历史上惹出长达千年的争议。

造像与毁佛

太蓬山东门、南门、透明岩三处皆有造像，又以透明岩最为集中。只有亲身站在石窟前，才会体会到什么是满目疮痍：岩壁上，那些唐代佛像，已被连根铲起，留下一个个残缺的身躯，如同一块块刺眼的伤疤，上千尊佛像居然找不到一尊完整的。我走过巴蜀许多石窟，却从未有一个地方，像眼前的透明岩这样被破坏得如此彻底。

透明岩上有座破败的小庙，在庙里，我见到了普定和尚。我问起佛像为何会如此残损，普定和尚指了指自己，给我讲了个故事。

1967年夏天，那时的普定和尚还是个20岁出头的小伙子，俗名王永和，住在太蓬山下的永胜公社。这天正午，天气热得出奇，公社的高音喇叭骤然响起，主任在广播里号召家家户户带上铁锤、铁凿，到太蓬山砸菩萨，公社管饭，给每人记工分，"要让下一代，一睁眼就看不到这些封建糟粕"。于是，200多人提着铁锤、铁凿上山，王永和跟父亲也在其中，整整砸了两天两夜，才把山上的菩萨砸完，地上全是破碎的菩萨身躯与残缺的佛手。若干年后，山上有人种地，还经常挖出佛头与佛手。

几十年过去了，当年的永胜公社改名太蓬村，又并入太蓬乡，公社

偶有逃过一劫的龛窟，佛像、菩萨的头颅也已不存

成员搬的搬，走的走，街上连熟人都难碰到了，王永和也到太蓬山削发为僧，终日与佛像为伴。他几次下山找石匠，想要修复佛像，怎奈过于残损，谁也不敢接这个活路。

他领着我去看那龛被他和父亲凿坏的佛像。"当时凿的时候，我记得菩萨身上绘有妆彩，脸是脸，鼻子是鼻子，清晰得很。"不过，他始终记不起来龛里刻的是什么了。这是一个马蹄形窟，从岩壁上残存的七道残痕以及龛口力士暴露的肌肉来看，应该是唐代流行的"一佛二弟子二菩萨二力士"。王永和听了我的话，盯着光秃秃的石窟，久久没有说话。

"一佛二弟子二菩萨二力士"虽已不存，华丽的佛帐形龛楣却留了下来，飞檐重叠，瓦当、鸱尾生动逼真，檐下悬挂着罗帐、风铃。佛帐形龛楣在巴中石窟里盛行一时。米仓道翻越米仓山入巴中，水路经巴河、渠江下三峡，陆路则经蓬安、营山、南充进入成都平原，如此一来，巴中对于营山的影响，便是显而易见的了。

其他石窟也是空空荡荡，从岩壁上的残痕中，可以大致分辨出千手观音、千佛、三世佛、西方净土变、西方三圣、观音地藏、一佛二弟子四金刚等，这都是中晚唐蜀地常见的题材。岩壁上，偶有当年侥幸逃过一劫的题记，犹诉说着唐人的故事。

大顺元年（890），老态龙钟的大唐王朝陷入与吐蕃的战争中难以自拔，西蜀大地亦是风雨飘摇，腥风血雨。这年七月，渠州大竹场衙典冯可振因公务路过太蓬山，发愿开龛。乾宁二年（895），冯可振再次来到太蓬山，与住持师海一起，于正月十五日设立斋会：

右弟子冯可振所造功德意者先去/大顺元年七月内偶因公行经过遂发/心于此大蓬置造大慈大悲千手千眼/菩萨一龛愿乞 亲眷万福寿命/迟远前件功德今蒙成就以乾宁/二年正月十五日设斋表庆讫/弟子渠州大竹场衙典冯可振和/南谨白 当寺住持僧师海题。[1]

冯可振捐资的是个双层龛，上龛为千手观音，下龛隐约可见七尊残像，可能是一佛二弟子二菩萨二天王的组合，这也是唐代最流行的题材之一。

晚唐五代的太蓬山，佛事颇为频繁，文德元年（888）十二月，太蓬山普济寺僧人师海、宣敬，彭州龙兴寺法师德充与罗弘启、王龙盛、王龙华等人举办了一场斋会，罗弘启三人的妻子陈氏、罗氏、顾氏以及20余位女弟子亦参加了法会，并镌刻了这方《修十王生七斋记》，供养人的名字，依稀可辨：

---

[1] 蒋晓春、邵磊：《营山县太蓬山石窟的初步研究》，《敦煌研究》，2010年第4期。

华丽的佛帐形龛楣，显示出营山与巴中石窟的联系

女弟子等 陈表（？）□□ 邓□妻国（周？）氏 罗弘启妻陈氏 冯明（？）妻何氏 赵□吉妻□氏 ……王龙华妻顾氏 □□□刘氏 ……李氏 王龙盛堂妻罗氏 □□堂妻周氏 刘□古母罗氏 袁瑜□□□□ 何全□妻勾氏……[1]

---

[1] 王雪梅：《四川营山＜大蓬秀立山普济寺众修十王生七斋记＞校录整理》，《西华师范大学学报》，2014年6期。

龛中隐约可见双菩提树痕迹，造像则是后塑的

据敦煌莫高窟出土的《佛说阎罗王授记四众预修生七斋功德往生净土经》记载，人死之后，需经过十王审判，决定死后的归宿，十王斋即为超度亡灵的佛事，民间以七日为一斋，也就是通常说的"头七""二七"直至"七七"，加上百日、周年、三年，是为十斋。十王斋起初为亡者举办，后逐渐扩大到为生者预修祈福，罗弘启妻陈氏等人做的，即是预修十王生七斋。

题记还显示出一个新趋势，那就是在中晚唐时期，太蓬山祈福造像的女供养人有了独立的组织——集社，这样的集社，也称女子社。唐代

其中一个唐代龛窟,则被改为了道教的文昌帝君

的社邑,因社员不同,又分为亲情社、香火社、坊巷社、女子社等。在敦煌,女子结社流行,天津博物馆馆藏的《金刚般若经》即是"天宝十二载五月廿三日优婆夷社写"。[1]

遥想当年,透明岩下,官吏、僧侣、信徒、诗人往来不绝,他们或开龛,或妆彩,或吟诗,或驻足。公元907年,蜀人朱伦之写了方

---

[1] 李敏华:《唐宋时期敦煌社邑的几个问题》,南京师范大学硕士论文,2016年。

村民在残破的唐代佛像上抹上水泥，绘上眉目，俨然川剧脸谱

《普济寺碑记》，如今碑文业已斑驳，尚隐约可见"人人皆□□十王"楷体小字，或许也与十王信仰有关。有意思的是，碑记落款"天复七年（907）丁卯七月"，天复是唐昭宗年号，只用了四年，907年七月，大唐业已灭亡，深山中的太蓬山，依旧沿用天复年号。

带有反叛味道的"安禄山龛"与情意绵绵的"普济寺碑"同在透明岩出现，乱臣贼子与前朝遗民，相去不过里许，背后却是一个王朝迟暮的背影。

佛佑众生
唐朝的集社与结邑

大唐天宝年间,剑南道通义郡丹棱县,百姓集社开龛,并虔诚地留下自己的名字。唐代集社流行,通常称"社""社邑""义社",在僧人带领下从事营窟、造像、刻经、斋会等佛事活动。中晚唐时期,社邑几乎遍布唐朝每一个郡县,丹棱郑山、刘嘴的供养人题记,也就成为研究唐代社邑制度的绝佳史料。

天宝十三载的集社

唐天宝十三载(754)三月十日,通义郡(天宝元年改眉州置,辖通义、彭山、丹棱、洪雅、青神五县)丹棱县的王文殊、文龙戴、王智达、宋才惠等人集社开龛,捐资建造了释迦说法图,石窟完工后镌刻了题记,并举行斋会。题记载:

释迦佛一龛并八部,主七社师□王文殊,行者罗□□,院主文龙戴，上座王智达，录事雍□训，平正宋才惠，已引众人等，奉为圣文神武皇帝陛下，及郡□官僚乡老等……维天宝十三载岁次甲午三月朔十……[1]

像这样的集社开龛，在大唐较为盛行。如在龙门石窟，洛阳北市丝行社员曾联合开龛；古阳洞洞口外侧，南市香行社也开凿了一龛三尊像。从题记来看，丝行、香行设有社官、社老、录事、平正等职位。丹棱王文殊等人的集社，或许也是类似组织。[2]

社，在中国有着久远的历史，春秋以前，古人祭祀社神，社神所在的地方即为社，每年春、秋及年终举行隆重的社祭，祈祷来年风调雨顺。南北朝时期，随着佛教的传播，邑义与法社随之出现，邑义主要流行于黄河流域，设有邑主、邑长、邑师，成员称邑子；法社则流行于南方，参与者大多是贵族、士大夫。社邑制度在隋唐得以延续，在大唐王朝广袤的土地上，"社""社邑"活跃于市镇与乡村之中。[3]

千年之后，当年的山头更名为郑山，寺院早已踪迹全无，那龛释迦说法图幸运地保留至今。龛高0.66米，高0.72米，释迦居中，左右雕有二弟子、二菩萨，身后浮雕天龙八部，这也是迄今郑山发现的开凿最早的龛窟。郑山地处今丹棱县黄金村八组，山上有几块硕大的石包，上面雕刻着一龛龛佛像。村里的佛像实在太多了，只需眼睛一瞥，就能在村口、屋后、水田边、古道旁看到它们，逢上下雨天，村里的鸡、鸭、鹅也一群群到大石包下躲雨。丹棱县没有成片的岩壁，按理说没有开凿石窟的条件，可能是佛祖被当地人的热忱所感动，境内散落着无数大石

---

1 胡文和、胡文成：《巴蜀佛教雕刻艺术史》，成都：巴蜀书社，2014年。文龙戴、王智达、宋文惠，《丹棱郑山——刘嘴大石包造像》一文释为央龙戴、王智尧、宋国惠。
2 高俊苹：《龙门石窟所见唐朝商会行业造像研究》，《文物世界》，2012年第5期。
3 宁可：《述"社邑"》，《首都师范学院学报》，1985年第1期。

荒草萋萋的郑山石窟

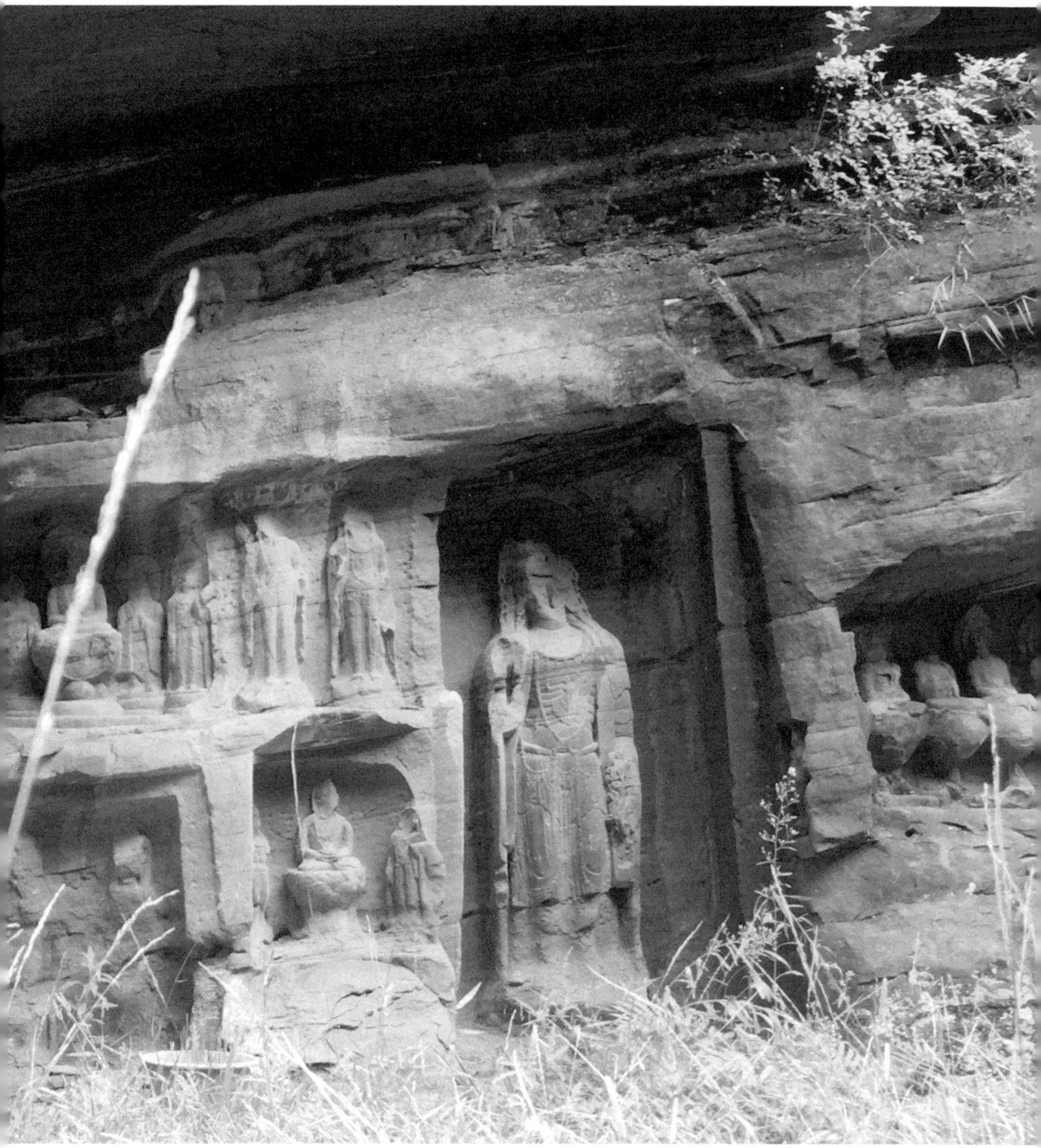

包，成为开龛的绝妙选择，在这些大石包上，错落有致地分布着76龛石窟：有释迦说法图、西方净土变、观音菩萨、千手观音、千佛、三世佛等。

释迦说法图并未给唐玄宗带来好运，一年后，这位"圣文神武皇帝"就在安史之乱中仓皇入蜀了，中原大批官吏、商贾、贵族、石匠、画师随之南迁。这些王室贵族、官吏商贾们远离故土，战乱令他们饱受颠沛流离之苦，于是募来工匠，在岩壁上开凿出一龛龛精妙的石窟，希望这些神佛能保佑自己早日回到故土。这一时期，石窟在蜀中愈加兴盛。

郑山的诸多造像中以观音数目最多，双观音窟是郑山当之无愧的精品。此龛有两尊观音，均高约1.6米，恰如女子身高。广元皇泽寺大佛窟中的观音还有着粗壮的身躯与硕大的璎珞，而郑山观音体态修长，腰部纤细，更像天真烂漫的少女，繁复的璎珞恰如其分地与身体融为一体。都说唐代以丰腴为美，似乎不能一概而论，其实盛唐之后蜀地观音已经不乏苗条的身量了。

十多年前，双观音窟下部岩层整体垮塌，十余龛造像渐渐为泥土掩盖。后来，村里有户人家用石板在石窟下搭了座房子，堂屋、卧室、厨房，正好三间，与观音做起了邻居。或许只有在丹棱，你才看得到这样的场景：枯藤从大石包上垂下，下面是两尊唐代的观音，再往下是一扇窗户，窗前，一名中年女子正向外眺望。

丹棱郑山双观音窟，下方岩层垮塌，被改成了民居，左侧废弃的大龛则放进了观音、地藏石雕

集社结邑，开龛祈福

从皇室到民间：平高里的善男信女

郑山对面的山头叫刘嘴，有青石板路相通。汉代开通的南方丝绸之路，一直是中原王朝沟通西南乃至域外的重要通道。唐时，古道车水马龙、商贾往来，他们不仅带来了八方货物，也在沿途虔诚地留下了一尊尊佛像。昔日南方丝绸之路上的重镇，诸如邛崃、大邑、夹江、丹棱境内都保存着为数众多的石窟。清末以降，南方丝绸之路衰落，古道日渐废弃，通衢大道旁的佛像门庭冷落，在深山中一藏就是大半个世纪。许多人常常有这样的疑问，为何四川的石窟均开凿在荒野之中？倘若有一份唐代地图，就会发现其实它们不是在寺院中，香火缭绕；就是在古道沿途，地当通衢。伴随着行政中心的改变，寺院败落，古道废弃，石窟的环境最终发生了变化。

眼前的刘嘴，也从当年的寺院，变成充满佛国气息的田园：山上满是柑橘树、李树，几块大石包掩映其中，84龛、2300余尊佛像散布在这些石包上。柑橘、李子垂在石窟前，南瓜藤爬到了佛像身上，甚至连养蜂人的蜂箱，也放进了石窟中。

与郑山一样，刘嘴造像头部大多不存，风化剥落尤为严重。第6龛释迦牟尼佛是规模最大的一龛，佛祖双目炯炯有神，神态肃穆，工匠仅用寥寥数根曲线便勾勒出身形，一尊气度不凡的大佛跃然石壁之上，是刘嘴石刻为数不多的精品。几年前，释迦所在石包下部整体垮塌，造成一旁的释迦说法、一佛二弟子二菩萨等石窟齐刷刷地断裂，佛像腿部以下几乎全部没入泥土，只有岩壁上曼妙的身姿与流畅的衣饰以及力士粗壮的肌肉，令后人去追忆它们栩栩如生的时光。

在释迦说法龛有一则残缺的题记："……圣文神武皇帝□□郡县官僚……太岁癸巳造，天宝十二载六月廿二日题。"比郑山的释迦说法龛

时间在郑山石窟上留下一道道风化的痕迹

深山中隐藏的刘嘴唐代佛龛

集社结邑，开龛祈福

丹棱郑山西方净土变

只早了一年，题材、布局、规模极为相似，郑山常见的千佛、西方净土变、观音、释迦说法图，在刘嘴都能找到。

第53号千佛龛，龛中生出无数莲花，密布整窟，一尊尊坐佛坐于花中，姿态各异，颇为生动，右侧题记虽已斑驳，却犹可分辨：□庆□年二月六日记 二十三日庆过迄 院主闍梨清照 当院僧……杨生 杨公

章僧 章化 章叶 王牛 王顺……平高里……胡振 史会 史海……[1]

唐代带有"庆"字的年号，只有高宗"显庆"与穆宗"长庆"，结合丹棱石窟的年代特征判断，第 53 号龛开凿当在长庆年间。阇梨是高僧之意，平高里应是地名，长庆年间（821—824），高僧清照与来自平高里的善男信女一起开凿了这处千佛龛，二月六日完工，并在二十三日举行斋会。

刘嘴第 29 号龛亦是千佛龛，左侧窟壁有斑驳的题记一通，其上的供养人名单洋洋洒洒：

诸乡里远近清信弟子同发愿，敬再修千佛一龛，谨具姓名如后：

僧法才廿身，玄济廿身，行□一十二身，齐宣一十身，道观五身，行成、行超各三身，孟雄、彭思进、唐全表、师李、洪遂、彭昭韫各廿身，徐赏廿六身，□陈廿四身，张雅、张誓各十一身，谢秀超、□□、将妙香、黄选□戒明、扬勤于、蒲操、王□、侯存、卫琢、田伯迁、周心、彭俨然、□□□田畋、李存、彭辽、姚敏、吕□、侯□李权、邓超各一十身，史□信、张敬、赵太、赵良、王玘、罗□、兰进、尹春□□□杨□玄、阿宋各五身，章嗳、章贞、章□、章□……卫三娘、汪□□、何七、□政、张六娘……[2]

千佛题材在四川颇为常见，刘嘴的这龛千佛，则揭示了供养人参与造像的新模式。僧人往往是石窟开凿的倡导者，在刘嘴，僧人法才充当了这样的角色，每一尊佛似乎都曾明码标价，寺院里的居士、附近的乡

---

1 《丹棱郑山——刘嘴大石包造像》一文，记为"廿五日庆过讫"，时间有误，题记中的僧众名系本书作者依碑文抄录。
2 题记中僧众名系作者抄录。

丹棱石窟西方净土变屡有发现，可见净土信仰的流行

民根据自己的经济能力认领,不大的龛窟,供养人竟有百余位之多。

比较郑山、刘嘴天宝年间题记与两龛千佛题记,不难发现,天宝题记拥有固定格式,发愿文中的"皇帝""七世父母"均为唐代发愿文中的常见内容,集社中的上座、平正出现在题记中,社中成员则处于相对次要地位,只用"众人等"来概括了。

刘嘴石窟,在第53号千佛龛中,作者萧易发现了"闍梨清照"题记

刘嘴的千佛题记，却呈现出不一样的特点，第29龛单刀直入，简单叙述开龛缘由后，密密麻麻记载的全是供养人名字和所修造佛像数目。这似乎显示出，以地域为单位的百姓，直接参与到造像中的意愿加强，此时集社依旧流行，但个人意识的萌芽，使得供养人乐于在题记中为自己留下一席之地。

刘嘴山头，若干个小石包分布在果林中，体积都不大，大点的两三米见方，中部凿有一排造像；最小的石包还不足一米见方，只能容纳单龛造像。中国早期石窟，往往不乏皇家血统，规模庞大，高高在上，接受着人间膜拜，人们仰起头才能瞻仰；而眼前的刘嘴石窟，你得俯身低头，拨开丛草才能找到。它们不大，也不美，荣华逝去，连身形都辨别不清；它们默默无名，甚至没有编号。不过，它们却代表着一部民间的、草根的石窟史——脱离了中原的皇家血统，中国石窟艺术并未衰落，而是以其巨大的影响力与生命力向南流传，走下岩壁，走进了村口、农田，乃至融入百姓生活。佛从中原走到丹棱，供养人从皇室走向民间，已完成了民间化的进程。

丹棱刘嘴有的大石包上仅有一龛造像

丹棱县境内分布着郑山、刘嘴、佛堂子、五块石、白杨洞、万年寺、大石包、黑林头、仙人顶、观音崖等石窟群，大者如郑山、刘嘴，小者如观音崖，只有1龛造像。这也是四川石窟的缩影——数目巨大，随处可见，且以小型浅龛为主。为何四川石窟呈现出如此分散的特点？一方面，靠近盆地中央地带的岩石受到重力崩塌等风化剥蚀作用影响，缺少成片的崖面，但几乎遍地是残余的小丘或者崩落的岩石，它们散落于路旁、村口、农田里，处处皆可造像；另一方面，在西蜀大地的乡间，小型佛寺星罗密布，下层百姓的加入，使得石窟不再局限于皇家寺院中，供养人的变化，最终改变了石窟造像的模式。

经幢上的唐人信仰

纵然是来自民间，丹棱石窟却依旧不乏精品，鸡公山上的唐代经幢便是其中鬼斧神工之作。鸡公山地处张场镇金峡村，小地名叫石笋沟，唐时的经幢如今已经被埋没在荆棘与竹林中，就连本地的向导也很难寻觅了。

经幢，也称宝幢，全称佛顶尊胜陀罗尼经幢。大约7世纪，《佛顶尊胜陀罗尼经》从印度迢迢东传进入中国，此经宣扬有地狱拯救的功能，将经咒刻于高幢之上，能让在地狱中受苦的亡灵往生净土。更有甚者，如果阳光照射经幢的影子映在人的身上，或者幢上尘土落在身上，一切罪垢与孽障便会自然消除，得到无上福报。

唐代的中国，阴森、恐怖的地狱观念已经浸透人们的灵魂，具有地狱拯救功能的《佛顶尊胜陀罗尼经》自然大行其道。大历十一年（776），唐代宗诏命天下僧尼每日诵念经咒，因"佛言若人能日日诵此陀罗尼二十一遍，应消一切世间广大供养，舍身往生极乐世界"。诏令一下，那些拗口的经咒一时间几乎传遍了大唐王朝的每座寺院。

石笋沟经幢呈六棱锥形，高3.96米，历经千年的流光，飞檐、楼阁、华盖依旧完好无缺，在阳光下通体金黄，幢身"罽宾沙门佛陀波利真奉诏译"楷体小字清晰可见。唐代《佛顶尊胜陀罗尼经》有八个译本，又以佛陀波利的译本最为流行。仪凤元年（676），佛陀波利从天竺来到五台山，希望能见到文殊菩萨，顶礼之际，一位老人飘然而至，要求他返回天竺取得《佛顶尊胜陀罗尼经》，作为指引他拜见文殊菩萨的条件。波利返回天竺取得此经，才得知那个老人即是文殊化身。

幢身之上，一行行经咒自上而下，纵然已逾千年，依然让人觉得古老的经咒仍有无穷法力。经咒末尾刻有供养人名字，可以辨认的有"章元、章研、章化、章叶、王元、王究、王干"等，可见是当地章姓与王姓集社，共同开凿了这座经幢，年代在"会昌五年六月十九日"。

会昌是唐武宗李炎年号，这位皇帝在位仅仅六年，却一手炮制了中国历史上著名的灭佛运动，史称"会昌法难"。唐武宗即位不久，即优待道士，责打高僧弟子，勒令僧侣还俗，没收寺院财产。当时有个叫圆仁的日本和尚在长安求法，想返回日本避难，却遭到朝廷拒绝，不得已还俗才重返故土，归国后写成《入唐求法巡礼行记》一书。

会昌五年（845），武宗变本加厉，先是逼令三十岁以下僧尼还俗，然后五十岁以下还俗，最后连五十岁以上也要还俗，僧尼如有反抗，一律格杀勿论。武宗还不断追查还俗者数量，天下还俗僧尼据说有26万之多。珠玉、金银悉数收入国库，佛堂被拆除，经文被焚烧，经幢、佛像被捣毁。

会昌法难中，中国石窟艺术也陷入沉寂。有意思的是，在举国上下灭佛运动中，丹棱鸡公山的经幢完工了。在离经幢大约一公里的大石包上，还有一龛"观无量寿经变"，完工于"会昌五年五月丙卯"，比经幢只早了一个月，捐资经幢的王元合、王究、王干同样出现在了题记中。唐武宗连寺院、佛像都要捣毁，怎么能容忍有人公然违背他的旨意，继续开凿经幢与佛像呢？

答案就藏在《入唐求法巡礼行记》中。圆仁记载，黄河以北的镇、幽、魏、潞四州节度使历来敬重佛法，对武宗灭佛之举并不赞同，以致朝廷派使者责问，有节度使答道："天子自来毁拆、焚烧，即可然矣。"[1]言下之意是自己无能为力，让武宗自己动手。由此看来，"会昌法难"并未殃及全国，蜀地距长安有千里之遥，唐武宗也是鞭长莫及。再者，中晚唐年间，蜀地下层百姓均参与到开窟造像中来，在大唐王朝隐秘的角落，石窟造像如雨后春笋一般，想一下子禁止恐怕也非易事。

灭罪与度亡，兼济生者与亡灵，使得《佛顶尊胜陀罗尼经》从众多密宗典籍中脱颖而出，那些刻着经咒的经幢，也就如雨后春笋般林立在寺院中。浙江东林山祇园寺有四座经幢，天宁寺有十二座之多；1947年，四川邛崃龙兴寺遗址也出土了数十件残缺的幢顶、幢身，诸如"大中三年尹花严造""大中十三年文志造"等题记，可以想象唐时的龙兴寺经幢林立。

这些林立在祇园寺、龙兴寺的经幢，早已随着寺院的变迁、或四分五裂，或湮没于地下。古时经幢大多为单体结构，工匠先雕凿出构件，幢身上下端留有榫卯，尔后进行组装，却大多残损，以致古人在《石墨镌华》中，也发出了"关中石幢无数，或埋或断，或移作他用，深为可恨"的切肤痛叹。鸡公山经幢则是工匠在岩壁雕凿而成，因一面与岩壁相连，其结构得以完好保存至今，类似经幢在巴中南龛、大足北山、安岳卧佛沟等地皆有发现，也成为研究唐代经幢难得的实物。[2]

---

1 ［日］圆仁：《入唐求法巡礼行记》，广西师范大学出版社，2007年。
2 2012年，鸡公山经幢被盗割，同时被盗的，还有刘嘴第6龛大佛佛头。

集社结邑，开龛祈福

章叶、章化二人，曾经在刘嘴捐资修造千佛龛，此次又到鸡公山参与开凿了佛顶尊胜陀罗尼经幢，他们无比虔诚地奔走于丹棱县境内的诸多寺院之中，念佛诵经，开龛祈福。《佛顶尊胜陀罗尼经》说，幢上的尘土落在身上，一切罪垢便会消除。不知道当年经幢完工后，是否有尘土飞扬，飘落在他们身上？

丹棱鸡公山唐代经幢，开凿于唐会昌年间，可惜于 2012 年被盗割

夹江千佛岩　牛仙寺
青衣江畔的唐代风情画

中国不少地方都有千佛岩、千佛寨、千佛洞之地名，为何"千佛"题材如此盛行？夹江千佛岩或许隐藏着答案。夹江千佛岩现存165龛，2400余尊，这个数目，比起营造学社调查，已少了50余龛。时隔80年后，学社在夹江拍摄的照片才陆续被公布，借助它们，那些消失在历史深处的供养人的身份，渐渐水落石出。

中国大地遍地"千佛"

倘若说中国石窟最常见的称呼，答案恐怕是"千佛"。自汉明帝遣使至印度求佛以来，佛教沿着丝绸之路进入中国，那些行色匆匆的僧侣不但背来了浩如烟海的佛经典籍，也带来了众多精妙的佛像，这其中，"千佛"是重要题材。小乘佛教仅供奉释迦牟尼佛，最高果位为阿罗汉果及辟支佛果，大乘佛教则主张众生皆有佛性，人人皆可成佛，佛如恒河沙，有三佛、五佛、七佛、十二佛、

集社结邑，开龛祈福　147

夹江千佛岩

149

五十三佛，乃至千佛、五千五百佛等等。"千佛"一词，最早见于西晋竺法护所译《贤劫经》卷6《千佛名号品》，佛教认为，在现在贤劫中，各有千人成佛，第一位为拘留孙佛，最后一位叫楼至。而在过去庄严劫中，已有千人成佛；未来星宿劫中，还将有千佛。

狭义的"千佛"，指过去、现在、未来三劫千佛，也称"三世三千佛"；而从广义上讲，千佛既包括了数量众多的佛像群体，也可指一处石窟中佛像众多，有些地方本没有千佛，民间也以"千佛"形容佛像数目之多。这或许也就是为何中国大地上，诸如千佛洞、千佛岩、千佛岭、千佛院、千佛寨等地名如此常见了。

四川以"千佛"为名的石窟，也有广元千佛岩、安岳千佛寨、通江千佛岩、荣县千佛岩、丹棱千佛寺等，这其中，夹江千佛岩是重要的一处。千佛岩地处夹江县城西约3公里的大观山下，这里河床狭窄，两岸山势近逼，长约300余米的岩壁上，镌刻着165个佛龛，题材以毗沙门天王、弥勒说法、观音地藏、西方净土变、千手观音为主，最早的造像可以追溯到唐开元年间，从题记中"大中十三年""大历十一年""囗昌二年十一月"可以推测，千佛岩在中晚唐时期达到鼎盛。有意思的是，传统意义的"千佛"题材，在夹江千佛岩并看不到，可以推测，它的得名或许是后人形容佛像之多。

夹江千佛岩首次引起中国学者关注是在1939年。那年秋天，中国营造学社正深入四川进行"川康古建筑调查"，10月25日，梁思成、刘敦桢、莫宗江、陈明达四人乘竹筏，顺青衣江，经洪雅抵达夹江。11月2日，学社从峨眉山重返夹江，再次调查千佛岩——这也是营造学社在四川唯一一处考察两次的石窟。

千佛岩现存165龛，2400余尊，这个数目，比起营造学社当年的调查，已足足少了50余龛。20世纪六七十年代，诸多佛龛在开山取石中被毁，或身首异处，或粉身碎骨，成为铺路石、房基抑或栏杆，现存龛

千佛岩弥勒佛与世亲、无著两位胁侍菩萨

集社结邑，开龛祈福

毗沙门天王

毗沙门天王线描图

> 大足北山观无量寿经变，开凿于唐末，窟中人物多达五百多尊

窟也大半面目全非。

奇怪的是，许多佛像头颅皆已不存，看样子是被齐刷刷斩断的。在一块清刻《重修千佛并灵泉碑》中，我找到了答案：

>……唐初邑人之僧梦佛于岩上，以千佛石岩刻之，宛然有其神而助之。观人□造化□不可少，佛像大小非一，而面俱头颅毁损剥落。释氏之教倍于礼乐，县尉王公定發（一作殁），荣成调戍人也，赞政之初，□而太息之，丙子冬，募陶人陶佛之首凡数百。明年春，倩丹青悉补饰无痕，而且俨然生气，足壮山川之观。[1]

这真是一个令人哭笑不得的故事。清康熙三十五年（1696），县尉王定發（殁）新官上任，看到千佛岩佛头残损，认为有损佛教威严，于是招募了几个陶匠，制作了几百个陶佛头，把残损的佛头敲掉，安上陶佛头，并彩绘一新。唐时身躯，清时头颅，怎奈陶瓷易碎，没多久就荡然无存了。像王定發（殁）这种好心办坏事，反而加速了石窟的破败的供养人，历代都不乏其人。

---

[1] 泾上无名氏：《重修千佛并灵泉记》，见高大伦、王胜利主编：《夹江千佛岩：四川夹江千佛岩古代摩崖造像考古调查报告》，北京：文物出版社，2012年。

154

集社结邑，开龛祈福

解读《营造法式》的线索

在千佛岩，一些雕造繁复、精妙的龛窟，引起了梁思成的关注，在《中国建筑史》中，他写道：

> 龙门唐代石窟之雕凿者，对于建筑似毫不注意，故诸窟龛鲜有建筑意识之表现。然在四川多处摩崖，则有雕西方阿弥陀净土变相，以楼阁殿宇为背景者，如夹江县千佛岩，大足县北崖佛湾，乐山县龙泓寺千佛崖皆其例也。[1]

以龙门石窟为代表的北方石窟中很少能见到建筑元素，而四川的摩崖造像，尤其西方净土变龛却经常雕出楼阁、桥梁、殿堂，其中又以夹江千佛岩、大足佛湾、乐山龙泓寺较为典型。三地石窟年代皆在唐代，主尊阿弥陀佛与观音、大势至菩萨背后雕刻着复杂的楼阁，连接中央殿堂与两侧建筑的，则是一种弧形踏道，这与《营造法式》中的"圜桥子"相似。《营造法式》由北宋李诚受命编修，是一部研究中国古代建筑设计、样式的著作，其中诸多专业术语令梁思成百思不得其解，没想到却意外地在夹江找到了答案。

这龛石窟，全称西方净土变，共有三种形制，即阿弥陀佛与五十二闻法菩萨、出自《阿弥陀经》的阿弥陀经变与来源于《观无量寿经》的观无量寿经变。夹江千佛岩共有五龛净土变，学者曹恒钧曾以细腻的笔法描绘了其中一龛：

---

[1] 梁思成：《中国建筑史》，百花文艺出版社，2007年。

在这两米见方的龛内雕出二百七十多个人物,被安置得那样适当,使人佩服雕刻匠师们如此高度的艺术想象力和精确的设计能力。龛中央刻阿弥陀佛及二菩萨,佛两侧各刻经幢和七级宝塔,塔前各有一羽人展翅欲飞。佛前刻平台两阶,各刻栏杆,上层诸弟子排坐,作相互交谈状,下层刻伎乐十四人,正为舞者伴奏,舞者二人随乐声屈膝扬裙起舞,台前两边各刻一鹤相对作戏。平台隔宝池与周围楼台殿阁相对,中有拱桥相接,池中刻荷叶莲花,或伸或合,各坐一菩萨,姿态安静清雅。池中另有划动着的小船。桥上楼阁间的人物,有的徐步缓行,有的前瞻后顾,显然是一群潇洒安闲的人。佛的背后饰以华盖,盖上各雕一凤,空中雕出祥云缭绕,飞天回翔,是一幅布局严谨、气氛和谐而宏伟的杰作。[1]

经幢、宝塔、楼台、殿阁、拱桥,精准地再现了唐代建筑的模样与寺院布局;佛祖、菩萨、伎乐、弟子、舞者,200多号人物神态各异,错落有致。西方净土变,与其说表现的是虚幻的佛国,不如说是一幅幅唐代风情画,传神地再现了唐人的水运、音乐、歌舞以及建筑。

西方净土变在云冈、龙门石窟不多见,却流行于敦煌莫高窟。莫高窟有120余铺西方净土变,通常以壁画的形式表现,比如盛唐172窟和217窟、中晚唐148窟等,画风热烈、富丽、璀璨,一扫南北朝的恐怖阴森之气。敦煌的西方净土变画面是回廊围成的一个宏伟的方形庭院,里面点缀着楼阁、殿堂、亭台,画师运用透视的原理,着力表现庭院的幽深与建筑的雄奇。

莫高窟217窟为殿堂窟,东、西、北三壁绘有通壁经变画,其中北壁绘观无量寿经变,窟顶四批彩绘千佛。西壁龛下各绘男女供养人十

---

[1] 曹恒钧:《四川夹江千佛岩造像》,《文物参考资料》,1958年第4期。

夹江千佛岩第 137 龛西方净土变

身，男子在北，女子在南，男子供养人第九身身着黑袍，头戴软脚幞头，双手捧笏板，前有题榜："□男□戎校尉守左毅卫翊前右郎将员外置同正员外□（郎）紫金鱼袋上柱国嗣瓊（一作嗣瑗）"；女子供养人第七身，上身着黑衫，下着白裙，双手合十，题榜为："□（袁）新妇令狐氏。"[1] 从题记判断，217窟的供养人为阴氏家族，这个从中原内迁而来的大姓，从十六国至曹氏归义军，代代造像，延续不息，他们造的石窟，称"阴家窟"。

遗憾的是，夹江千佛岩的几龛西方净土变，供养人均未留下信息。在唐人眼中，阿弥陀佛主宰西方极乐世界，楼阁林立，仙人往来逍遥；晨钟暮鼓，梵音处处缭绕。由此来看，这些供养人是一群对死亡极其敏感的人；净土变题材繁复，建造耗时日久，他们或许家财颇丰，这才能负担漫长浩大的开窟工程。中晚唐时期，净土信仰在蜀地流行，千佛岩的净土变，无论是布局还是雕刻技术皆显示出高超的技巧，当时的工匠对于建筑无疑有着深刻的观察和把握。

千佛岩龛窟众多，但题记缺乏，不仅是西方净土变这样大的佛龛没有题记，其他小的龛窟更是没有留下供养人的信息，这也为了解供养人的构成带来了困难。曹恒钧先生曾在63龛发现一则"大中二十一年六月十三日功毕斋户等永为供养"题记，今已不存，应是众人结社群体供养，这也与当时结社开窟的风气相符合。

---

[1] 张景峰：《敦煌莫高窟第217窟主室供养人画像调查新发现》，《敦煌研究》，2016年第2期。

那些抵御南诏军队的武将们

2019年，距梁思成一行来到千佛岩80年后，营造学社在夹江拍摄的照片才首次披露。80年前的千佛岩，青石板路沿着江水转到山的那头，岩壁垂下几道枯藤，大石包与大佛龛之间搭了个楼阁，青瓦、木柱，简陋的庙宇看起来更像歇脚的驿站。这座简陋的楼阁，当地人称独脚庙（音），庙中有一大龛，龛中雕有弥勒佛与世亲、无著二菩萨，弥勒大佛高3.5米，也是千佛岩最大的一龛，如今大佛仍在，楼阁早已不存。

更多的照片，则成为探寻千佛岩造像与供养人历史的线索。对比照片，千佛岩至少有三块石包今已消失，其中一块青藤缠绕，其上石窟密如蜂巢，最密处上下四层。毗沙门天王龛位于石包左上方，天王身材魁梧，面部饱满，头顶结发髻，戴三面筒形高冠，上身披挂铠甲，胸前有圆护，腹部微凸，着腹甲，系腰带；下身着裙，裙外着下甲，着鞋履，脚踩地天。

在营造学社的照片中，我总共发现了四龛毗沙门天王，加上现存的8号、17号、107号、134号、136号、159号龛，夹江千佛岩至少有10龛毗沙门天王，这也使得千佛岩成为四川天王造像最集中的区域之一。

毗沙门天王的流行，或许与唐朝频繁的战争不无关联，《宋高僧传》记载：

又天宝中，西蕃、大石、康三国帅兵围西凉府，诏空入，帝御于道场。空秉香炉，诵《仁王密语》二七遍，帝见神兵可五百员在于殿庭，惊问空，空曰："毗沙门天王子领兵救安西，请急设食发遣。"四月二十日果奏云："二月十一日城东北三十许里，云雾间见神兵长伟，鼓角喧鸣，山地崩震，蕃部惊溃……城北门楼有光明天王怒视，蕃帅大奔。"帝览奏谢空，因敕诸道城楼置天王像，此其始也。[1]

传说天宝年间，西蕃、大石、康三国兵围西凉府，路途遥远，朝廷救兵难至，高僧不空设坛作法，召唤毗沙门天王，解西凉府之围。唐玄宗下诏在城楼设立天王像，唐朝军队出征，亦要祭拜天王，诵《祭毗沙门天王文》。[2]

从题记来看，毗沙门天王的供养人多为地方大员或军队将领，又以后者为主。资中北岩第49龛，为都虞候冯元庆捐资[3]；大足北山第5龛，则是军阀韦君靖与部下出资开凿的。[4] 夹江千佛岩天王龛并未发现供养人信息，唐代的夹江隶属嘉州，中晚唐时期的嘉州，一度金戈铁马。

唐咸通十年（869），南诏军队从灵关道入蜀，在清溪关受阻后，转而进攻嘉州，攻占犍为县，尔后集结于凌云寺，与唐军夹江对峙，未几，嘉州失陷。乾符元年，南诏卷土重来，入邛崃关，一直攻到新津，"……南诏乘胜陷黎州，入邛崃关，攻雅州，大渡河溃兵奔入邛州，……成都惊扰，民争入城，或北奔他州"。[5] 嘉州邻近邛州、雅州，自然也面临着强大的军事压力。

中晚唐时期的嘉州时有战乱，唐朝在这处军事重镇派兵把守，以扼南诏。由此看来，千佛岩部分天王的供养人，或许正是戍守夹江的将士，面对着九死一生的战场，他们无不祈求天王庇护，希望能在金戈铁马之中平安归来。

---

1 （宋）赞宁：《宋高僧传·不空本传》，上海古籍出版社，2017年。
2 （唐）段成式：《酉阳杂俎》，上海古籍出版社，2014年。
3 王熙祥、曾德仁：《四川资中重龙山摩崖造像》，《文物》，1988年第8期。
4 陈明光：《大足石刻考古与研究》，重庆出版社，2001年。
5 （宋）司马光：《资治通鉴·唐纪六十八》，中华书局，2005年。

牛仙寺有万佛崖之称，现存254龛，2670余尊

农田里的三千佛影

除了千佛岩，夹江亦有万佛崖，藏身于吴场镇白龙村牛仙山上。牛仙山上曾有座古刹，名牛仙寺，传说修建寺院时，僧侣找来水牛运送材料，待到寺院落成，水牛都累得仙逝，僧侣为了纪念水牛建寺之功，故命名为牛仙寺。

传说往往蕴含着真实的历史信息，清代流行"牛王菩萨"，这位菩萨掌管着牲畜的健康、生产，在中国这样的农耕社会，耕牛就是农家的命根子，与农民的生存息息相关，因此受到民间崇拜供养。牛仙寺的得名，应该与此有关。四川境内诸多带有"牛仙""牛王"的地名，或许也是牛王菩萨信仰在地理上的反映。佛教的信仰完美地融入民间俗信，成为历史，由此可见一斑。

牛仙山中散落数个石包，有的仰面朝天，有的反扣在泥土中，有的齐刷刷断裂。《夹江县志》记载，夹江历史上曾发生过数次地震，我们或许可以得出这样的结论：在一次剧烈的地震中，牛仙山崩塌，四分五裂的石块滚下岩壁，散落一地，终日与泥土、荒草为邻。

牛仙寺现存254龛，题材以三世佛、双观音、观音地藏、七佛、毗沙门天王、千手观音经变、如意轮观音为主，从题记可知，这些佛龛

早年从山崖崩塌、倒在农田中的窟龛

左图 牛仙寺三世佛龛，弥勒佛占据中央位置，是唐代弥勒信仰的反映

右图　牛仙寺现以三世佛、双观音、观音地藏、千佛、
毗沙门天王、如意轮观音为主

多开凿于贞元三年（787）、元和八年（813）、元和十五年（820）、咸通十五年（874），不少题记供养人信息犹存，千年前的祈祷、希望，跃然石壁之上。

牛仙寺第83龛高1.3米、宽1.2米，药师佛一手持锡杖，一手拿药钵，善跏趺坐于莲台上，身后线刻桃形背光，旁边是光头沙弥的地藏与观音菩萨，十位菩萨分列左右，四大天王守护在龛口。[1] 龛窟右壁有则题记，早年尚能看到"贞元三年"年号，如今已漫漶不清，从残存的只言片语中，可以看到"杨……造□□地藏菩萨一身……造救苦菩萨□身"楷书，由此看来，龛中造像许是由多位供养人发心镌造，这位姓杨的官人捐资开凿了地藏菩萨。

与药师佛相邻的千佛、如意轮观音，可能开凿于同一时期。如意轮观音龛底伸出一朵莲花，观音半跏趺坐于其上，面相圆润，慈悲庄严，璎珞披身，六支手臂或持金轮，或执莲花，或按明山，或支颐作思维像，或执如意珠，或拿念珠。[2] 如意轮是密宗六观音之一，曾流行于敦煌莫高窟，大英博物馆藏的一件绢画如意轮观音，就是斯坦因从敦煌带回英国的。

宋人黄休复在《益州名画录》中记载，自己曾见过德宗年间画家辛澄绘"普贤阁下五如来同坐一莲花，及邻壁小佛九身，阁里内如意菩萨，并澄之笔，见存"，宋室宫廷中也藏有辛澄所绘如意轮观音。宋人范成大在《成都古寺名笔记》中，称成都大慈寺"前寺多宝塔……文殊、普贤、观音、大悲、如意轮共五堵并古迹不知名"。唐宋年间的蜀地，如意轮观音信仰曾在寺院流行，这或许是石窟中观音的粉本。

---

[1] 周杰华：《夹江新发现的唐代摩崖造像》，《四川文物》，1988年第2期。该文记录83号龛药师佛两侧镌刻十二药叉大将与四菩萨、下刻十二供养人，当误，结合题记，药师佛身边应为地藏、观音菩萨，龛壁雕有十菩萨与四天王，台座下为十二药叉大将。

[2] 2019年6月，牛仙寺这龛如意轮观音已被盗割。

石窟中的如意轮观音，最早见于广元千佛崖。天宝十一载（752），时任度支山南西院事的袁诚开凿了这龛造像。迄今在四川共发现12龛如意轮观音，是巴蜀石窟少见的题材。

第225龛释迦说法图，高、宽均约1米，窟壁浮雕天龙八部。在龛门旁，我找到两行题记："八部龛一所 右弟子杜渐及妻何氏造件功德 永为供养""后妻杨氏 男元直 妻罗氏 元和十五年六月二日记。"[1] 元和是唐宪宗李纯年号，元和十五年为820年。从题记来看，杜渐有两任妻子，何氏与杨氏，元直是他与杨氏的儿子。

八部龛旁为西方净土变，龛窟中的阿弥陀佛已被村民改塑成了送子观音，窟壁右侧有则题记："咸通十五年三月十五日功毕 都勾当镌西方龛观音李□□□□ 右弟子李冉等……奉为……"净土变在唐代也称为"西方龛"，"都勾当"负责龛窟营造，其下或有镌匠、绘师，敦煌榆林窟曾发现供养人像，题榜有"都勾当画院使"六字。

与千佛岩相比，万佛崖题记更为丰富，个人开龛流行，比如杜渐、李冉等人，均以家庭为单位造像祈福。与千佛岩一样，传统意义上的"千佛"题材，在万佛崖也见不到，伴随着佛教在中国的传播，寺院林立，石窟众多，这些"千佛""万佛"的称呼，即是佛教题材的种类，又是百姓对于石窟规模的赞叹，这是唐代佛教艺术深入巴蜀的见证。

---

1 胡文和著《四川道教佛教石窟艺术》记载为"元和十五年""右弟子杜渐及妻何氏造八部一龛功德，永为供养"，题记后半部分并未抄录。

唐代古刹造像传奇

1947年的一场洪水，冲出了大佛湾地下诸多菩萨、弟子、经幢残件，石刻上出现的"龙兴寺"字迹，直指一座消失的唐代古刹。唐代邛州寺院林立，在石笋山，永泰元年（765），供养人捐资开凿释迦牟尼佛与雄壮的天王像，历时四年方才完工；在花置寺，从长安而来的高僧马采开坛讲法；磐陀寺至今犹存，它更久远的历史，隐藏在斑驳的唐代题记中，那时，它叫开元寺。

洪水"冲出"龙兴寺

1947年的秋天，四川连绵的暴雨引发洪水泛滥。洪水过后，邛崃西河河岸一个叫大佛院的地方冲刷出几个石雕佛头，村民对这些残破的佛像并没有太大兴趣，它们一直裸露在荒野之中。几个月后，四川大学博物馆才得知这个消息，成恩元等学者先后四次赴大佛湾，共征集、发掘石刻佛头、佛像、经幢、脊兽、经碑等170余件。

当地人称这里为大佛院，不过成恩元认为，大佛院只是民间的称呼,并非唐代寺院真名。直到1948年10月19日,成元恩第五次赴大佛院,在出土的一小块佛经残石上,他终于看到了"……经一卷镇龙兴寺愿合家……女十五娘 女婿郭乾德 成"[1]这样的字迹。谜团至此豁然揭晓。从残存的二十字可以判断,这户人家有个爱女叫十五娘,嫁给了郭乾德为妻,这一家人为了祈福镇邪,特此捐资刻"经一卷"供养在寺院里,这座在研究者心里一度神秘莫解的唐代寺院,原来叫龙兴寺。

当年出土的文物,如今静静陈列在四川大学博物馆石刻艺术馆中。菩萨立像通高1.98米,头戴宝冠,周身装饰着华丽、繁复的璎珞,通肩上衣,下裙紧贴双腿,出土时已断为四截,双臂不知去向;天王立像高约0.71米,身披菱形锁子纹铠甲,饰有护膊、护腰、胫当(绑在小腿上的防护甲胄),腰间束带悬剑,脚踩地天,凛然有武士之风;[2]比丘头像满额皱纹,双眉紧锁,口角深陷,工匠只用寥寥数笔,便将僧人老迈沧桑的形象刻画得淋漓尽致,给冰冷的石头注入了生命的活力。

与佛像一起出土的还有经幢,幢座雕有四甲胄神王倚像,幢顶浮雕乐伎、佛龛、盘龙,其中一件刻有铭文:"大中十贰年拾月上旬,发菩提心弟子潘怀谦敬为父母造此幢,永为供养。父潘良,母黄氏;谦新妇李氏;弟怀敬,新妇李氏;弟怀宗,新妇王氏。孙阿锦、孙阿□。潘怀谦敬造此尊胜幢,愿合家大小平安造,永为供养"。[3]经幢雕凿于大中十二年(858),潘怀谦祈愿"合家大小平安"而发心镌造,供养人一家三代的名字都出现在了幢上:他的父亲潘良、母亲黄氏,他两个兄弟潘怀敬、怀宗及弟媳,还有他的两个子侄。据说《佛顶尊胜陀罗尼经》能消一切罪垢孽障,为逝者建造此经幢,逝者便会往生西方净土,因此唐

---

1 冯国定等:《四川邛崃唐代龙兴寺石刻》,中国古典艺术出版社,1958年。
2 《四川邛崃唐代龙兴寺石刻》识为韦陀,但造像方面杏眼、脚踏地天,定为天王更为妥当。
3 冯国定等:《四川邛崃唐代龙兴寺石刻》,中国古典艺术出版社,1958年。

龙兴寺出土"众屠行食店户舍度生钱造瓦盖罗汉殿"

龙兴寺出土经版，正是一块经版上的题记，确定了唐代龙兴寺的名称

龙兴寺出土菩萨倚坐像,残高 73 厘米

邛崃龙兴寺出土天王像,此前被认为是韦陀

代寺院中经幢非常流行。从龙兴寺出土的经幢题记上的年号可知，从太和到会昌、大中、咸通长达半个世纪的岁月里，晚唐的龙兴寺经幢林立，香火兴旺。

在石刻首次出土58年后，2005年，龙兴寺再次迎来考古发掘。半个多世纪前水田密布的大佛湾，已遍布厂房与民宅，那座深埋在底下的寺院，却依旧通过佛像、瓦片断断续续讲述着自己的故事。此次发掘出土了地藏、观音、罗汉、天王，与1947年出土的佛像一样残毁不堪。

邛崃龙兴寺出土经幢，四川大学博物馆藏

龙兴寺似乎遭遇了重大变故。

遗址中分布着塔基、罗汉殿，以及大量的建筑墙基、柱础，显示出唐代龙兴寺规模的恢弘。罗汉殿位于遗址东南部，长27.75米、宽22.85米，遗址中堆积大堆瓦砾，不少瓦上印有铭文，诸如"杨蕴中施""李东五娘施""蒲知县施""马文学施""曹推官施""周良佐施""张宗胜施""周氏小寿娘施""张氏师姑娘施""众屠行食店户舍度生钱造瓦盖罗汉殿"等[1]，可知罗汉殿所用青瓦是由信众捐资，县中的知县、推官也加入其中。所谓"屠行"，可能是城中的屠户商会，屠户终日杀生，害怕死后堕入地狱，自然要多到寺院积功德了。

两次跨越时空的考古，使得在地下湮没千余年的龙兴寺逐渐清晰起来。神龙元年（705），武则天年迈病危，中宗复位，诏令天下诸州中兴寺改称龙兴寺。中兴寺由武则天下诏建立，中宗此举，无疑有着深刻的政治寓意。邛崃唐时为邛州，龙兴寺就是在这样的背景下改建的，与全国各地的龙兴寺一样，寺院始建于武周时期，并在神龙年间改称龙兴寺，此后，这座有着皇家背景的寺院香火颇为旺盛，并在盛唐之后达到鼎盛。

石笋山，历时四年的开龛

龙兴寺地处邛州城中，供养人的活动以开凿经幢、捐瓦妆彩为主；邛州城外，深山中古寺林立，山中岩壁则是开凿石窟的绝佳场所。邛州

---

1 成都文物考古研究所、邛崃市文物管理局：《四川邛崃龙兴寺2005—2006考古发掘报告》，北京：文物出版社，2011年。

集社结邑，开龛祈福　173

城西北石笋山，石窟如同长卷画徐徐展开，由于史料缺失，我们已难以考证这座寺院的名称，石笋山崖前有片平坝，地上散落着七零八落的雕花柱础，即为寺院遗址。

石笋山形如石笋，也称石荀山，岩壁下的古道通往小金县，连接着吐蕃与邛州，往来不绝的商贾行旅，路过寺院，捐资开凿了诸多造像。民国《邛崃县志》记载："（石笋山）山间有洞，曰仙人洞，土人言洞内有三十六堂，未之详也。"所谓仙人洞、三十六堂，或许就是绝壁上的石窟，这也是石笋山最后一次见诸史料，直到1983年文物普查时这些石窟才再次露面。

大佛沟现存石窟33龛，739尊，分为南北两段，雕刻在长120余米、高40多米的绝壁上，错落有致。大者如弥勒佛，高达数米；小者如诸天（二十四诸天为佛教护法），只有手指大小。北段第14龛弥勒佛是最大的一龛，像高逾7.5米，弥勒佛手掌早年残损，后世虽有修复，手掌与身体不成比例，早已失去了昔日神韵。

北段第20窟维摩问疾图，是石笋山颇具代表性的石窟。维摩问疾图出自《维摩诘所说经》，经文共十四品，内容大多谈论玄妙的佛教哲理。维摩诘是古印度毗舍离城的富翁，坐拥万贯家财，奴婢成群，却勤于攻读，虔诚修行，尤胜于雄辩，最终得菩萨行。一日，维摩诘称病在家，佛祖本欲派弟子舍利弗、大目犍连、迦叶、阿难前往问病，他们却害怕维摩诘的雄辩之才，不敢前往，最后只有派智慧第一的文殊菩萨领着弟子们前去探病。文殊见到维摩诘后，两位菩萨论说佛法，妙语连珠。维摩问疾图，便塑造了维摩诘与文殊菩萨之间的这场"唇枪舌战"。

石窟中，维摩诘坐在人字形屋顶的小房子中，门上悬着帷幕，维摩诘头扎方巾，胡须飘拂，张口瞪目，身子略向前倾，似乎正口若悬河地演讲；文殊菩萨用手比划着助威，奋起反诘；弟子们神情专注，正在聆听着这场激烈的辩论。飞天从空中洒下五彩花朵。石笋山造像大多体态

邛崃石笋山全景

丰满，面相温和，云冈石窟、麦积山石窟、敦煌莫高窟中粗犷飘逸的风格到唐代已经大变，代之以雍容华贵、丰润健美的气质，佛与菩萨多给人和蔼、亲切的人情味，显然更符合中国人的审美意趣。

维摩问疾图题材更偏重佛理奥义，而非俗世祈请，仅在资中北岩、夹江千佛岩、仁寿牛角寨、大足北山有零星分布，是巴蜀冷门的石窟题材。仁寿牛角寨的维摩问疾图高 2.1 米，宽 1.9 米，内容与石笋山这龛相差无几，只是空白处雕出了前来围观的人物，如帝王、武士、僧侣、

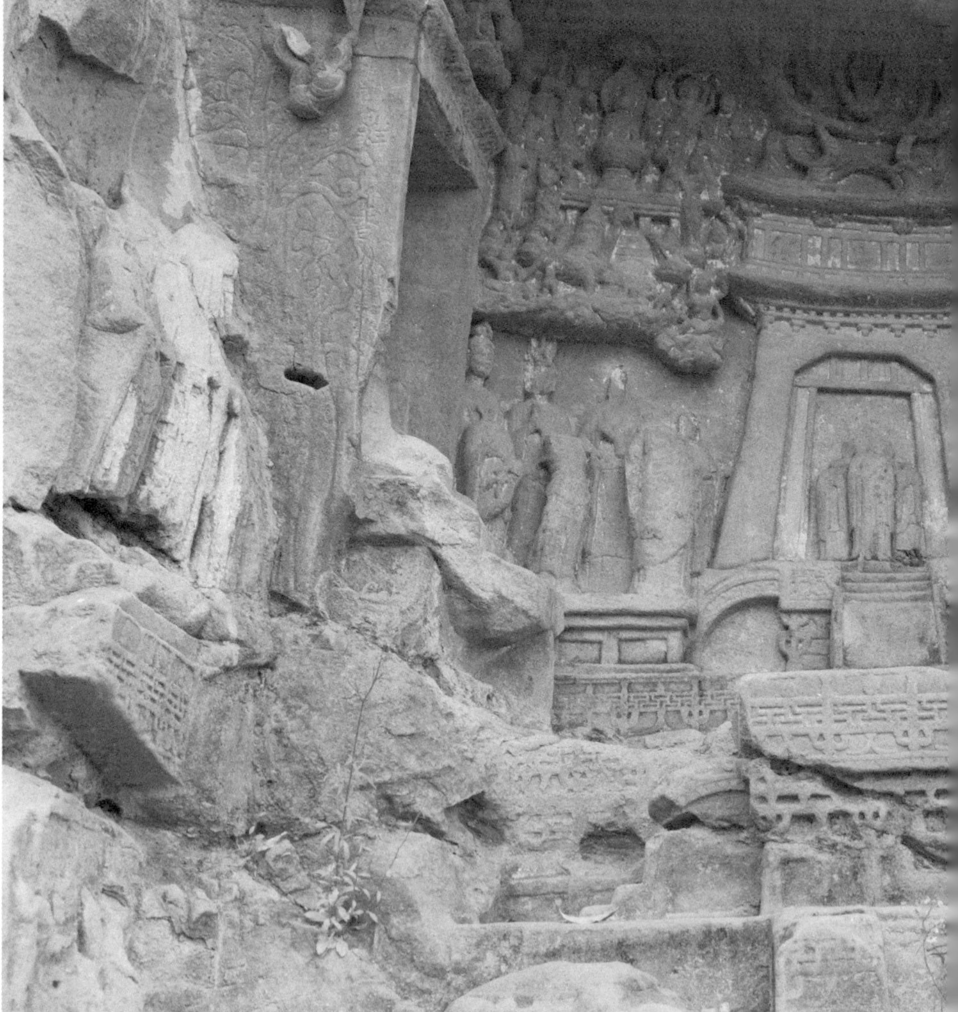

石笋山维摩问疾图

石笋山天王龛旁武将

石笋山手持莲苞的童子

石笋山 27、28、29 三龛，规模宏大，完工于唐大历三年

石笋山第 21 号龛，菩萨与童子

集社结邑，开龛祈福

市民等，或拱手作揖，或入神倾听，或默默深思，或交头接耳。

大足北山第127龛维摩问疾图，则为少见的阴刻作品，完工于南宋绍兴四年（1134），南宋王象之《舆地纪胜》"昌州碑目"条记载，"画维摩石碑，绍兴间北山刻云：'郡之惠因寺藏殿壁阴，有水墨画'文殊诣维摩问疾'一堵，意全相妙，合经所说，恐浸漫灭，故石刻于此'。"[1] 北山维摩问疾图以惠因寺壁画为原型开凿，线条流畅，造型生动，大有宋人水墨画的意趣。

南段第28龛是石笋山少见的大型龛窟，高4.2米、宽4.5米，释迦牟尼佛身着双领下垂式袈裟，双手于胸前捧钵，结跏趺坐于莲台上，左右是骑象的普贤菩萨与骑狮的文殊菩萨，白象温驯，青狮怒目，普贤、文殊菩萨身披璎珞，飘帛飞舞，游戏坐于其上，脚踏莲台，莲台下，光头小童子双手托盘侍奉在侧。题记显示，28龛完成于唐大历年间：

石笋山菩提释迦二像龛铭樊□文并书……/焉皇帝陛下……/摸绝并开凿双龛……/好之真形历四年而□□成圣容/见玉豪野岬之中变成金谷□至□立……其像能乃此□夫/勒石此山□铜南□□以纪□功□□□□之芳敢□教□/贰□铭曰……/或方或圆□□元元极力奇特破祟消障/念之必剋二尊重弟子/曰有上人□□相好/妙等金身□□□□□□□□刻石传芳/永垂不朽/维大历三年二月十五日……

题记风化剥落，供养人并未留下自己的信息，他捐资修建的菩提释迦，即今27、28、29三龛，规模庞大，永泰元年（765）动工，直到大

---

[1]（宋）王象之：《舆地纪胜》，中华书局，2012年。

历三年（768）方才完工。就在石窟动工当年，唐朝叛将仆固怀恩引吐蕃、回纥30万大军杀向长安，风雨飘摇的唐朝在安史之乱后又遭劫难，生死关头，名将郭子仪单骑退敌，策反回纥，大败吐蕃。

主龛两侧雕有威武的毗沙门天王，左侧天王头戴平顶冠，身披战袍，胸下系革带，脚扎绑腿，左手托塔，右手叉腰，脚下踩二地鬼；右侧天王体魄雄健，张口怒目，似乎正在怒吼，左手屈于腰侧，右手持金刚杵。两龛天王高约4米，规模与主龛相差无几，这倒是个奇怪的现象——中晚唐时期天王流行，这与其保家卫国的神通有关，石笋山下的山路通往吐蕃，联想到邛州的军事地位与历史背景，不知道战火的消息，是否传到了供养人耳中，他才用威武的天王祈求安定？

花置寺，正在隐去的唐人面庞

邛崃临邛镇花石山也有两龛毗沙门天王，2号龛天王残高1.5米，12号龛残高1.23米。花石山第6龛千佛龛，三壁遍布千佛，龛中原有唐碑，宋人重刻，碑文虽已漫漶，花置寺的历史却隐于行间：

大唐嘉定州邛县花置寺新造无量诸佛石龛像记……御赐敕授上京章敬寺……宗师法号僧采，俗姓马氏，扶风茂陵人，东汉伏波将军之后也……大唐贞元十四年岁戊寅，朝议郎□太子左赞善大夫、前殿中御史从侄马宇撰，高平徐清书，宋元祐丁卯二月八日 住持僧希古重刊。

花置寺初名"兰若",德宗年间改称花置寺,寺中石窟与唐朝高僧马采密切相关。马采早年在长安章敬寺讲习佛法,京师信众趋之若鹜,"声驰上国,名重神都",连唐代宗都是其座上宾。唐贞元十四年(798),马采从长安来到邛州,募来工匠开凿石窟,他在花石山开坛讲法几年中,花置寺据说有"千亿万佛"之巨。

一千多年后,当年规模宏大的花石山,已是水库中的孤岛,而唐时的"千亿万佛",如今仅剩下9龛石窟。第4、5龛合称千佛窟,宽约5.6米,高6米,雕有巴掌大的千佛20排、1745尊。20世纪六七十年代,当地村民几乎一夜之间就凿去了一千多个佛头,现在的佛头是几年前才用水泥补上去的。

磐陀寺,因战乱戛然而止

磐陀寺在临邛镇花果山东面山坡上,山中至今仍有座明代大殿,建于明洪武二十五年(1392),正统二年(1437)培修,殿中彩塑阿弥陀佛、观音、大势至菩萨。花果山的石包上,镌刻造像6龛,1号龛主尊高3.12米,双手着禅定印,身着通肩袈裟,衣纹呈水波状,龛侧的题记,藏着一座唐代寺院的故事:

/此山峰干云端迥出尘表青翠松竹嵯峨真珉孝/求胜奇此冣绝□龛工刊琢成斯像焉可谓宝塔间?/而现金身红日□而毫相远超证染净兹为

本因专/诚者谁即此郡□鹤寺法师利安并诸大德及士女等/愿同契菩提永□道侣各烈其□记千古一祛之功也/僧积佳瞻智芝清曙法雨□静/□元道怀顺□照道□ 元颖/怀则 方鉴 行□ □□ 明集□进/元讽神琛？英□ 智□ 光照□□/□智胜等何三师等戒超闫十师真相□□/□悟盘驮山开元之寺/居士辛士甫全济吏平仲罗渐朱峻张用等/杜洽封□ 徐□□□张荣等史□/王鹄 李□ 棠咏申洪杨炫施宽/杨仑 汪□ 黄宁 孟通 徐诣 单镒 唐杰李达宋宝周彩王清费威/刘建张达周琛/行婆张功德藏石清净□□□□十三□/张法慧申五娘康□郝十三娘□□□/□严相李十七娘王大□杨五娘□氏/开元寺都维那惟圣□ □罗□刻字/院玄僧少旻僧义□等 □□□□/元和十五年春造兼南路界首像并妆庆毕永为供养。[1]

从题记来看，唐代花果山曾有座开元寺。开元二十六年（738），唐玄宗诏令全国诸州各建一座佛寺，以"开元"年号为名，在这股风潮下，唐朝新建了不少开元寺。花果山中的开元寺，或许也因此而兴。

元和十五年（820），开元寺信众单镒、辛士甫、全济、罗渐、朱峻、张用、黄宁、孟通、徐诣、申五娘、郝十三娘、李十七娘、杨五娘等人，集资塑造大佛，□鹤寺（邛崃有鹤林寺，又名白鹤寺）法师利安也加入其中。中晚唐蜀地的百姓，往往在僧人带领下集社开龛，大佛体量庞大，更是需要集腋成裘。

磐陀寺有几龛石窟，佛像并未雕琢成形，只打了个粗坯子，似乎出了什么变故，使得工匠未能继续下去。邛州地处南方丝绸之路要冲，和

---

[1] 卢丁等：《中国四川唐代摩崖造像 蒲江·邛崃地区调查研究报告》，重庆出版社，2006年。

花置寺千佛龕

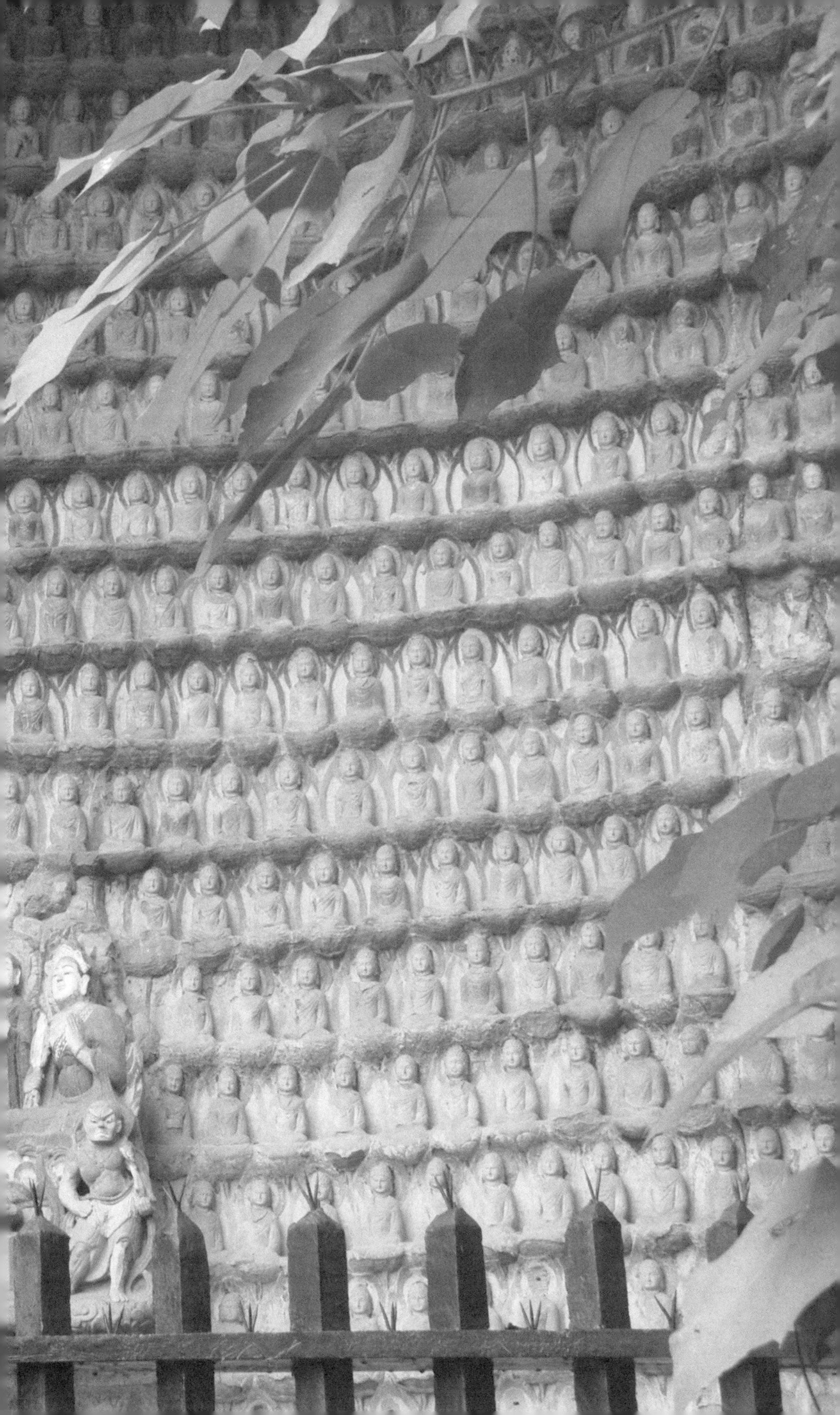

平时期是商旅往来的通道,战争年间却往往首当其冲。唐文宗大和三年（829）十一月,南诏摄政王嵯颠率军攻陷巂州（治今西昌）、戎州（治今宜宾）后,旋即与西川节度使杜元颖大军战于邛州,又从邛州引兵攻下成都外城。退兵时,"大掠子民、百工数万人及珍货而去,……自是南诏工巧埒于蜀中"。《资治通鉴》记载,873年、874年,南诏又两次南侵,"邛、雅二州刺史望风奔遁,蛮烧劫一空"。

磐陀寺,石窟与清代的圆雕混杂在一起,可知这里曾经梵音缭绕

磐陀寺现存 6 龛，位于花果山东面山坡上

覆巢之下，岂有完卵？邛州沦陷后，惊魂未定的工匠四散逃亡，从此再未回到磐陀寺。同样毁于战火的，还有龙兴寺。2005年的考古发掘在唐末—五代、两宋遗迹下发现了大面积红烧土与瓦砾堆积，夹杂着大量残损的佛像、经版，由此看来，唐代末年的龙兴寺毁于一场大火，极可能与南诏入侵不无关联。精舍荒废、佛塔倒塌，佛像、经版渐渐为尘土湮没。

大佛林立，弥勒盛行

盛唐—中晚唐

代表造像　弥勒坐像为主。

代表石窟　乐山大佛、荣县大佛、荣县二佛、仁寿大佛、资阳半月山大佛、涞滩大佛、潼南大佛、骑龙坳大佛、武官大佛、阆中大佛等。

供养人

僧人海通、章仇兼琼、韦皋、居士梅修、道士王了知、大居士冯楫等。大佛开凿耗时日久,蜀地的官吏、商贾、船工、走卒、贩夫、文人、农夫都曾加入其中,聚少成多,集腋成裘。

四川乐山岷江、青衣江、大渡河三江汇流之处的凌云山绝壁上，有尊弥勒大佛，也是世界最大的摩崖佛像，堪称天下第一佛。大佛开凿于唐玄宗开元初年，由僧人海通发起，后一度中断，经唐玄宗、章仇兼琼、韦皋等皇室、高官捐资，断断续续历时九十载，直到唐德宗贞元十九年（803）方才完工。

"江阁欲开千尺像，云龛先定此规模。斜阳徙倚空三叹，尝试成功自古无。"宋代诗人陆游在嘉定能仁院看到一尊高约数米的佛像，当地人告诉他，这是乐山大佛的蓝本。陆游感慨万分，写下这首《能仁院前有石像丈余，盖作大像时样也》。

陆游所言，似乎由来非虚。几次文物普查结果显示，四川、重庆陆续有大佛发现，比如荣县大佛、半月山大佛、阆中大佛、潼南大佛等。八个多世纪后，当我在巴山蜀水间寻访大佛时，"乐山大佛的哥哥""乐山大佛就是照着这个模子刻出来的"，南宋年间蜀人对陆游说的话，至今仍飘荡在我的耳边。

传说常常会隐藏真相，却又与真相有关。根据我的调查，阆中大佛809年完工；半月山大佛793年动工，1121年完成；潼南大佛更是晚在1151年才开凿完毕。原来，这些大佛并非乐山大佛的蓝本，却是受之影响出现的。乐山大佛一经完成，恢宏的体积与庞大的气魄，几乎传遍了蜀地的每个郡县，各地纷纷开凿大佛。所谓蓝本，其实是模仿者。

巴蜀大佛多为弥勒佛，这与唐代狂热的弥勒信仰不无关联。证圣元年（695），武则天自加尊号"慈氏越古金轮圣神皇帝"，将自己视为弥勒佛的化身，她同时又是大佛的供养人，赞助了包括龙门卢舍那佛在内的多项工程。中国的石窟题材往往受政治影响极大，来自京师的风尚，常常会迅速席卷全国。盛唐之后，弥勒佛成为蜀地最流行的题材之一，这或许是弥勒大佛出现的土壤。

四川、重庆许多地区，皆有大佛村、大佛乡、大佛岩、大佛沟、大佛寨、大佛坝等地名。巴蜀过去的大佛数目，或许远比今天所见更多。

乐山大佛　天下第一佛

四川乐山岷江、青衣江、大渡河三江汇流的凌云山绝壁上，有尊弥勒大佛，"佛是一座山，山是一座佛"，是世界最大的摩崖佛像。大佛始凿于唐玄宗开元初年，由僧人海通发起，海通辞世后，工程一度中断，经唐玄宗、章仇兼琼、韦皋等皇族、高官捐资，断断续续历经九十载，直到唐德宗贞元年间才得以完工。

大唐贞元元年（785），左金吾卫大将军韦皋接到唐德宗圣旨，令他赴蜀出任剑南西川节度使、成都尹。西蜀大地人杰地灵，春华秋实，却在此时饱受战争荼毒，蜀地南有南诏，西有吐蕃，玄宗天宝年间，就有十多万唐朝精锐在与吐蕃、南诏的作战中丧生。

入蜀后不久，韦皋一日巡行至嘉州（今乐山）。青衣江、岷江、大渡河三江在嘉州凌云山下汇流，自古舟楫往来，也是运兵送饷的军事要塞。韦皋远远看到凌云山绝壁有尊坐佛，他在长安为官多年，在龙门石窟也未看到如此大的佛像。奇怪的是，大佛并不完整，膝部以下尚未完工，韦皋心生疑惑，遂找来地方官询问。

地方官告诉他，凌云山脚下江水湍急，势不可挡，过往船只常常触壁，舟毁人亡。和尚海通从播州（今贵州遵义）云游至凌云寺，时常目睹惨剧发生，遂发愿开凿大佛。为了筹集资金，海通背着行囊四处化缘，几年后募集了大笔资金，各方能工巧匠也云集嘉州。有官吏前来索贿，海通道，"自目可剜，佛财难得"，遂挖下自己眼珠。官吏大惊失色，奔走忏悔。

开元初，大佛动工。成千上万的工匠在绝壁上往来上下，千锤齐发，此起彼伏的凿石声连江心的商船都能听到，巨石滚入江中，激起层层巨浪。盛况持续了几年，大佛头、胸已经完工。遗憾的是，海通不久便与世长辞，工匠也纷纷离开了。

开元二十六年九月，华州刺史张宥任益州刺史、剑南防御使，章仇兼琼作为益州司马随行，并在次年接替张宥，出任剑南节度使、益州大都督府长史，在蜀中八年，招抚南诏，夺回被吐蕃占领的安戎城，堪称一代良吏。与许多唐代官吏一样，章仇兼琼亦有着浓厚的崇佛之情，看到业已停工的大佛，便捐出俸禄二十万钱续凿，中断日久的大佛镌造工程才再次动工。

庞大的工程仅凭二十万钱还是难以为继。大佛的故事最终传到了唐玄宗耳中，玄宗诏赐"麻盐之税"。所谓"麻盐之税"，杜甫在《夔州歌》中说，"蜀麻吴盐自古通，万斛之舟行若风"。蜀地产的麻布行销江淮，江南的海盐也因廉价受到蜀地百姓欢迎，朝廷对此征的税，称"麻盐之税"，自此，唐皇室也加入到这场旷日持久的接力中来了。

天宝五载（746）五月，章仇兼琼迁任户部尚书，返回长安，伴随着他的离去，大佛建造经费再次告罄。史料并未记载有了章仇兼琼的捐资与唐玄宗的诏赐，大佛进度如何，韦皋看到的大佛，膝部以上业已完工，推想这次的工程是完成了肩部以下、膝部以上部分。

韦皋一生崇佛，出生一月，有胡僧至其家中，言其为诸葛武侯转世，日后将重返蜀地。在长安时，韦皋与不少高僧往来密切，入蜀后，他先后重修大慈寺普贤菩萨，并为鹦鹉舍利塔、宝历寺撰写碑文；[1]况且，韦皋深知完成这样一尊大佛在蜀地百姓心目中的地位与意义——他的名字会跟大佛一样，在蜀地百姓中广为传颂。

韦皋率先捐出俸禄五十万钱，地方官也纷纷解囊捐资，贞元五年（789），中断了约半个世纪的大佛第三度开工，凿石声再度飘荡在凌云山绝壁上。第三次动工，开凿的是大佛膝下部分及莲座，看似简单的工程，耗时也长达15年。

贞元十九年（803），韦皋对吐蕃的战争取得全面胜利，不仅屡次击败来犯的吐蕃军队，还兵分十路，大举向吐蕃腹地进攻，攻下城池七座、军镇五处。唐德宗闻讯大喜，加封韦皋为中书令，进封南康郡王，亲自撰写《南康郡王韦皋纪功碑铭》。同样在这一年，乐山大佛业已完工，"跌足成形，莲花出水"，一座"如自天降，如从地涌"的巍巍大佛，在凌云山俯视众生。[2]

对吐蕃作战凯旋，因战功进封"南康郡王"，主持开凿的大佛完工，韦皋一时兴起，写下这篇《嘉州凌云寺大弥勒佛石像记》，令工匠雕刻在大佛旁的岩壁上，碑高6.6米，宽3.8米，碑文详细记载了海通法师始凿大佛、章仇兼琼接力、最终大佛在自己手中完工的长达九十载的历史。从题记看，唐代的乐山大佛，称凌云寺弥勒大石像：

---

1 （唐）韦皋：《嘉州凌云寺大弥勒佛石像记》，见龙显昭主编：《巴蜀佛教碑文集成》，成都：巴蜀书社，2004年。
2 关于乐山大佛的高度，1982年被公布为全国重点文物保护单位时，采用了1962年测量的71米这个数据，并沿用至今。从1981年开始，四川省勘测设计队、四川省水电勘察设计院测量队、武汉测绘科技大学、乐山大佛课题组先后五次给乐山大佛量身高，测算出的佛身高分别是60.5米、60米、59.2米、58.7米与59.84米。五次勘察结果接近，在58.7米—60.5米之间，加上高2.1米的莲台，整体高度应该在60.8至62.6米。

……

开元初，有沙门海通者，哀此习险，厥惟天艰，继其能仁，回彼造物。以此山潾流激湍，峭壁万仞，谓石可改而下，江或积而平。若广开慈容，大廊轮相，善因可作，众力可集。由是崇未来因，作弥勒像，俾前劫后劫，修之无穷。于是，规广长，图坚久。顶围百尺，目广二丈。其余相好，一以称之。民惟子来，财则檀施。江湖淮海，珍货毕至。债师金工，亦罔不臻。于是万夫竞力，千锤齐奋。大石雷坠，伏螭潜骇；巨谷将盈，水怪易空。时积日竟，月将岁就，不数载而圣容俨然。苕苕蓁蓁，岌嶷青冥，如现大身，满虚空界。惊流怒涛，险自砥平。萧萧空山，寂照烟月，由内及外，观心类境，则八风澄而爱河静也！

余以为人之生也，违道好径，故哲圣因其所欲，教之以圣道，示之以进修。其行满于此，而福应在彼，理甚昭矣。至于夺天险以慈力，易暴浪为安流，何哉？详彼万缘，本生于妄。知妄本寂，万缘皆空。空有尚无，险夷焉在？至圣寂照，非空非有。随感则应，惟识浅深。化于无源，奚有不变？非天下之至神，其孰能平斯险也。彼海上人发诚之至，救物之弘。时有郡吏，将求贿于禅师，师曰："自目可剜，佛财难得！"吏发怒曰："尝试将来！"师乃自抉其目，捧盘致之。吏因大惊，奔走祈悔。夫专诚一意，至忘其身，虽回山转日可也。况弘我圣道，励兹群心，安彼暴流，俾其宁息，其应速宜矣。而功巨因广，其费亿万金，全身未毕，禅师去世。于戏，力善归仁，为可继也。其后有连帅章仇兼琼者，持俸钱二十万以济其经费。开元中，又有诏赐麻盐之税，实资修营。事感天人，克遵前志。谅禅师经始之谋大，虑终之智朗，苟利物以便人，期亿劫以同济。

贞元初，天子命我守兹坤隅。乃谋匠石，筹厥庸，从莲花座上，乃至于膝，功未就者，几乎百尺。贞元五年，有诏郡国伽蓝，修旧起废。遂命工徒，以俸钱五十万佐费。或丹采以章之，或金宝以严之。至今

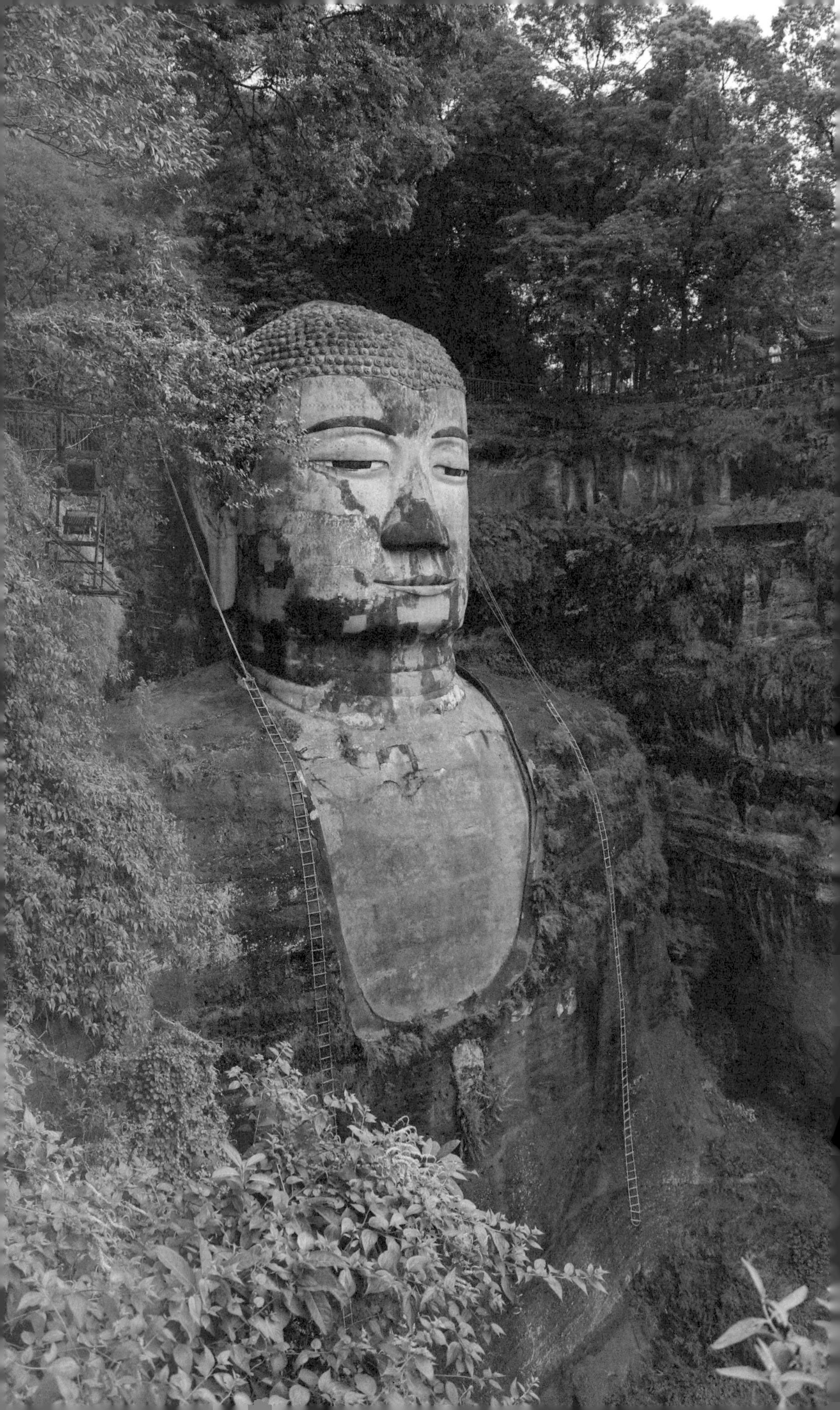

乐山大佛是唐代供养人持续九十年接力的产物

十九年,而跌足成形,莲花出水,如自天降,如从地涌。众设备矣,相好具矣。爰纪本末,用昭厥功

……[1]

中晚唐时期,朝廷陷入吐蕃与南诏的战争中不能自拔。754年,剑南留后李宓率领七万大军进攻南诏,在太和城全军覆没。763年,吐蕃自大震关而入,破泾州、邠州,入长安,代宗逃往陕州,同年,吐蕃破剑南道松州、维州、保州。国家动荡不安,边疆岌岌可危,士兵常年征战,百姓赋税沉重,早先臣服的西山八国(西山诸羌统称,即哥邻、白狗、逋租、南水、弱水、悉董、清远、咄坝)先后叛离。在这样的形势下,一尊恢宏的大佛的意义不言而喻——它是大唐王朝走出泥潭的象征。

从乐山大佛的营造过程来看,僧人海通充当了发起者的角色,虽做了"规广长,图坚久"的计划,但他显然低估了大佛的工程量,以致辞世后工程即中断。盛唐年间,两尊大佛相继在敦煌莫高窟开凿,即今编号96窟的北大像与130窟的南大像。《莫高窟记》载:"又至延载二年,禅师灵隐共居士阴祖等造北大像,高一百卌尺。又开元年中,僧处谚与乡人马思忠等造南大像,高一百廿尺。"在北、南大像的开凿上,僧人灵隐、处谚同样充当了发起者的角色,选择的同样是弥勒像。

盛唐之后,蜀地开凿石窟虽蔚然成风,但大佛却一直未能继续,直到天宝年间,西川节度使章仇兼琼捐资才得以续凿,最后在韦皋手中完

---

[1] (唐)韦皋:《嘉州凌云寺大弥勒佛石像记》,见龙显昭主编:《巴蜀佛教碑文集成》,成都:巴蜀书社,2004年。

乐山大佛背山面江，地处青衣江、岷江、大渡河三江汇流处

工。大佛体量巨大，其背后往往有豪族官宦的加入，他们既有财力，其特殊身份也会引来官吏、商贾、百姓的效仿。参与营造96窟的阴氏，虽为一介平民，但阴氏自古为敦煌大族，有财力进行开凿活动。南大像的开凿，则得到时任晋昌郡太守乐庭瓌的支持。130窟甬道北壁西起第一身男供养人题名："朝议大夫使持节都督晋昌郡诸军事守晋昌郡太守兼墨离军使赐紫金鱼袋上柱国乐庭瓌供养时"，甬道南壁绘都督夫人，题名："都督夫人太原王氏一心供养"。[1] 130窟完工于唐天宝年间，可能在营造中途也遇到资金问题，最后在乐庭瓌夫妇资助下才得以完成。

自贞元十九年（785）以来，一尊顶天立地的大佛出现在蜀地，它是唐代供养人持续约九十年接力的产物，也是大唐王朝恢宏气度的象征。恢弘的大佛引来蜀人竞相效仿，在蜀地许多郡县中，此起彼伏的凿石声响彻山谷。围绕着大佛的产生与修建的故事，层出不穷，直到今天依旧在蜀地流传着。

1　敦煌研究院编：《敦煌莫高窟供养人题记》"130窟"，文物出版社，1986年。

大佛之国
乐山大佛和它的兄弟们

宋代诗人陆游在嘉州能仁院看到一尊大佛,当地人告诉他,这是乐山大佛的蓝本。几次文物普查中,许多巴蜀大佛陆续显山露水,荣县大佛、资阳半月山大佛、潼南大佛、骑龙坳大佛、阆中大佛、黄桷大佛……难道真如陆游所言,当年为了开凿乐山大佛,曾在巴蜀开凿了诸多蓝本?

牛角寨大佛,深山中的半身大佛

"江阁欲开千尺像,云龛先定此规模。斜阳徙倚空三叹,尝试成功自古无。"宋乾道九年(1173),诗人陆游出任嘉州刺史,闲暇之余游历至能仁院,看到一尊高约数米的石像,当地人告诉他,唐代为了开凿乐山大佛,曾尝试一些规模略小的大佛作为蓝本,经过多次试验后方才动工。陆游感叹成功不易,故写下这首《能仁院前有石像丈余,盖作大像时样也》,又在诗序中说,"前有石像,高丈

大佛林立,弥勒盛行 203

仁寿大佛

仁寿牛角寨大佛只雕出了半身，
高15.85米，头长6米

余，盖作大像时式也"。

时过境迁，当年的能仁院早已消失在历史长河中，那尊大佛也是踪迹全无，有意思的是，近几十年来，四川、重庆境内发现了诸多大佛，规模都比乐山大佛小。每到一处，老乡总会说，"这是乐山大佛的哥哥""当年乐山大佛就是照这个样子雕出来的"，宋代蜀人对陆游说的话，至今仍飘荡在我耳中。

四川仁寿县的牛角寨大佛，因未完工，也就更具有蓝本的意义。大佛地处仁寿县高家镇鹰头村牛角寨，高15.85米，宽11米，依山而凿，嘴唇微闭，双目平视东方，头有螺髻，千百年的风吹雨淋在大佛脸上冲刷出一道道深浅不一的痕迹，眉角爬上厚厚的青苔，鼻子、嘴角也由于岩层风化脱落形成"白斑"。

如此体量的大佛直到1982年才为世人所知。那年夏天，仁寿县文管所工作人员邓仲元到鹰头村做文物普查，老乡告诉他，自己到牛角寨割猪草，扒开枯藤，发现里面藏了个大佛头。邓仲元找了几个村民，将岩壁上的枯藤、枝丫清理一空，一尊大佛在那个傍晚重见天日。

大佛前的坡地迷宫般遍布上百个大石包，其中十六块分布着101龛、1519尊唐代造像，题材有千佛、观音、地藏、西方净土变等。可以想象，以大佛为中心，这些石窟组成了完整的朝拜空间。

令人不解的是，乐山大佛是全身坐像，双手抚膝；仁寿大佛只刻出头部与胸部，胸部以下与山岩融为一体，双手合十于胸前，手的比例与全身极不协调，应该是后世补凿而成的。这天，村里的老人相互搀扶着来到牛角寨，给大佛进香，他们说，过去祖辈说村里有尊大佛，工匠先造了这尊大佛，尔后才背着行囊去开凿乐山大佛，这似乎正是仁寿大佛只雕出半身的原因——作为蓝本，只需对大佛头部进行精雕细琢，胸部以下便无须作过多要求了。

牛角寨大佛始凿年代不详，大石包上 16 号龛有则题记，"贞元十一年（795）太岁乙亥元月建，戊寅廿八日……"[1]，邻近的坛神岩"三清窟"窟壁镌刻"南竺观记"，完工于天宝八载（749）。以此推断，牛角寨大佛的始凿年代，可能在天宝至贞元年间。

荣县大佛，鲜为人知的第二大佛

如果说牛角寨大佛只雕了半身，荣县大佛就可谓乐山大佛的翻版了。荣县城郊有座大佛寺，寺里有个山头唤作真如岩，荣县大佛就雕凿在山中，远远望去，大佛被一座四重檐歇山顶仿古建筑遮住佛身，仅露佛头。荣县大佛高 36.67 米，头长 8.76 米，大脚趾直径近 1 米，规模仅次于乐山大佛，是中国第二大坐佛。

荣县大佛双耳垂肩，右手抚膝，足踏莲台，与乐山大佛如出一辙。虽然有着这般相似，对其身份与年代的争论却始终莫衷一是。民国《荣县志》记载："开元中，僧海通于渎水、沫水、蒙水三江之会，凿山为弥勒大像，高逾三百六十尺，建七层阁。荣特无江耳，所凿乃释迦牟尼

---

[1] 胡文和：《四川道教佛教石窟艺术》，成都：四川人民出版社，1994 年。

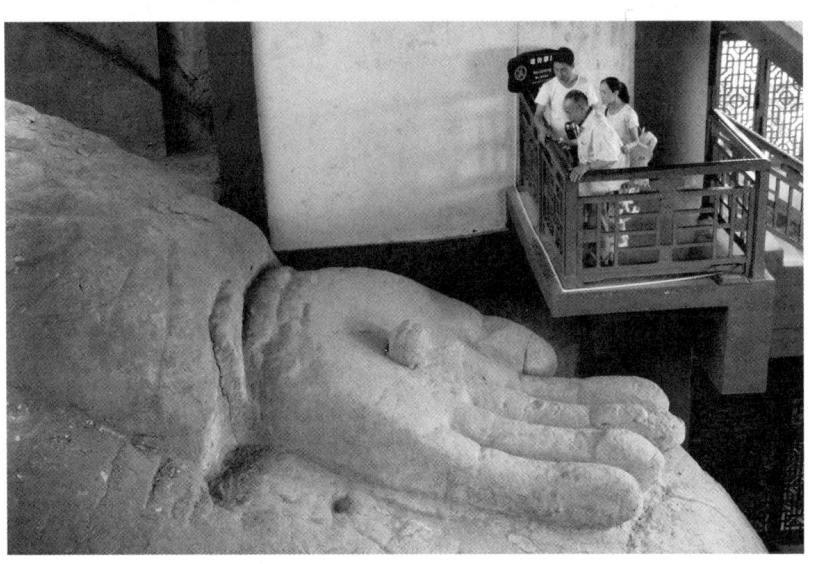

荣县人在街上就能望见硕大的佛头

荣县大佛手掌，几个成年人站上去也绰绰有余

大佛林立，弥勒盛行

佛，非弥勒也！"言下之意，乐山大佛开凿于三江交汇之处，是弥勒佛；荣县无江，就是释迦牟尼佛了。

其实判断佛像的类别，依据的不是临江与否，而是佛的手印、坐姿等，荣县大佛善跏趺坐，这是巴蜀弥勒佛最常见的坐姿（敦煌、云冈石窟中许多弥勒为交脚形象，即通常说的交脚弥勒，塑造的是弥勒未成佛前的菩萨形象）。

关于大佛的年代，《荣县志》的记载也是糊里糊涂："元丰十八年僧淳德凿像，元祐七年成。"元丰是宋神宗赵顼年号，只用了八年，《荣县志》所谓"十八年"，可能是"八年"之误。清同治《嘉定府志》则认为大佛出自唐人之手："大佛山，县东南一里，唐人刻大佛，高四十七丈，阔十五丈，亦凌云大佛之亚也。"

近年来，荣县新发现了几尊唐代大佛，比如二佛寺高8.5米的荣县二佛，古佛寺高4.6米的弥勒佛，望佳镇高8.72米的武官大佛，无一例外全为弥勒佛，可见唐时弥勒信仰在荣县颇为盛行。晚唐五代以来，中国几次农民起义，首领皆托言弥勒佛下凡，弥勒崇拜由此受到北宋朝廷的禁止，没有了弥勒崇拜的土壤，自然不会开凿弥勒大佛了。荣县大佛开凿于唐代的说法，似乎更为可信。

荣县有句俗话，"乐山大佛雄，荣县大佛美"，可眼前的荣县大佛风化斑驳，千疮百孔，已没有丝毫美感了。1943年，县长黄希濂来大佛寺，看到荣县大佛周身贴着金箔，以整修大佛为名，刮下金箔，尔后用不值钱的金粉涂上去，起初还光洁如新，没多久纷纷脱落，昔日饰彩贴金的巍巍大佛，从此伤痕累累。[1]

---

[1] 袁金泉：《荣县大佛的建造史和修缮历史》，《四川文物》，2001年第1期。

半月山大佛，巴蜀耗时最久的大佛

巴蜀诸大佛中，资阳半月山大佛排行老三，高22.25米，肩宽7米，头长4.3米，面相饱满，大耳垂肩，给人宽厚敦实之感，也是一尊善跏趺坐的弥勒佛。大佛旁的岩壁上，尚有明朝大政大夫、浙江等处提刑按察司佥事熊永懋撰写的《改古净悟院为大佛寺记碑》：

其寺旧名院，曰净悟，未稽创于何时。惟唐贞元九年，不知何许人，凿巨佛于悬岸之上，高可十寻，人或梯升至膝，手足皆虚，肃然而恐凛乎，其不可留也。其下柱础尚存，疑旧有楼阁，而今废矣。左则观音，普安有像，龙王有堂，其奇石则凿西域景及玄元地藏像于其上。宋绍兴元年，汝南梅修开钜佛眉目。皇明景泰七年丙子，山之人罗恕、严子恭等，以半月名山。……乃于弘治甲寅补巨佛残趾，瓮梯道以便往来。嘉靖甲申，观同山之曾永斗、罗道真，复建大殿楹如旧殿。丙戌，罗万魁、晏永甫、张伯良装塑神像凡六，龙神罗汉各一堂。梵容生动，如欲语者。岩下观音殿，新凿石洞，则厥徒相通所经谋也。他如庖厨，涸湢之属，观摩不修治如法。而门镌大石狮二，俨然王褒旧物，而工致尤精。琳呗互闻，钟鱼相答……[1]

半月山大佛称得上巴蜀耗时最久的大佛。大佛开凿于唐德宗贞元九年（793），此后工程一度中断，直到南宋绍兴元年（1131），居士梅修等人为大佛开凿眉目，历时三百余年之久的半月山大佛才宣告完工。从熊永懋记载来看，大佛旁边尚开凿玄元、地藏造像，玄元即太上老君，

---

[1] （明）熊永懋：《改古净悟院为大佛寺记碑》，见龙显昭主编：《巴蜀佛教碑文集成》，成都：巴蜀书社，2004年。

唐高宗李治封老君为"太上玄元皇帝",奉老君为祖,唐朝皇室的家谱得以神化。

大佛旁有寺院,古称净悟院,明代更名为大佛寺。弘治甲寅(1494),乡人为大佛补全残破的脚趾;嘉靖甲申(1524),复建大殿;嘉靖丙戌(1526),装塑神像,建龙神、罗汉堂。巴蜀的大佛,旁边往往有佛寺,比如乐山大佛旁的凌云寺,潼南大佛的二佛寺,荣县大佛的大佛寺,寺院因大佛而兴,大佛又因寺院得到妆彩、贴金,相互依存。

在无休止的岁月变迁与王朝更迭中,大佛寺也是浮浮沉沉,直到20世纪70年代才彻底消失。1950年,大佛寺改为公社小学,村民张学聪在这里度过了小学生涯,当时大佛寺大雄宝殿、玉皇庙、斋堂犹存,大雄宝殿供奉阿弥陀佛,四壁绘有《西游记》《封神榜》壁画。可惜好景不长,1971年,大佛公社新修小学,大雄宝殿被拆毁,壁画下落不明;1973年,大佛公社又将斋堂木料取下来,运到乡上修政府大院。

我走到大佛脚下,发现大佛双腿用青砂条石砌成,与红砂石身躯颜色迥异,如同古时女人的"三寸金莲"一般,小巧别致,与庞大的身躯不成比例。我的疑问在张学聪口中得到证实——20世纪六七十年代,不仅大佛寺被拆毁,大佛也是命运多舛。

半月山大佛,小女孩爬到佛身玩耍,还不足佛的手掌高

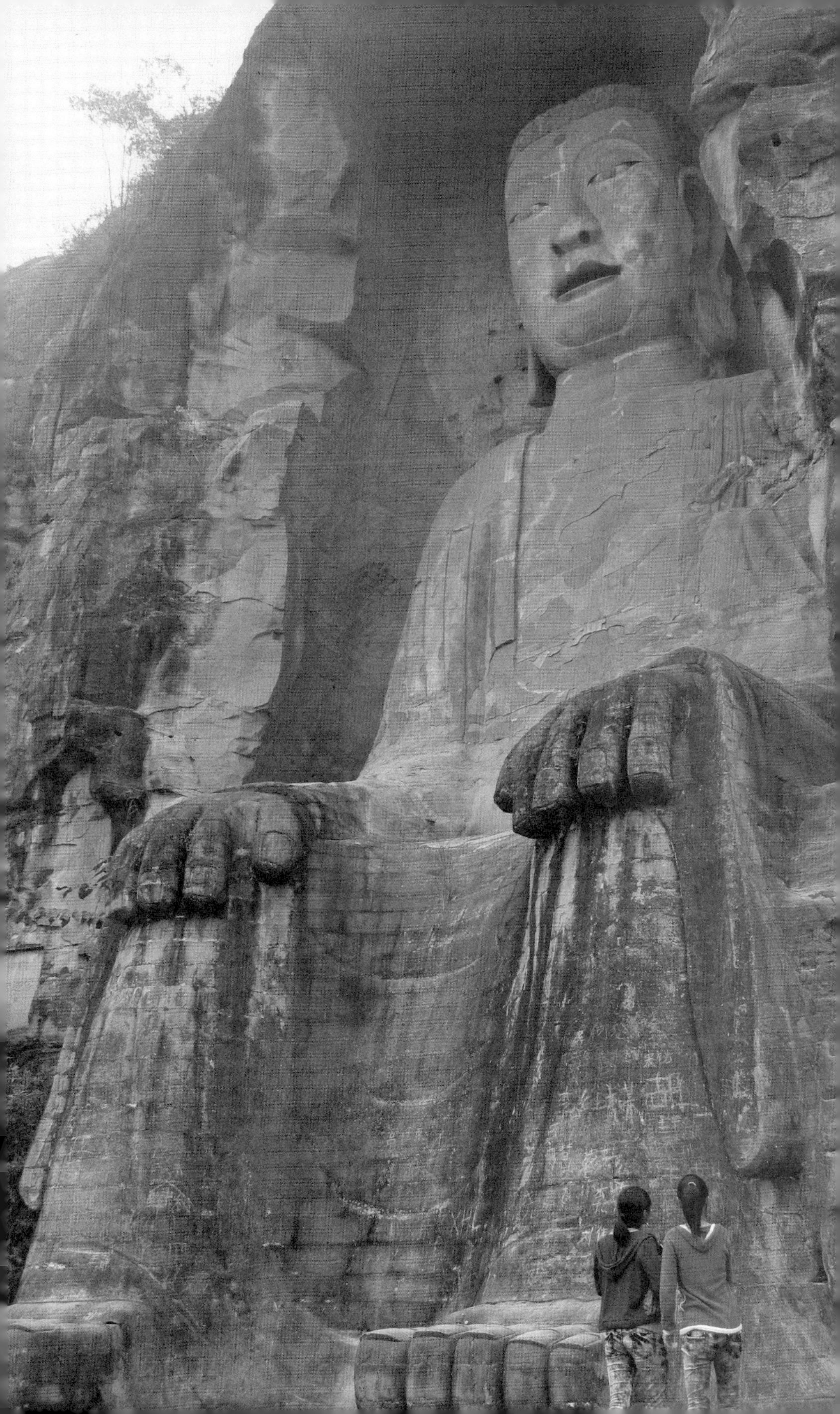

也就是在 1973 年，大佛公社"地、富、反、坏、右"（地主、富农、反革命、坏分子与右派）接到通知，命令他们到半月山砸大佛，一行人花了两天时间，将大佛的腿脚凿烂。有个叫刘以富的家里缺个水缸，就把大佛足大趾凿下来，找个石匠掏空了做水缸。今天看到的大佛腿脚，是十多年前才补上去的。

潼南大佛，僧人道士三百年接力

与半月山大佛一样，潼南大佛也可谓命运多舛。大佛从头顶开始雕刻，可惜刚雕到鼻子，就因资金不济中断。北宋靖康丙午年（1126），道士王了知看到岩壁上孤零零的佛头，心生感慨，募来工匠继凿，直到南宋绍兴二十一年（1151）方才竣工。王了知辞世后，僧人德修为大佛贴金，续修五层楼阁，宋代著名大居士冯楫的《南禅寺记》，记下这段往事：

邑出郭二里有南山，山有院，旧号"南禅"，本朝治平年中，赐额"定明院"。有岩面江，古来有石镌大像，自顶至鼻，不知何代开凿，俗呼为大佛。又有池，靖康丙午，池内忽生瑞莲。是岁有道者王了知自潼川中江来化邑人，命工展开像身，与顶相称，身高八丈，耳目鼻口，手足花座，悉皆称。越明年丁未，大水流巨木至岩下，遂得以为大殿，定"虚处杰阁"。阁才建一层，了知于乙卯年倏尔去世。寺僧德修继之，并依德修舍缘道者蒲智用协力增建佛阁，通为五层，尽用琉璃以覆护百尺像。辛未，复入细磨砻，佛像宛如塑出。主僧德修于绍兴壬申仲春远来泸南告予，佛已就，惟缺严饰，化予妆銮。予遂舍俸以金，彩装饰成，佛如金山，据于琉璃阁，金碧争光，晃耀天际，退迩具瞻，咸叹希有。

复求记其始末。[1]

从冯楫的记载来看，绍兴年间，潼南大佛的始凿年代已难以稽考。2013 年维修大佛时，曾发现"七月廿一日两人／长庆四年／十一月下手三人／至十二月廿日"题记，长庆是唐穆宗年号，长庆四年为 824 年，潼南大佛的始凿时间，当在长庆年间。

完工后的潼南大佛高 18.43 米，头长 4.3 米，也是一尊善跏趺坐的弥勒佛。自长庆四年始建至靖康丙午续修，虽历经三百余年，且是僧人、道士先后主持开凿的，大佛却浑然一体，棱角分明，比例协调。自佛教传入中国以来，为了争夺信徒与生存空间，一直与本土的道教有着激烈论战，佛、道两教的每一次论战，大量寺院动辄被毁，僧尼还俗，造成剧烈的社会动荡。潼南大佛却是佛、道先后接力、协同开凿而成，在巴蜀大佛中可谓绝无仅有。

巴蜀大佛开凿完工后往往贴有金箔，就连高达 71 米的乐山大佛，唐代都是"百丈金身开翠壁"，通体贴着金箔的。潼南大佛完工后第二年，时任泸州知府的冯楫慷慨地捐出俸禄，给大佛贴金。冯楫官至敷文阁直学士、左中奉大夫、潼川府路兵马铃辖、泸南沿江安抚使、知泸州军州，他曾在大石妙高山营造石窟，又在泸州修建报恩塔，是蜀地著名的大居士。经过几代供养人的接力，潼南大佛才得以建成。

---

1 （宋）冯楫:《南禅寺记》，见龙显昭主编:《巴蜀佛教碑文集成》，成都：巴蜀书社，2004 年。

它们是不是乐山大佛的蓝本？

巴蜀诸多大佛，阆中大佛体量不大，高 9.88 米，身着大 U 字领袈裟，足踏莲台，左手抚膝，右手施无畏印，背后浮雕高约 10 厘米的千佛，密布整窟。《东山大像精舍何居士记》载，何居士原本住在大像山对面蟠龙山脚下，一日遥望南岸，隐见神仙在岩壁往来上下，遂移居至此，募来工匠开凿大佛，历时三十余年，直到唐元和四年（809）方才完工。据此推断，阆中大佛开凿于大历年间（766—779）。此外，安岳清流乡上大佛高 7.4 米，资阳骑龙坳祈尼山大佛高约 10 米，蒲江大佛寺大佛高 5.25 米，均为弥勒坐佛。

乐山大佛开凿于唐开元初，如果这些弥勒大佛是其蓝本，无疑在此之前就应完工，因为蓝本本是试验品。事与愿违，乐山大佛却是巴蜀最早开凿的大佛，其他大佛的年代明显晚得多：阆中大佛 809 年完工；半月山大佛 793 年动工，1121 年完成；潼南大佛更是晚在 1151 年才开凿完毕，此时距离乐山大佛完工已经三百余载了。

况且，倘若果真开凿了众多蓝本，无疑需要一笔庞大的钱粮作为支撑。乐山大佛由僧人海通发起开凿，之后在章仇兼琼、韦皋等人的资助下，磕磕绊绊历经九十载才完工，在大佛尚且无法保证的前提下，怎么会有钱粮与人力遍地开凿蓝本呢？蓝本之说，恐怕是子虚乌有。那尊半身的仁寿牛角寨大佛，其真实原因恐怕也不是因为蓝本，而是耗时日久，无力维系了。

既然并非乐山大佛蓝本，为何唐代巴蜀大佛林立？贞元十九年（803），乐山大佛完工后，恢宏的体积与庞大的气魄，几乎流传到蜀地的每个郡县，盛唐之后，四川郡县佛教氛围热烈，百姓纷纷加入到造像的行列中，他们效仿乐山大佛，在郡县挑选岩壁开凿大佛。所谓蓝本，其实是模仿者。若干年后，大佛建造的故事业已失传，百姓乐于将郡县中的大佛与乐山大佛联系起来，蓝本的说法，既为本地大佛的体积找到了合理解释，又从年代上显示出比乐山大佛更为久远的历史。

巴蜀大佛，以弥勒坐像最为常见。佛经记载，弥勒生于南天竺婆罗门家中，当释迦涅槃56亿7千万年之后，它将从兜率天宫下生人间，于华林园龙华树下成佛，广传佛法以普渡众生，也就是通常说的未来佛。《佛说弥勒来时经》描绘了弥勒成佛时的盛世：雨泽随时，谷稼滋茂，树上生衣，寒暑自用，百姓少贪淫、嗔恚，寿命有八万四千岁。

从南北朝开始，中国人就按捺不住对弥勒净土的向往，揭开了弥勒造像的大幕。弥勒在中国主要有三种形象。南北朝时期的弥勒，大多为交脚菩萨形象，其代表作便是敦煌莫高窟275窟交脚弥勒，头部方中带圆，鼻梁高隆，眼球外突，体态健硕，具有西域少数民族特点。大约从北魏开始，中国出现了着佛装、善跏趺坐的弥勒佛，此形象持续至晚唐五代。国人熟悉的咧嘴长笑、身荷布袋、袒胸露腹、盘腿而坐的胖和尚形象的弥勒佛，其实是五代以后才出现的，学术界普遍认为原型是五代高僧契此，契此常常拿着布袋乞食，口诵偈语："弥勒真弥勒，分身千百亿。时时示时人，时人自不识。"

盛唐之后，身着佛装、善跏趺坐的弥勒佛在巴蜀极为盛行，弥勒与二弟子、二菩萨的组合，是此时常见的造像题材。此外，弥勒佛也与过去燃灯佛、现在释迦牟尼佛同列一龛，寓意过去、现在、未来，称"三世佛"，中国的三世佛龛，往往释迦牟尼佛居中，而巴蜀许多佛龛，弥勒佛却将释迦牟尼佛挤到了一边，在七佛龛中，甚至干脆取代释迦牟尼佛的位置了。

唐代弥勒崇拜的流行，或许与武则天的推波助澜不无关联。高宗、武后当政年间，是弥勒佛在中国的极盛时期，由于弥勒将取代释迦牟尼主宰世界，这就为武则天改朝换代提供了理论依据。史料记载，薛怀义曾伪造一部《大云经疏》，言武则天是弥勒化生，武则天大喜，令全国郡县广为传抄。证圣元年（695），武则天自加尊号为"慈氏越古金轮圣神皇帝"，自称弥勒下凡。

唐代不少士大夫皆崇信弥勒，又以诗人白居易为甚，大和九年（835）夏，63岁的白居易与长寿寺与比丘道嵩、存一、惠恭等人受八关斋戒，祈愿往生兜率净土。开成五年三月（840），他还写过一篇《画弥勒上生帧记》：

常日日焚香佛前，稽首发愿，愿当世来世，与一切众生，同弥勒上生，随慈氏下降，生生劫劫，与慈氏俱，永离生死流，终成无上道。[1]

在这股风潮影响下，武周延载二年（695）与开元九年（721），敦煌莫高窟先后开凿35.5米与26米的弥勒佛，即著名的"北大像"与"南大像"，明丽秀雅，雍容高贵，将大唐盛世的气度彰显无疑；永靖炳灵寺、武威天梯山也先后营建弥勒大像，炳灵寺第171窟弥勒佛高27米，天梯山第13窟倚坐大佛高23米，在中国刮起一股兴建弥勒大佛的热潮。

巴蜀早期弥勒大佛，当属广元千佛崖第138窟"北大像"，高约4米，磨光肉髻，双颊丰腴，带有初唐之风。就年代而言，北方、中原大佛出现的时间更早，可见大佛之风是从北方、中原吹到巴蜀的，而巴蜀大佛的规模却有过之而无不及——71米的乐山大佛、36.67米的荣县大佛、22.25米的半月山大佛都堪称唐代大佛的佼佼者。如果说唐代是一个大佛林立的时代，巴蜀则将这场大佛之风推向了高潮。

自开元初和尚海通筹建乐山大佛以来，一尊尊大佛在巴山蜀水间岿

---

[1]（唐）白居易：《画弥勒上生帧记》，《白居易文集校注》，中华书局，2011年。

重庆涞滩大佛地处合川区东北向 45 公里的鹫峰山上，高 12.5 米

阁中大佛高 9.88 米，身后浮雕千佛

荣县后龙山大佛,当地人坐在佛像底下,
还没有佛祖的膝盖高

然而立，或脚踏大江，或栖身农田，或藏身于空寂的山谷，或在破败的古刹中无人问津……虽然陆游关于乐山大佛蓝本的记载只是传说，这些遍布巴蜀的大佛，无疑是中国最集中、延续时间最长的大佛群落。"安史之乱"后，中国经济重心南移，巴蜀已取代中原成为中国佛教造像的中心，各地石窟如雨后春笋一般出现，巴蜀大佛的兴起，实是佛教石窟艺术南下的背影。

乐山大佛的供养人，为僧人海通、唐玄宗以及两任西川节度使章仇兼琼与韦皋；潼南大佛始凿者不详，道士王了知，潼川府路兵马钤辖、泸南沿江安抚使冯楫接力；阆中大佛由何居士募集工匠开凿。表面来看，王室、官吏、僧人、道士是大佛供养人，但大佛工程浩大，动辄数十年，商贾、船工、走卒、贩夫、文人、农夫纷纷加入到捐资造像的行列中来，诸多唐代大佛，与蜀地百姓近乎狂热的宗教氛围实是分不开的，他们或许才是大佛真正的供养人。

有形的大佛依旧栖身于山林幽谷，无形的大佛数目或许更为恢宏。行走在巴山蜀水间，我碰到了许多与"大佛"有关的地名，比如大佛岩、大佛沟、大佛坝、大佛寨、大佛沱、大佛院等。在宜宾大佛坝，我在当地未曾看见大佛，村民说，村里最早是有大佛的，不知哪个朝代消失了。的确，岁月流逝与王朝变迁，往往会令大佛遍体鳞伤，甚至永远消失，巴蜀过去的大佛数目，远比今天所能见的更为庞大。那些叫"大佛"的地名，让我触摸到巴蜀大佛文化最真实的脉搏，也暗示着唐时的巴蜀是一个梵音缭绕、法相庄严的大佛之国。

金戈铁马,乱世离苦

中晚唐——五代

代表造像　帝释天、毗沙门天王、僧伽三十六化、地狱十王、观音地藏合龛、不空羂索观音、药师经变、花聚菩萨、延寿命菩萨、阿弥陀佛与五十二闻法菩萨、白衣观音等。

代表石窟　资中重龙山、御河沟，内江圣水寺、高梁寺、东林寺、资圣寺，蓬溪新开寺，仁寿光芒千佛崖，眉山丈六院等。

供养人

冯元庆、元弘习、苏罕宾、吴行逢、刘定礼、冯铢、王景延、萧延章、邓喑、罗元靖、李开、萧元敬、张景嶙、吴思顺、吴思谦、黄祖要、徐庆、杨钊、杨承进、杨承初、张弘礼、刘安文、黎讯、王宗建、罗靖、罗宥、赵亮、何戒伦、赵戒严、僧人令琯、比丘多温、沙弥智海等。

晚唐五代，中原战乱频繁，寺院荒废，大规模开窟早已停止，四川虽偏安一隅，但遍地开花的石窟盛况也趋于平静，东大路沿途的资中、内江，石窟艺术却走向兴盛。"拉不完的成都府，填不满的重庆都"，出成都东门，150里到简州，220里到资州，再228里经昌州到龙尾驿，[1]这条古道，即"东大路"。肩挑背驮的挑夫，骑着高头大马的官吏，背着黄卷的僧侣，以及马蹄声疾卷一路黄尘而来的信使，虔诚地捐资开龛，"东大路"俨如石窟长廊。

咸通二年至十年间（861—869），南诏三次攻袭西蜀，一时间，蜀中人人自危。咸通六年春天，资州都虞候冯元庆捐资开凿了一龛毗沙门天王。与他一样，资州的许多将士，纷纷在重龙山开龛，希望天王能保佑平安，战无不胜。在城西西岩，忠勇拱卫功臣、银青光禄大夫、检校尚书、左仆射、使持节资州诸军事、守刺史、兼御史大夫元弘习等人于天成四年（929）造毗沙门天王像，此时蜀地暗流涌动，节度使与后唐朝廷分庭抗礼，威武的天王，或许正是元弘习乱世中的慰藉。

在资州内江县，唐乾宁三年（896），徐庆为亡妻阿谢造一佛二菩萨；在清溪县，永平二年（912），县令杨

---

[1] 蓝勇：《四川古代交通路线史》，西南师范大学出版社，1989年。

钊与戎昭军将领杨承初、杨承进、张弘礼等人联合捐资造阿弥陀佛与五十二闻法菩萨。

佛教传入中国后，地狱观念与幽冥观念结合，地藏菩萨取代了中国传统的土伯、主藏君、主藏郎中，以地狱拯救者的角色，与阎罗王、秦广王、初江王等十王一起，受到世人追捧。地藏菩萨的流行，与孝道文化密不可分，在崇尚孝道的中国人看来，让双亲免除地狱轮回之苦，是至孝的表现，这是地藏与十王信仰流行的土壤。光化二年（899），黎氏的夫君，在城西御河沟为她造了一龛十王像，在内江翔龙山、圣水寺，安岳圆觉洞，地狱十王的造像比比皆是。

晚唐五代，四川境内其他地区尚有零星开龛。在仁寿县崇贤里，乡民罗靖、何戒伦等九户人家联合开凿了弥勒佛、观音、大势至等。罗靖又为小儿之玉凿了龛延寿命菩萨，这是蜀地少有的题材；何戒伦与妻子，则选择了少见的帝释题材。

眉州丈六院唐开元年间已有开龛，至五代依旧不绝。后蜀明德元年（934年），僧人令琯开凿了一尊白衣观音，题记今存：

敬造白衣观自在菩萨一身。僧令琯为全家施主延年益寿造，明德元年八月十日镌了。

白衣观音是五代流行题材，两年后，比丘多温与沙弥智海也各自造了龛白衣观音，从题记来看，供奉观音，有延年益寿、得获平安等好处：

平安造□□以明德三年□月……/敬造白衣观音菩萨一身沙弥智海自身/平安造/敬造白衣观音菩萨一身比丘多温自身平安造。

在蓬溪县，大中十四年（860），黎讯施钱五百文，开凿千手观音，现编号新开寺1号龛："道佛、道徽等永为供养，妻阿雍斋娘、世二娘、世三娘，男道儒、道镌、道侗一日下午至，咸通元年十二月七日工毕。右弟子黎讯发愿敬造，大中十四年十月敬造大悲观音菩萨一铺，□□□□□施钱五百文。"[1] 在绵州魏城县（今魏城镇），中和五年（885），王宗建造水月观音并须菩提像，"敬造水月观音菩萨一身并及须菩提，弟子王宗建敬造。中和五年二月廿三日设斋表庆了"。

---

1 邓鸿钧：《新开寺唐代摩崖造像初探》，《四川文物》，1989年第5期。

简州，同光景戌，都虞候刘文安为亡室造阿弥陀佛，此事载于《金石苑》，今已不存："敬镌造阿弥陀佛壹身，右奉为亡室扶风郡惠氏，以同光景戌载六月景戌朔十六日辛丑设斋表赞讫。权土客军都虞候、检校刑部尚书、兼御史大夫刘安文记。"[1]据刘长久先生考证，景戌即丙戌，为926年。[2]

晚唐五代，东大路沿途的内江、资中，既有金戈铁马，又有地狱之苦，却孕育着新的火种，并对安岳、大足石窟影响深远。

---

1 （清）刘喜海：《金石苑》，成都：巴蜀书社，2018年。
2 刘长久：《中国西南石窟艺术》，成都：四川人民出版社，1998年。

崇贤里的广明二年

仁寿县境内分布着坛神岩、杀人槽、千佛寺等石窟群，又以光芒千佛崖最有特色。广明二年（881），桐林乡崇贤里乡民罗靖、何戒伦、赵亮等九户人家，或以家庭为单位，或数人联合开龛。罗靖捐资的延寿命菩萨，是蜀地少见的题材；何戒伦的帝释，或许与一部风靡唐朝的经书有关。晚唐乱世，供养人留下了他们的烦恼、哀伤、恐惧，也留下了四川乃至中国石窟的新题材。

千秋万岁，寿命延长

广明二年（881）三月廿八日，陵州（北周始置，晚唐辖仁寿、贵平、始建、井研、籍县五县，治所位于仁寿县）仁寿县桐林乡崇贤里，乡民罗靖走出家门，来到寺院，蜀地的春天姹紫嫣红、桃红柳绿，是一年中最好的光景。几个月前，他拿出积蓄，找来工匠，为小儿之玉，开凿了一龛延寿命菩萨，今日已完工了。菩萨头戴宝冠，宝缯垂肩，面部饱满，身着天衣，璎珞蔽体，善跏趺坐于双层方座之上，脚踏莲台，顶悬华盖。龛窟上部左右各有一朵祥云，云上三尊坐佛，下部两位供养菩萨手捧香合，面向菩萨胡跪。

不知罗靖可曾听说，两个月前，当今天子唐僖宗逃到了成都，黄巢义军在长安焚烧市肆，掠夺财产，诛杀官吏、皇族，长安城陷入水深火热之中。晚唐天下纷乱，时局动荡，老百姓的命运如同一叶扁舟在狂流中颠簸，生活安定、延长寿命成为他们在乱世中的渴望。石窟完工后，

仁寿光芒千佛崖全景

右图　光芒千佛崖延寿命菩萨，供养人罗靖捐造

罗靖让工匠加上了两则题记："敬造延寿命菩萨一龛永为供养""桐林乡崇贤里……靖弟子为男之玉……延长造，因斋庆过……广明二年三月廿八日弟子罗靖供（养）。"[1]

延寿命菩萨是中国佛教造像少见的题材，此前仅在新疆吐峪沟、敦煌莫高窟等地发现帛画、绢画。吐峪沟帛画长102.6厘米，宽59.5厘米，菩萨戴宝冠、佩璎珞，面相圆满，弯眉细长，左有楷书"南无延寿命长寿王菩萨"。

法国吉美博物馆收藏了一幅伯希和从敦煌带回的绢画，菩萨头戴化佛冠，戴金色项圈、手钏，面部老成，似有慈悲之态，结跏趺坐于方形座上，双手于胸前持法器，左手平托底部，右手大拇指与食指捏住法器柄。左上方有题榜一则：南无延寿命菩萨一心供养。绢画下方有供养人六身，左三身男性，右三身女性，每尊有墨书题榜，从左至右依次为：施主男知步卒队头阎宗儿供养、（不清）、故父节度押衙知副乐荣使阎□□一心供养、故慈母王氏一心供养、施主新妇刘氏一心供养、施主新妇王氏一心供养。由此看来，延寿命菩萨由阎氏一门捐资，阎宗儿是步卒队头，其父曾任节度押衙，在刀光剑影中摸爬滚打，可能比常人更易感受到生命的易逝。

---

[1] 仁寿光芒千佛崖未有简报发表，题记系作者抄录，下同。

金戈铁马，乱世离苦　231

唐代的敦煌，曾有《续命经》《延寿命经》传世，此经被证实是伪经，但因贴合了中国人的延命、荐亡思想，因而广为流传，供养人以抄经、绘画积累功德。敦煌藏经洞 P.2805《佛说摩利支天经》末尾载：

> 天福六年辛丑岁十月十三日，清信女弟子小娘子曹氏敬写《般若心经》一卷、《续命经》一卷、《延寿命经》一卷、《摩利支天经》一卷。奉为已躬患难，今经数晨，药饵频施，不蒙抽减，今遭卧疾，始悟前非。伏乞大圣济难拔危，鉴照写经功德，望仗危难消除，死家债主领资福分，往生西方，满其心愿，永为供养。[1]

《延寿命经》《续命经》流传到巴蜀，四川、重庆此前虽未发现延寿命菩萨，但安岳、大足等地已有长寿王菩萨发现。安岳石锣沟位于长河源乡石锣村四组，现存29龛，第3龛为一善跏趺坐的菩萨，左上方浮雕一盝形题记：

> 今有当州在郭居住陇□西□教使李约之，伏为堂前二亲，就□善乡安乐院，龛内装銮镌造长寿王菩萨兼左右千秋男、万岁女同共一龛，已获成就，今择吉日，持赇赂就院，邀僧度赞，唯冀题讫以后，希一身灾星不县（悬）于命宫，福曜常臻于运上，愿乞堂前二亲各希泰，膝下女男常为佐□□□□。皇祐五年岁次癸巳三月辛丑朔十二日壬子□□僧表题讫。[2]

宋仁宗皇祐五年（1053），李约之为他的双亲在安乐院开凿了长寿

---

1 李小荣：《〈佛说续命经〉研究》，《敦煌研究》，2010年第5期。
2 雷玉华、董华锋等：《四川安岳长河源石锣沟摩崖造像调查简报》，《文物》，2017年9期。

王菩萨，以及千秋男、万岁女。李约之陇西人氏，当时任的可能是普州教练使一职。万岁千秋，亦写作"千秋万岁"，出自《战国策·楚策》："（王）仰天而笑曰：'乐矣，今日之游也。寡人万岁千秋之后，谁与此乐矣？'"[1]后人将千秋、万岁附会成神灵。此外，在大足石篆山，元祐五年（1090），庄园主严逊捐资开凿了14龛造像，以作水陆法会之用，其中就有长寿王龛。

千秋万岁，寿命延长。从晚唐开始，延寿命、长寿王菩萨的信仰在蜀地悄然流传开来，成为乱世之中蜀人的慰藉，宋代仍有余绪。

九户人家，联合造像

罗靖平日里一心向善，尤喜吃斋念佛之事，时常游走于乡间教人行善，又联合其他八户人家，开凿了几龛造像，同样在三月廿八日完工，并举行了盛大的斋会。寺院里香火弥漫，念经声缭绕，刚刚完工的佛祖、弟子、菩萨法相庄严，岩壁上两则楷书题记，记载了这段往事：

右弟子玖户□合家平安□龛 欢惠五谷 男出成熟□户寿命延长 头首罗靖 弟子罗宥 弟子宋直 弟子宋晈 弟子□弟子□读 弟子赵亮 弟子何宥 院主何戒伦 众户弟子永为供养 广明二年三月廿八日弟子……庆过□沙门罗宥造。

释迦牟尼佛 龙来龛 玖户等敬造弥勒尊佛 观世音 势至菩萨 永为供养 如有设斋念佛有大……

---

[1] （西汉）刘向撰、缪文远等校注：《战国策·楚策》，中华书局，2012年。

左图　渣口岩石窟，龛口线描供养人造像
右图　仁寿境内石窟众多，图为渣口岩石窟，龛楣浅浮雕尼女针像

　　以罗靖为首的九户人家，各舍了些银子，联合开凿了弥勒佛、观世音、势至、释迦牟尼佛、龙来龛等。题记中出现了"院主何戒伦""沙门罗宥"信息，可见当时的崇贤里附近可能有座小型寺院。唐代西蜀大地上，小型佛寺多如繁星，满足了百姓开凿造像的需求，这也是四川石窟为数众多的原因之一。

光芒千佛崖地处仁寿县顺龙村，现存 37 个大小龛窟，大多残损，春节刚过，荒草中插着几只未燃尽的香烛，以及发黄的纸钱——春节前，乡民上山祭祖，往往多抓一把插在石窟前，荒野中的佛像才迎来久违的香火。罗靖等九户的造像记，位于大佛龛左右上角，大佛脸型方正，面目漫漶，头部隐见螺髻与高肉髻，颈下三道蚕纹，身着交领袈裟，胸部以下业已损毁，似为善跏趺坐，两侧各有二菩萨，可能是题记中的弥勒佛与观世音、势至菩萨了。

临近的一龛，龛中人物众多，释迦牟尼佛结跏趺坐于方座上，迦叶、阿难分列左右，十大弟子簇拥在他身边，文殊、普贤骑在青狮、白象上，两条飞龙从菩萨的头光中穿过，龙首回顾，似有腾云驾雾之感，或许就是题记中的"龙来龛"了。

倾听者与拯救者

虽然参与了九户造像，何戒伦仍不满足，他又在罗靖的延寿命菩萨旁边，觅了个方寸之地，开凿了一个新龛窟，六月十九日完工。

何戒伦龛至今犹存，这是个方形龛，正中设台，台上三尊立像，主尊头部已残，缯带隐约可见，身着长袍，双手于胸前合十持麈尾；左侧造像业已斑驳，右侧似为女子，头部半残，双手于胸前持物。右壁的楷书题记，成为确定造像身份的依据：

敬造帝释一龛，右弟（子）何戒伦妻赵戒严男女等平□□至万（倍？），六畜孳盛，男顺女贞，敬造前件功德，永为供养。广明二年六月十九日弟子何戒伦永为供养。

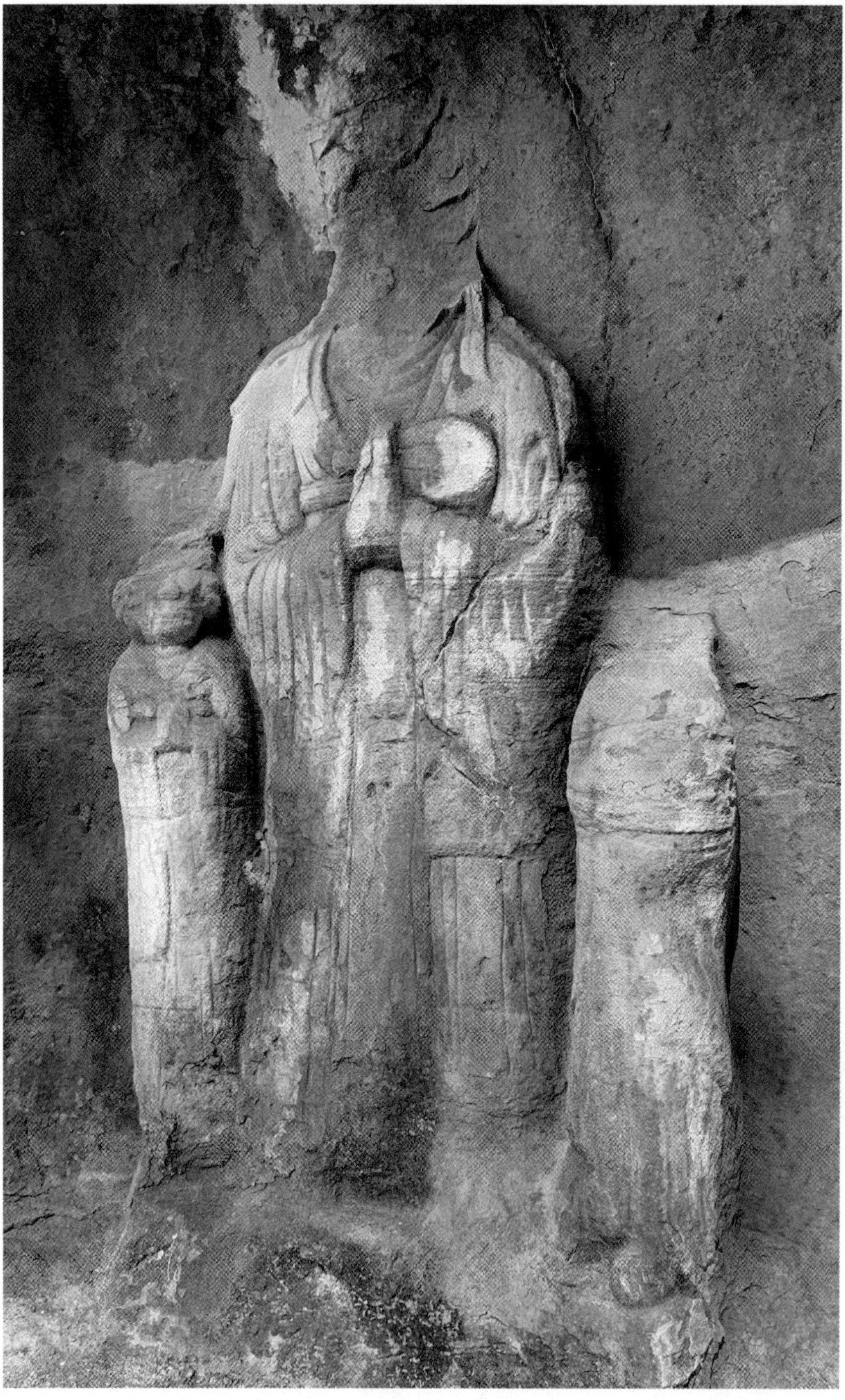

广明二年，何戒伦跟妻子赵戒严
捐资开凿了帝释龛

帝释，全名释提桓因陀罗，本是印度教神灵，后被佛教吸收为护法神。佛教传入中国后，帝释形象亦在中国大地流传，作为二十四诸天之一，与梵天、大功德天、大辩才天、鬼子母、日宫天子、月宫天子、韦陀等成为寺院护法神。《水浒传》第六回"九纹龙剪径赤松林，鲁智深火烧瓦罐寺"，鲁智深在山中遇到一座破败的寺院，钟楼倒塌，殿宇荒废，"诸天坏损，怀中鸟雀营巢；帝释欹斜，口内蜘蛛结网。"

唐代寺院帝释壁画流行，吴道子、杨庭光、杨仙乔、赵温齐、赵德齐等画家曾在长安、洛阳、成都寺院中绘下诸多帝释、梵天像。《历代名画记》载，"安国寺……西廊南头，院西面堂内南北壁，并中三门外东西壁梵王帝释，并杨庭光画，三门东西两壁释天等，吴画，工人成色，损。"成都大慈寺唐代壁画闻名，其中就有赵温齐、范琼等所绘"帝释梵天图"六十八间：

> 举天下之言唐画者，莫如成都之多；就成都较之，莫如大圣慈寺之盛。……总九十六院，按阁、殿、塔、厅堂、房廊、无虑八千五百二十四间。画诸佛、如来一千二百一十五，菩萨一万四百八十八；帝释、梵王六十八；罗汉、祖僧一千七百八十五；天王、明王、大神将二百六十二；佛会、经验、

变相一百五十八堵……[1]

唐代的成都，帝释壁画流行，但李之纯并未记载帝释的模样，恐怕还是类似护法神的形象，这一点也能在《益州名画录》中得到证实："赵温奇者，公祐子也。幼而颖秀，长有父风。父殁之后，于大圣慈寺文殊阁内继父之踪，画北方天王及梵王、帝释、大轮部属。大将堂大将部署并梵王帝释。"[2]

有意思的是，光芒千佛崖的这尊帝释，却并非我们熟悉的护法神形象，身形纤细，举手投足间如同女性。无独有偶，仁寿能仁寺有龛造像，主尊同样身着长袍，双手于胸前持麈尾，两侧有二侍女，也可认定为帝释龛。主尊面部半损，布满青苔，女性特征却极为明显。

帝释前身为摩揭陀国婆罗门，与三十二位友人发心修迦叶佛塔基，从此升为忉利天主，居住在三十三天上。伴随着佛教的流传，帝释形象也发生转变。在《妙法莲华经玄赞》中，三十二位友人中四人的身份成了女性，分别是善法夫人、圆生夫人、欢喜夫人、设支夫人。而在唐代《维摩经略疏》中，帝释干脆摇身一变为女子了。汉传寺院中，帝释常以女相出现，"如散花供养天女"。山西大同善化寺中的帝释，面容娟秀，明眸善睐，状若后妃；北京法海寺的帝释雍容华贵，有贵妃之气——仁寿光芒千佛崖、能仁寺，验证了唐代帝释形象的转变，也填补了中国唐代石窟帝释的空白，可谓弥足珍贵。

中国现存的帝释，大多为护法神，何戒伦单独供奉帝释，究竟有何用意？中晚唐时期，一部密宗经文几乎席卷了大唐王朝的每个郡县，这

---

1 （宋）李之纯：《大圣慈寺画记》，《全宋文》第一百一十册，上海辞书出版社、安徽教育出版社，2006年。
2 （宋）黄休复撰，何韫若、林孔翼注：《益州名画录》，成都：四川人民出版社，1982年，

仁寿能仁寺帝释天像

便是《佛顶尊胜陀罗尼经》，此经宣传有地狱拯救的功能，能将死者从地狱中拯救出来，免受地狱之苦：

善住天子一日在三十三天游玩，天女围绕，欢喜游戏。夜间，善住天子忽然听到声音，说他七日后寿命将绝，命终后返畜生身，受地狱之苦，从地狱挣脱后，虽得人身，但出生贫贱，在母胎中即无双目。善住天子闻讯大为惊恐，急忙向帝释求助。帝释入定谛观，看到善住天子变身为猪、狗、蟒蛇、兀鹫等，却也无计可施，遂前往誓多林园求助于世尊。世尊传授《佛顶尊胜陀罗尼经咒》，言此经能净恶道，除罪业，破地狱，免除六道轮回之苦。

在风靡唐朝的《佛顶尊神陀罗尼经》中，帝释充当了倾听者与拯救者的角色，听到善住天子求救后，他向世尊求得这部经咒，并将之带回人间。何戒伦曾任院主，颇为熟悉佛教经文，这或许是他选择帝释的原因。帝释龛左侧为延寿命菩萨，下方为地狱十王，皆与死亡相关。崇贤里的乡亲，更在乎生命的延续，摆脱暗无天日的死亡与地狱。

荒野中的光芒千佛崖，却又隐藏着一些独特题材。龙来龛左侧有个奇怪的小龛，佛祖身着通肩袈裟，头部不存，腹部以下残损，小臂张开，手势虽然不清，但其造型、姿态，与广元千佛崖582号龛、535号龛中编号29、37、40的三个小龛相似，表现的是释迦牟尼降服外道的场景，称为瑞像。

广明二年夏天，罗靖、何戒伦等人的龛窟陆续完工，在他们的影响下，崇贤里的乡民，来来往往的行旅，也捐资开凿了一佛二弟子二菩萨二天王、观音地藏、观音等，但龛窟规模不大，雕刻工艺也不精美。许多龛窟并未完工，工匠只打了个粗坯子便草草收场，究竟是战乱，还是财力不济？供养人并未留下线索，我们不得而知。再后来，佛寺破败，崇贤里的乡民，很少再来光顾了。

光启元年（885）正月，唐僖宗从成都出发，返回长安，此时的唐朝，表面上摆脱了黄巢义军的噩梦，但经此一劫，老迈的大唐王朝分崩离析，节度使各自为政，朝廷能号令的，惟有河西、山南、剑南、岭南数十州而已，一场更大的灾难正在酝酿中。

或许，崇贤里的尽头，就是唐朝的终点。

咸通六年
大唐都虞候与资中石窟

资州重龙山，唐咸通年间，都虞候冯元庆捐资开凿了一龛毗沙门天王，与冯元庆一样，资州许多将领也在重龙山捐资开凿天王像，希望威武的天王能保佑军队战无不胜，却是他们脆弱心灵的见证。城西御河沟，无论是恐怖的地狱十王，抑或是玄妙的不空羂索观音，无不飘荡着唐人的哀伤。

北方天王背后的乱世

大唐咸通年间（860—874）的一天，资州（治今资中县）都虞候冯元庆策马来到重龙山北岩院，找来方丈，施了些碎银，请工匠镌刻一龛北方天王（也称毗沙门天王）。都虞候是古时武官，在军中负责执法，地位较高；《水浒传》里陷害林冲的陆谦，任的则是低级的虞候一职。

冯元庆生活的时代，西蜀大地颇不安宁，唐文宗大和三年

（829），南诏军队入侵西川，以蜀卒为向导，一路势如破竹，攻入成都外城，掳掠数万百姓、工匠以及大量珍宝而返；咸通二年、四年、五年，南诏军队又三次进军巂州（治今西昌），一直打到邛崃关附近，这让在军中任职的冯元庆忧心忡忡。石窟完工那天，冯元庆让工匠刻上了这则题记："敬造北方天王一躯，弟子当州都虞候冯元庆，愿合家大小平安，咸通六年四月十八日□毕。"[1]

冯元庆的这龛造像高不足 1 米，天王上身披挂环形甲，下身着长条形锁子甲，坐在小鬼身上，身后有牛角形背光，头部虽已残损，却仍透露着一股英武之气。左边侍立持杖武士，右侧站立捧钵女子，他们是天王的眷属——独健与吉祥天女，《封神演义》中的哪吒，也是天王之子。《大方等大集月藏分经·毗沙门天王品第十四》载天王有九十一子，其中二子独健、三子哪吒，石窟中以独健最为常见。

冯元庆龛编号 49 龛，邻近的 48、50 龛均为天王龛，大小相差无几，此外，第 21、27、56、58、64、79、88、106 龛主尊也是天王，这也使得重龙山成为四川天王最集中的区域之一。88 号龛高约 3 米，是现存最大一龛，天王身披两当甲，飘带飞舞，靴子底下两个夜叉做奋力抬举状；79 号龛天王头戴三面宝冠、身披明光甲，表甲、肩甲、腰甲、胫甲尚保存完整，连护镜上的漩涡纹也清晰可见，腹部悬挂着小刀，宛如全副武装的唐朝军官。《唐六典》记载了明光铠、光要铠、细鳞铠、山文铠、白布甲、步兵甲等十三种铠甲，以明光甲最为流行，此甲胸、背各有左右两片椭圆形的护镜，太阳照耀下发出闪烁的"明光"，因而得名。

北方天王的流行，许与中晚唐频繁的战争不无关联，《毗沙门仪轨》记载了一个生动而离奇的故事。天宝元年（742），西蕃、大石、康三国

---

[1] 王熙祥、曾德仁：《四川资中重龙山摩崖造像》，《文物》，1988 年第 8 期。

围攻安西，告急的战报送到朝廷，唐玄宗向不空和尚求助，不空建议请毗沙门天王领神兵相助，并与玄宗入道场祈请，念《仁王密语》十四遍。两个月后，安西遣使来报，城东北三十里忽地腾起烟雾，一支穿着金甲的部队从天而降，擂鼓震天，地动山摇。三国军队惊慌失措，竞相退兵，军营中又涌出诸多金鼠，咬坏敌军弓箭器械，唐朝军队看到毗沙门天王在城楼现身。

唐朝末年战火纷飞，与吐蕃、南诏的战争更是占不到便宜，传说中能助阵杀敌的毗沙门天王也就成了军队的护身符，唐玄宗"诏天下军垒皆立毗沙门天王祠"，连军旗上都飘扬着它威武的形象，唐朝军队出征，亦要祭拜天王，诵《祭毗沙门天王文》。唐人段成式在《酉阳杂俎》中记载，军士背上刺有天王刺青，自言如此可得神助，勇力倍增，每月初一、十五，士兵焚香祖坐，裸露背部供妻儿参拜。由此看来，重龙山天王龛的供养人应以武将为主，他们无力率领军队在战场上杀敌，反而祈求天王带来虚幻的和平，威武的天王恰恰是大唐王朝走向衰落的标志。

资中城西御河沟也有龛天王，这是时任"忠勇拱卫功臣、银青光禄大夫、检校尚书、左仆射、使持节资州诸军事、守刺史、兼御史大夫、上柱国元弘习"与"镇国军使节押衙、左衙第二都头、充资州衙队苏罕宾""右都押衙吴行逢""摄录事参军刘定礼""摄磐石县令冯铢""军州孔目官王景延""勾当军将萧延章"等捐资的，碑文虽已斑驳，将领们开龛的良苦用心历历在目：

……天宝初，西……犬羊之众，万队豺狼之暴。肆凶式军陪于□□似有难色，都护告虔于 真圣。如响随声，是时 天王显……兴云雨而四望昏暗，鸣剑戟而百里晶□。电卷□氛，风驱丑类。洎咸通中，南蛮救乱，围逼成都。聚十万众……焚庐掠地。穷凶恣恶，列郡之将军未□。会府之城池将陷此际，天王茂昭圣力，遽显神威，楼上……耀光明之彩

金戈铁马，乱世离苦　243

石上众生

244

左上　资中御河沟大佛右侧的供养人，头戴幞头，手持笏板，其身份当为官员
左下　资中御河沟大佛左侧供养人，其中一位仰望大佛，头戴幞头，身着长袍，手持笏板
右图　资中御河沟供养人，他们脚下踏着祥云，可能寓意亡者

49 龛为都虞候冯元庆所开，旁边两龛毗沙门天王，大小布局相差无几，供养人的身份或许与冯元庆相似

四九

四八

四

重龙山毗沙门天王立像

重龙山毗沙门天王，身后有牛角形背光

这尊恢宏的毗沙门天王，下半身已荡然无存

色。蛮蜑瞻之而胆奢，酋豪视之而心□……[1]

龛窟完成于后唐天成四年（929），元弘习时任持节资州诸军事、刺史，乃是一方大员。天成年间，西蜀大地杀机四伏，东川节度使董璋与

---

[1] 《毗沙门天王像记》，《巴蜀佛教雕刻艺术史》，成都：巴蜀书社，2015年。

西川节度使孟知祥素有异志,见朝廷已有防备,遂起兵叛乱。天成四年十月,孟知祥麾下大将、都押衙高敬柔领资州义军两万人围遂州。镇守资州的元弘习敏锐地嗅到了战争的气息,却最终难以独善其身,他和资州也卷入这场叛乱中。

有人也许觉得奇怪,中国寺院中皆有北方天王,怎么身边没有眷属?宋元以来,许多佛教神灵陆续被中国人汉化,比如大肚和尚契此成了弥勒佛化身;妙善公主是千手观音原型,毗沙门天王也不例外。世人传言唐朝武将李靖是天王化身,称"托塔李天王",毗沙门天王的名号乃至他的儿子哪吒,全部归李靖所有,再经《封神演义》《西游记》一渲染,也就很少有人知道哪吒与毗沙门天王的关系了。

无奈之下,毗沙门天王只好改拿一把幡幢,因中国人不认识幡幢,《封神演义》中也说他掌"混元珍珠伞"一把,今天寺院中的毗沙门天王,不是持幡幢就是持伞,跟唐代石窟中的天王已大为不同——成了没有子嗣、没有随从的孤家寡人,天王也极少像唐代那样被单独供奉,只得与东方持国天王、南方增长天王、西方广目天王一起镇守寺院了。

拨云见日的录事参军

咸通十四年(873),资州录事参军邓暗捐资的救苦观世音与天尊亦完工了,现编号第43龛。唐代州府、都督府、都护府皆设有录事参军,负责地方监督。邓暗咸通十二年三月到任,五月遭人陷害,丢了官职,一度郁郁寡欢,此番在相公帮助下平冤昭雪,自是感慨万千。

救苦观世音菩萨、□□□□九天尊,弟子摄资州录事参军邓暗,自

石窟下方齐刷刷断裂，重龙山石窟恍如悬在空中

去年三月九日到官，遵守教条，匡持众务，自以耿直为事，翻遭猾吏加诬，至五月二十九日，奉命停务。暗仰祈阴骘，下烛无辜，因发愿奉为相公及当州使君造　二大圣金采晬容，焕乎圆备。果蒙加护，□□深冤。至其年十月十七日，蒙　相公迥垂仁鉴，俾复本官。若非圣力所加，安得无移旧贯。今者因斋庆赞，式表丹心；爰刻翠珉，以彰灵应。时咸通十四年岁癸巳二月八日记。[1]

---

1 （清）陆增祥：《八琼室金石补正·资州参军邓暗复官题记》，北京：文物出版社，1985年。

千年的侵蚀使得岩层变软、变脆，观音的身躯、天王的战靴、佛祖的须弥座荡然无存

　　唐大中八年（854），寂方简与王氏十三娘造地藏菩萨龛，现编号第 90 龛；大中十二年（858）闰二月，州人罗元靖身染恶疾，遂发愿造药师琉璃光佛，及药王、药上菩萨，现编号第 100 龛；咸通五年（864）七月，阆州司仓参军（主管仓储）萧元敬、行资州录事参军李开，联合捐资开凿地藏菩萨；大顺二年（891）四月，张景嶙开凿了一龛释迦牟尼佛。

　　后蜀广政十五年（952），吴思顺、吴思谦两兄弟为故人造药师佛，并留下两侧题记；

大顺二年四月（891），供养人张景嶙等人将自己的形象留在了龛窟中

亡婆颍川郡陈氏

敬□造药师佛一龛，右弟子思顺思谦等，为亡□陈氏因于设除服斋，时以广政十五年壬子五月二十八日庆斋讫。亡公前忠州司马吴□，亡父衙前教练伙兼职□都□镇吴承□。[1]

吴思顺、吴思谦其祖吴□曾任忠州司马（今重庆忠县），司马、长史同为州衙僚佐，合称"上佐"；其父吴承□则任忠州"衙前教练伙"，

---

[1] 胡文和、胡文成：《巴蜀佛教雕刻艺术史》，成都：巴蜀书社，2015年。题记中的"衙前教练伙"，应为"衙前教练使"之误。

荒野中的御河沟，石窟前是大片水田和菜地

据日本学者伊藤宏明考证，唐代衙前有都知兵马使、都押衙、教练使等职，吴承□所任的，应是衙前教练使。

晚唐五代的重龙山，开龛造像风气颇为流行，州人的心愿，化成一龛龛石窟。至宋代，重龙山的崖壁已是密如蜂巢了，宋人王象之《舆地纪胜》记载："北岩，去郡城半里等慈寺之东，横崖侧覆，不可游息其巅，古像半湮苔藓，乳泉滴沥，四时不绝。"[1]

重龙山距离资中县城只有 500 米，山势盘曲宛若巨龙，现存石窟 160 余龛，其中 120 龛分布在山脚，其余 40 余龛在后山岩壁。千年的侵

---

1 （宋）王象之：《舆地纪胜》，中华书局，2012 年。

金戈铁马，乱世离苦

蚀使得岩层变软、变脆,观音的身躯、天王的战靴、佛祖的须弥座荡然无存,有的龛窟下半部齐刷刷断裂。

来自敦煌莫高窟的信仰

资中四面群山环绕,石窟就分布在县城周边岩壁上,分别得名东岩、北岩、西岩,西岩又名御河沟,在县城以西3公里,现存造像97龛、1011尊,镌刻在东西岩壁及罗汉洞中。这里不乏晚唐五代的剑拔弩张,更多的则是黑暗与悲伤。

晚唐五代的某个日子,资州人黄祖要来到御河沟,为岳母何氏开凿了一龛地藏引路王菩萨,并在龛壁留下题记:"长子黄祖要奉为岳母何氏收娘镌造阿弥陀佛观音地藏引路菩萨七佛一龛用佰资□□识早生……"[1]地藏引路王菩萨一般为亡者开凿,接引亡者走过黑暗的世界,免受地狱之苦。

佛教传入前,中国人的死亡与地下世界有关,《楚辞》中,阴森的幽都由土伯掌管;两汉年间,主藏君、主藏郎中、地下二千石、蒿里君又构成了幽冥世界的官僚体系。佛教传入中国后,地狱观念随之进入,地藏菩萨取代中国神灵,成为幽冥世界的主宰。

晚唐年间,成都大慈寺僧人藏川写下《佛说地藏菩萨发心因缘十王经》与《佛说预修十王生七经》,将印度地狱观念与中国民间信仰杂糅起来,创立十王信仰,佛经中的秦广王、初江王、宋帝王、平等王、都

---

[1] [日]肥田路美:《关于四川地区的地藏、观音并列像》,见重庆大足石刻博物馆编:《2005年重庆大足石刻国际学术研讨会论文集》,重庆出版社,2007年。

黄祖要为岳母开凿的地藏引路王菩萨龛

市王、阎罗王、变成王、泰山王、五道轮回王、五官王成为唐人崇信的神灵。晚唐五代社会动荡不安，战乱频繁，对死亡的恐惧充斥着国人内心，人们期盼超度亡灵的地藏菩萨给自己带来来世的解脱，免受地狱种种酷刑，"地狱十王"成为蜀地造像的新风尚。

　　罗汉洞的地狱十王龛或许就是这种风气的体现。罗汉洞是个天然山洞，洞中开凿大小造像40余龛。日复一日的水土流失，洞里积土越来越高，疯长的杂草遮蔽了洞口，佛龛就这样湮没在荒草与泥土中。这是83号龛"地狱十王"，地藏菩萨居中，十位掌管幽冥世界的王者与随从

御河沟，地狱十王旁的诸多供养人

御河沟龛窟旁的供养人像

御河沟不空罥索观音，"罥索"是捕捉鸟兽的器具，"不空"意为罥索捕获从不落空。供养人有男有女，还有儿童，应为举家开龛

一起，每人住了个"单间"，十王的身体被青苔包裹得严严实实。

83号龛题记犹存，"右弟子敬为妻黎氏一门眷属……地藏菩萨并十王变一龛，佛□身安□眷属……时在光化二年正月二十四日"。光化二年为899年，黎氏的夫君为她开凿了这龛造像，邻近的85号龛同样开凿于光化年间（898—901）：

因设报恩斋庆赞毕，斋头弟子刘□□镌造上件功德，并已普益四恩三方，法界众生，同沾此福。时光化□年忠胜乡下□□云登等三十人，就当院修设十王并报恩斋。[1]

忠胜乡刘姓弟子，出资镌像，同乡三十余位信徒一同参加了斋会。值得注意的是，题记中频频出现了"报恩斋"三字，显示出地狱信仰已与中国传统的孝道结合——既然地藏菩萨能将亡者从地狱中解脱出来，为父母建造此龛，自然也就报答了养育之恩。

由于出现年代略晚，"地狱十王"流行范围并不甚广，金牛道、米仓道少有开凿，却在成都通往重庆的古道沿途时有发现，诸如资中御河沟，内江翔龙山、圣水寺，安岳圆觉洞都有分布，它们的来源无疑是成都大慈寺。宋人李之纯在《大圣慈寺画记》一文中记载："举天下之言唐画者，莫如成都之多。就成都较之，莫如大圣慈寺之盛……"晚唐年间的大慈寺是西蜀最具规模的寺院，诸如张南本、左全、赵公祐、赵温齐、辛澄、孙遇等画家，在寺中绘下壁画万堵，无数粉本从这里走出去，由僧侣带到蜀中大地，再经由工匠的铁凿、铁锤，幻化成一龛龛石窟，一尊尊造像。

荒野田畴的御河沟，却又与遥远的敦煌有着诸多联系。莫高窟第384窟开凿于盛唐，中唐续修，南北两壁分别绘有不空羂索观音与如意轮观音。不空羂索观音结跏趺坐在莲台上，身着鹿皮裙衣，全身披挂璎珞，手持羂索、宝瓶、三叉戟、杨柳枝等法器。"羂索"是捕捉鸟兽的器具，"不空"意为羂索捕获从不落空，暗喻菩萨度脱众生。

对于国人而言，这是一尊神秘的观音，佛经中的不空羂索观音变幻莫测，或一面一目，或一面二目，或三面六目，或四面十二目，或十一面二十三目；或四臂，或六臂，或十臂，或十八臂……隋开皇七年（587），中国最早的《不空羂索经》就已译出，而直到唐大历十一年

---

[1] 尹富：《中国地藏信仰研究》，成都：巴蜀书社，2009年。

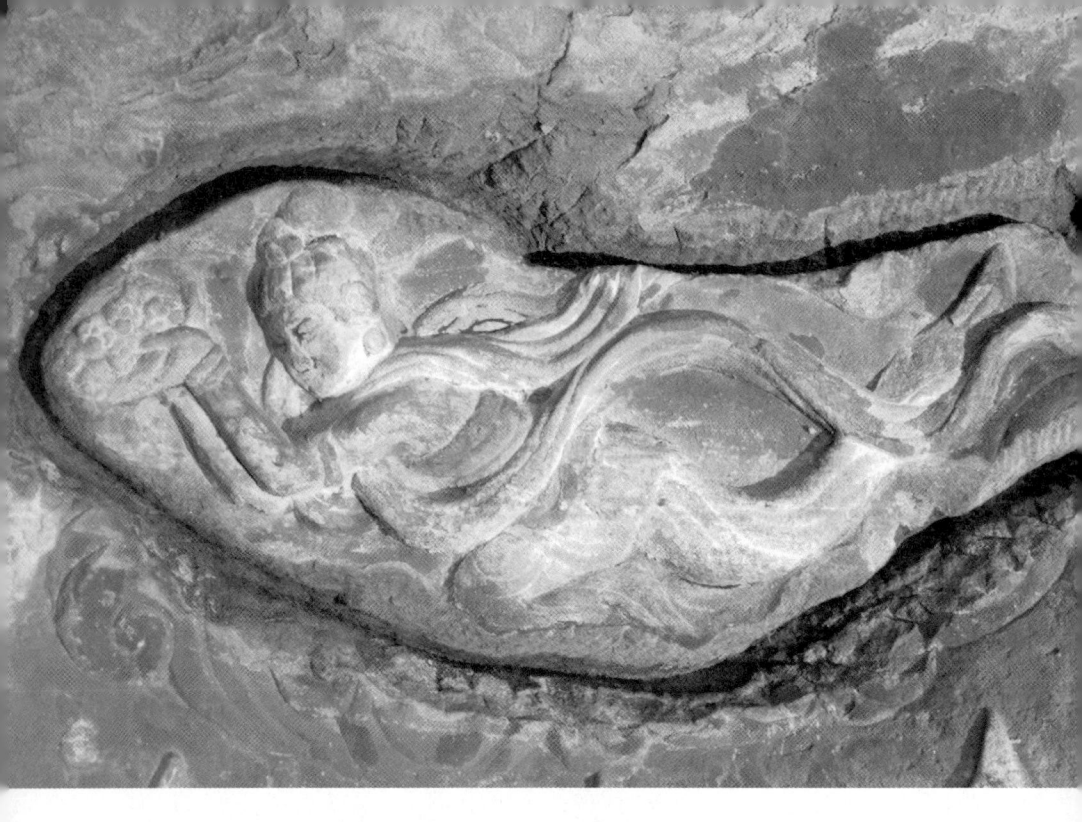

御河沟这尊飞天被盗割到一半,附近的村民发现,这才留存至今

(776),这位菩萨的壁画才在莫高窟出现。敦煌现存不空羂索观音80幅,其中壁画75幅,藏经洞藏绢画5幅,大部分为晚唐五代作品,少量绘于宋代。[1]

不空羂索观音在四川存世极少,眼前的御河沟即有4龛,观音均为一面二目六臂,上两手托日月,中两手持羂索与弓箭,下两手于胸前施印。4龛不空羂索观音保存状况并不是太好,有的身体似乎被整体凿走,

---

[1] 彭金章:《敦煌石窟不空羂索观音经变研究——敦煌密教经变研究之五》,《敦煌研究》,1999年第1期。

罗汉洞中的观音菩萨，福手螺爬进龛窟，青草从龛里长出，它的影子倒映在浑浊的池塘中

只在岩壁上留下刺目的印痕；有的龛窟下半部垮塌严重，观音身体荡然无存。

《不空羂索经》记载，信仰观音的二十种好处，大多与摆脱死亡有关，比如不为窃贼侵夺衣服财宝，不为侵凌杀害强取财宝令饥饿死，不为水火焚漂一切财宝，不为军阵斗争杀害死，等等。如果说地狱十王是对死亡的恐惧，不空羂索观音更寄托了蜀人摆脱死亡的希冀，它们的背后，是晚唐五代的连年征伐、金戈铁马。

内江石窟
晚唐风雨　五代离歌

在圣水寺，唐人徐庆为阿谢开凿了一龛"一佛二菩萨"，追忆亡妻，寄托哀思；在东林寺旁的民居，撕下墙上发黄的报纸，一个个佛头露出来，唐代千佛龛重见天日；在高梁寺，清溪县令杨钊与戎昭军的将领们联合开龛祈福，戎昭军史书有载，这里的题记，则又揭开了一段鲜为人知的历史。

圣水寺，唐人徐庆与阿谢往事

大唐乾宁三年（896）的一个冬日，西蜀大地一日凉似一日，资州内江县人徐庆缓缓走向城北圣水寺，妻子阿谢辞世已有些时日，按照蜀地风俗，家中有人过世往往在寺院开龛造像，不久前，徐庆拿出些碎银，请寺僧在千手观音、地狱十王旁的岩壁上开凿了一龛"一佛二菩萨"。如今石窟业已完工，却是阴阳相隔，徐庆想到这里，自是唏嘘不已。

1981年夏天，一场汹涌的洪水席卷内江，洪水退后，四川省水利勘察院来到圣水寺，到后山岩壁勘探古时洪水痕迹，却不意发现了这则题记："……庆过永为供养／乾宁三年十二月九日／徐庆为亡妻阿谢造／一佛二菩萨龛一所"[1]。"一佛二菩萨"是唐时流行题材，既然为亡妻而开，我想，"一佛"应是阿弥陀佛吧，唐人对这位西方极乐世界的"教主"有着狂热崇拜，无不希望死后往生净土，徐庆或许也难免俗。龛窟左下方有朵祥云，上有一双手合十的女子，她，就是阿谢。

　　除了徐庆龛，大悲殿中尚有几龛造像，比如千手观音、毗沙门天王、地狱十王等，却被涂抹了鲜艳的红漆，其原始面貌已难以分辨。圣水寺现存造像80余龛、500余尊，分布在后山长两百余米的岩壁上，大悲殿、药师殿、涅槃殿、圆觉殿中都藏着为数众多的佛窟。

　　在圣水寺，药师殿是个孤独的角落，比起其他大殿，这里古朴而破落：摇摇欲坠的阁楼，露出土黄色篾条的石灰墙，支离破碎的窗格纸，裹着棉被的"居士婆婆"用颤抖的声音诵着佛经，在空荡的阁楼中飘荡着。不想这简陋的阁楼中，却隐藏着巴蜀少见的石窟题材——僧伽三十六化。

　　僧伽是西域名僧，自言何国人，因以何为姓，又称"泗州大圣"，唐龙朔元年（661）传法游化到中国。传说他头顶上有一孔，平时以棉絮堵塞，夜间把棉絮取出，室内顿时芳香扑鼻，天晓之时香气又还入穴孔之中；又传言他的洗脚水可治百病，王公贵族、平民百姓竞相争饮。诗人李白曾作《僧伽歌》："真僧法号号僧伽，有时与我论三车。问言诵咒几千遍，口道恒河沙复沙。此僧本住南天竺，为法头陀来此国。戒得长天秋月明，心如世上青莲色。意清净，貌棱棱。亦不减，亦不增。瓶

---

[1] 题记至今仍存，雷建金撰《内江圣水寺》一文，记为"□斋七庆过永为供养□□乾宁三年十二月九日□□为亡妻阿谢造□□□菩萨一所"。见《四川文物》，1994年第2期。

唐人徐庆为亡妻开凿的一佛二菩萨窟,旁边的题记言辞真切,情深意长

唐人徐庆为亡妻开凿的一佛二菩萨窟线描图

一佛二弟子二菩萨二力士是唐代佛龛造像的典型组合

里千年铁柱骨,手中万岁胡孙藤。嗟予落魄江淮久,罕遇真僧说空有。一言散尽波罗夷,再礼浑除犯轻垢。"

唐人传言,僧伽是观音菩萨化身,"三十六化"正是用三十六个方形小龛,塑造了僧伽种种神异故事。其中一龛,僧伽手持锡杖,一人双手捧着物品,不远处的河中飘荡着一条乌篷船,表现的是《宋高僧传·僧伽传》"舍盗夫之钱"的情节:

通天万岁中于山阳众中悬知嫌鄙伽者,乃昌言曰:"吾有五十万钱奉助功德,勿生横议。"伽于淮岸招呼一船曰:"汝有财施吾,可宽刑狱，汝所载者剽略得耳。"盗依言尽舍，佛殿由是立成。无几，盗败，拘于扬子县狱。伽乘云下慰，喻言无苦。不日，果赦文至，免死矣。[1]

僧伽有次在淮河边招呼过往货船，让船主将船上货物施舍于他，则可免受牢狱之苦。不久，船主再次作案被捕，被打入死牢。僧伽飘然而至，让他忍受几日即可。几日后皇帝大赦天下，船主也在赦免之列。僧伽三十六化过去仅发现于大足七拱桥、潼南千佛崖、安岳西禅寺等地，是巴蜀少见的题材。[2]

资圣寺，循古道而来的中原风尚

与冷落的圣水寺比起来，翔龙山地处闹市，这里古称资圣寺。翔龙山造像大多开凿于晚唐五代，高约4米的大佛旁有则题记："敬造……佛像一龛，弟子郑仲发愿，合家清健无病……造上件功德……广明元年十月一日。"公元880年，唐僖宗改乾符七年为广明元年。改元并没有给僖宗带来好运，大唐王朝一直风雨飘摇，七月，黄巢义军自采石渡过长江，兵势甚盛，数月便攻克东都洛阳，十二月大军剑指长安，五日凌晨，唐僖宗在五百兵士的护卫下直奔西蜀，踏上了漫漫逃亡路。

清晨，文武百官上朝见不到皇帝，惊慌失措地跑出皇宫，各自逃散，听得唐僖宗已奔西蜀而去，长安城中的王室、贵族、官吏、商贾、

---

1 （宋）赞宁：《宋高僧传》，中华书局，1987年。
2 李小强、邓启兵："'成渝地区'中东部僧伽变相的初步考察及探略"，《石窟寺研究》，2011年第1期。

圣水寺石窟大多被涂抹上了鲜艳的油漆，这龛造像为地狱十王

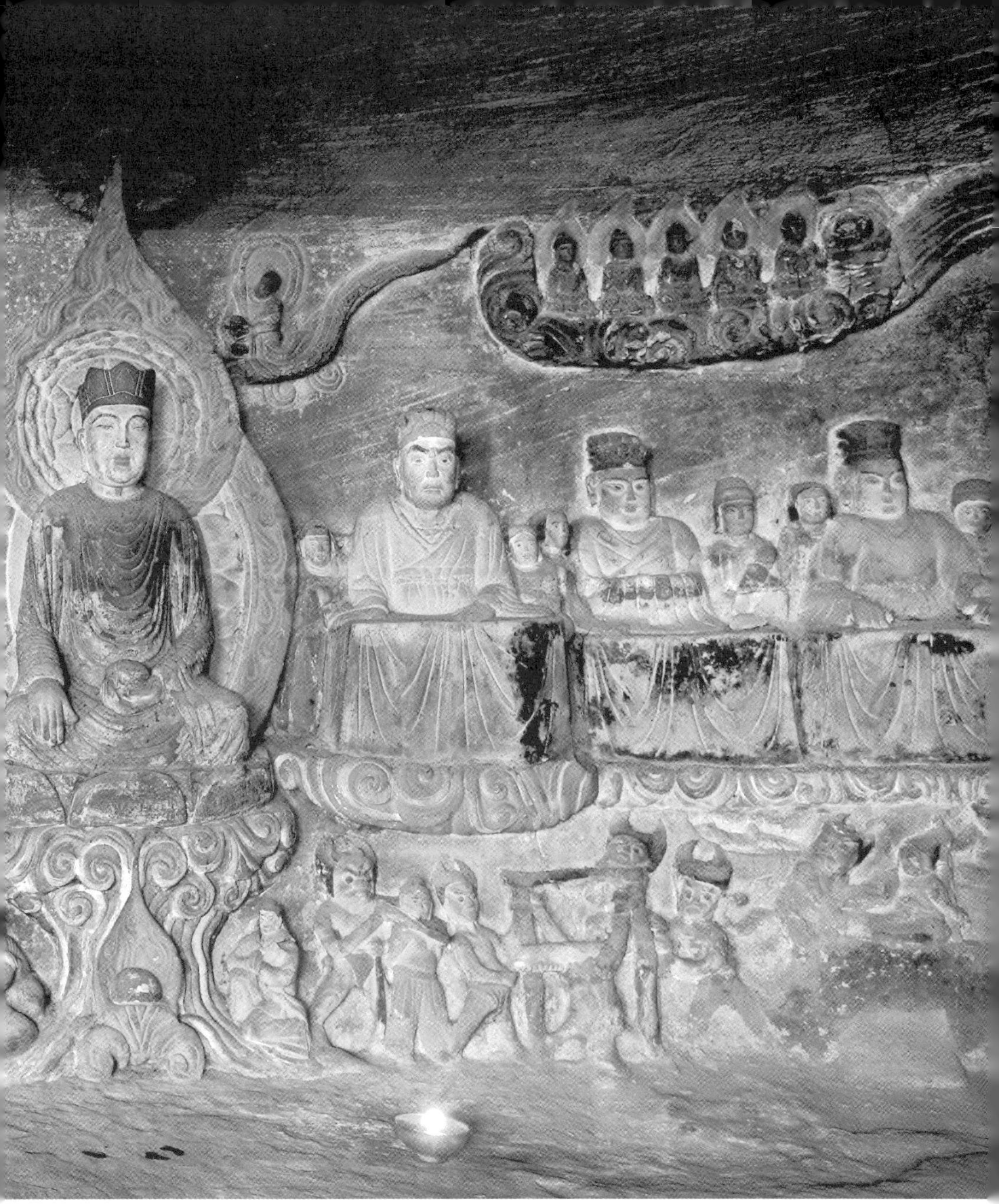

清晨的阳光照进圣水寺十二圆觉菩萨龛中

画师纷纷入蜀。京师著名画师张南本、孙位也在动乱中辗转来到成都，在大慈寺、金华寺、保福院、弥勒院、华严阁中留下了八大明王、大悲变相、十六罗汉、文殊普贤等壁画。

随着张南本、孙位等画家的到来，中原地区流行的壁画题材也在蜀中流传开来，另一位画家左全在大慈寺创作的"地狱变相"，便取法"画圣"吴道子。《唐朝名画录》记载，吴道子在景公寺画过一幅"地狱变相"，描绘地狱的阴森可怖，几天后，京师里卖酒、卖肉、卖鱼的商

圣水寺十二圆觉菩萨

贩竟纷纷改行，一时间"京师酒肉臭"。

　　大约从晚唐开始，以成都为中心，"地狱变相"题材在西蜀大地迅速流传，绵阳北山院、资中西岩、安岳圆觉洞、大足北山都有类似作品。"地狱变相"用连环画一般的笔法，塑造了目连地狱救母的故事，这也是中国古典戏剧经久不衰的题材：目连生母青提夫人生前滥杀猪羊，死后堕入地狱，目连在双林树下皈依佛门，日夜诵经，终于救得母亲脱离苦海。

僧伽三十六化，过去仅发现于大足七拱桥、潼南千佛崖、安岳西禅寺等地，其内容颇有生活气息

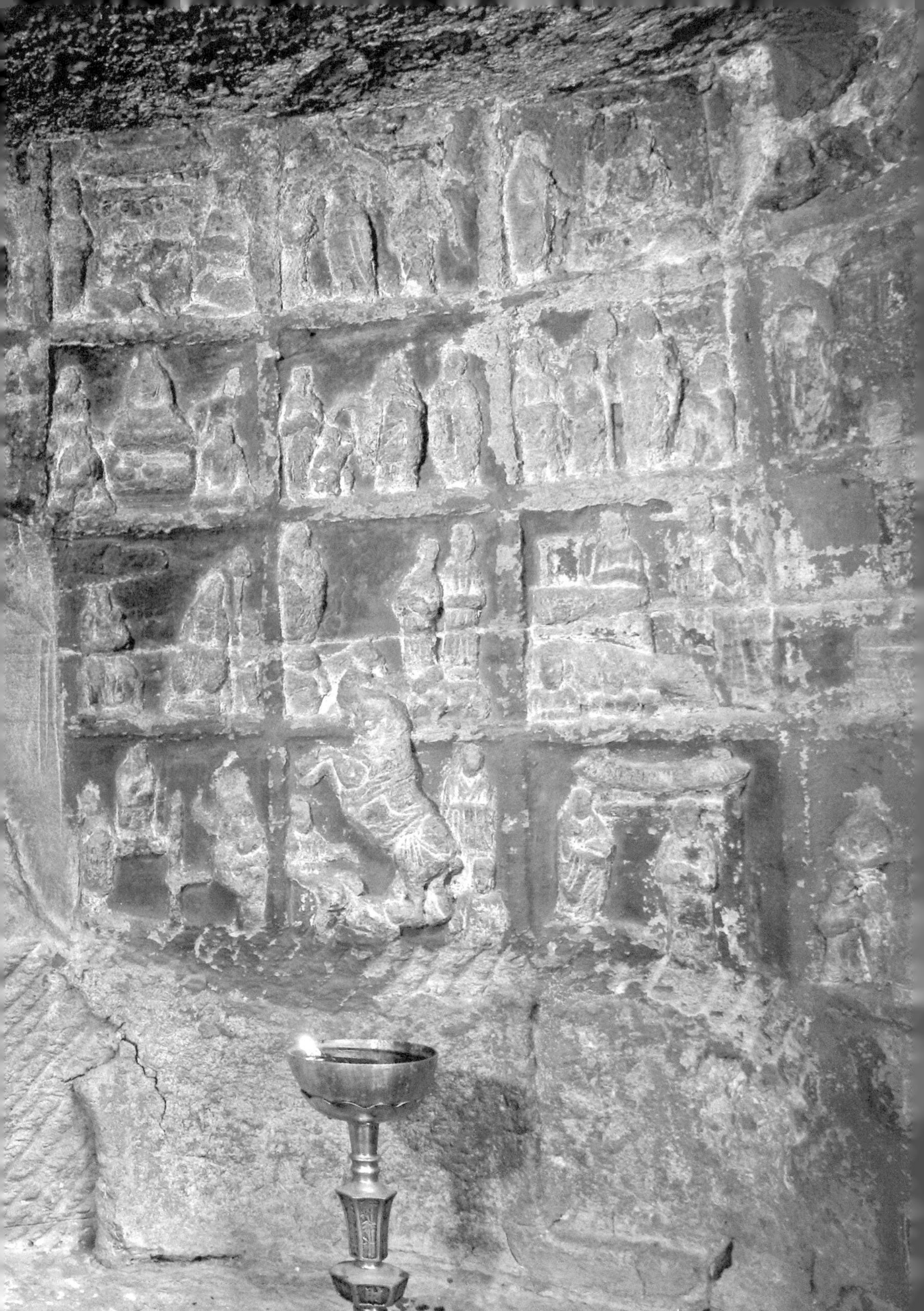

右图　东林寺不空羂索观音，迄今发现的不空羂索观音大多在东大路沿途

资圣寺的"地狱变相"上部残损，主尊地藏菩萨也不知去向，不过这并不影响我们判断其情节：青提夫人被鬼卒揪住头发，痛苦不堪，十大冥王秦广王、初江王、宋帝王、五官王、阎罗王、变成王、泰山王、平成王、都市王、五道轮回王身边站立着判官与小鬼，正在审判她的罪过，青提夫人生前做的种种孽障，已在业镜中显现出来。唐末五代，蜀人经历着社会的动荡与战争的折磨，对地狱的恐惧达到无以复加的程度，因此供奉冥王，希望能摆脱地狱之苦。"地狱变相"恰恰是蜀人脆弱心灵的特写。

东林寺，千手观音冠巴蜀

内江有三龛千手观音，一龛在圣水寺，一龛在资圣寺，最完整一龛在东林寺。东林寺宋代即已建寺，《四川通志》载："在县东北隅，宋绍兴十一年建，明洪武中重修。"[1]

东林寺虽称为寺，如今却仅存大殿了。这是民国年间修的青砖筒子楼，正中供奉高约7.4米的千手观音，两侧岩壁尚有弥勒佛、不空羂索观音、文殊菩萨、普贤菩萨等。千手观音面容秀丽端庄，头戴花冠，周

1　（清）常明等：《四川通志》，成都：巴蜀书社，1984年。

金戈铁马，乱世离苦　277

身璎珞蔽体，举手投足给人宁静安详之感，镂空花卉纹头冠繁复精致，将宋代造像精致的特点展示得淋漓尽致。

唐宋时的千手观音大多雕出四十或者四十二只手，手持各式法器，却鲜有保存完好者。东林寺千手观音气势宏大，线条流畅，四十只手中的法器清晰可辨：如意、大锤、骷髅、杨柳枝、宝剑、玉环、金轮、钺斧、宝螺、念珠、金刚杵、胡瓶……为后人了解千手观音仪轨提供了难得的实物资料。

密宗诸观音中，千手观音出现年代较晚，得益于开元三大士（不空、善无畏与金刚智）的提倡，却一跃成为最流行的观音信仰之一，唐代传奇、碑文中流传着观音的灵异故事，颂扬观音神通的《大悲咒》几乎飘荡在唐朝每座寺院之中。千手观音信仰传入西蜀后，首先在成都寺院流传，《益州名画录》记载，古刹大慈寺多宝塔、文殊阁、华严阁、药师院、极乐院均绘有千手观音，画家范琼也曾在圣兴寺绘过千手观音。

中晚唐时期，以成都为中心，千手观音信仰成为石窟造像的新粉本，在丹棱郑山、资中御河沟、内江东林寺、安岳卧佛沟、大足北山等地屡有发现。观音大多头戴花冠，身披璎珞，背后伸出40或42只手，持有宝瓶、宝珠、宝印、宝塔、玉环、杨枝等法器，身后以浅浮雕千手组成密集的身光，两侧雕有部众。据《千手观音造像次第仪轨》记载，

右上　东林寺里正在维修的千手观音
右下　东林寺菩萨像
右下　风化斑驳的千手观音龛

金戈铁马，乱世离苦　279

东林寺的唐代小龛,早已被岁月磨灭了颜色,磨平了脸庞

东林寺。斑驳的岩壁上,残缺的佛像,却依旧慈眉善目、笑意盈盈

千手观音有二十八部众，比如持金刚杵的密迹金刚，执宝塔的毗沙门天王，左手持火器、右手执索的鸠槃荼王，执宝幢的金色孔雀王，拿日轮、月轮的阿修罗，叉腰站立的散脂大将，三头六臂、颈上绕着大蟒的大黑天等。东林寺千手观音龛大气磅礴，护法部众特征鲜明，是四川乃至中国千手观音造像中少见的珍品。

千手观音下方有个马蹄形通道，寺里的居士诵完经，从左侧鱼贯而入，从右边转出，与北方的中心柱窟颇为类似。不同的是，中心柱窟礼拜者围绕佛像参拜，为何东林寺的通道却在佛像下方？我的疑问在黎德清老人口中得到证实：通道并非开凿于宋代，却是几十年前的防空洞。

民国年间的东林寺香火旺盛，尚存大雄宝殿、罗汉殿、观音殿、财神殿。1949年后，和尚被赶出东林寺，供销社、皮鞋厂、冷冻厂与学校瓜分了寺院，观音殿分给皮鞋厂，20岁出头的黎德清和几十个工友，在千手观音的注目下，开始了社会主义新生活。再后来，毛主席在北京发出了"备战、备荒、为人民"的最高指示，整个内江城到处开挖防空洞，皮鞋厂、学校、供销社也纷纷动工，安静的生活被一声声凿石声打破，岩壁上精妙的佛像在这场运动中身首异处。

黎德清领着我，走出东林寺，一路上，我们路过茶馆、居民楼、工厂、饭馆，一直走到内江一初中门口，他才回头说，这里昔日都是东林寺的范围。就在内江一初中的厕所背后，还有诸多风化斑驳的浅龛，它们不曾毁于战火、灾难，却在潮湿与黑暗中丧失了唐风宋韵。

午后的茶馆，人渐渐多了起来，黎德清找了个角落坐下，喊了杯一块五毛钱的花茶，和老茶客摆起了"龙门阵"。这里是过去的冷冻厂，后来改成茶馆，茶馆后院有个防空洞，男主人的卧室就在洞里，里面也有几龛佛像。我撕下发黄的报纸，一、二、三……一个个佛头露出来，这是千佛龛，它们本应该在庙堂享用香火，却在报纸背后一沉睡就是半个多世纪。

茶馆、居民楼、工厂、饭馆背后的东林寺石窟

高梁寺，远迁蜀地的戎昭军将士

高梁寺地处高梁镇清溪村，距离县城约40公里。清溪村山中有个"幽崖"洞，洞内正壁书"古清溪治"四个楷体大字，落款为"赐进士，中宪大夫，都察院右佥都御史，前巡抚甘肃等地方替理军务，邑人晓山余之祯书"。万历二十四年（1606），余之祯来到清溪村，考证出这里为古清溪县治所，设立于唐天宝元年（742），前身为牛鞞县，宋乾德五年（967）并入内江县，历时225年。

晚唐五代时的清溪县地处古道要冲，将士、商贾、行旅、僧侣也在高梁寺开凿了一龛龛造像，现存18龛，317尊，分布于长150米、高约3米的崖壁上。大和三年（829），张氏的小妾突患疾病，心急如焚的张氏遂在此造双观音祈福，并举办斋会："敬造□观音菩萨二身，右弟子张□□，妾扬氏遭患，发愿造前件……大和三年四月十五日设斋。"

永平二年（912），内江县令杨钊与诸多将领一起，开凿阿弥陀佛与五十二闻法菩萨，现编号第2龛，高1.35米，宽1.50米，进深0.7米，佛龛底部伸出枝繁叶茂的莲花，几十位菩萨有的双手抱膝而坐，似在池中戏水；有的支手托腮，似乎若有所思；有的正襟危坐，似在聆听佛法；有的顾目远盼，似在遥遥相望……

唐代在蜀中流行的西方净土变，出现了三种粉本，即出自《阿弥陀经》的阿弥陀经变与来源于《观无量寿经》的观无量寿经变，还有眼前的阿弥陀佛与五十二闻法菩萨。奇怪的是，2号龛只雕了30位菩萨，可能是龛窟不大，工匠没有足够空间施展手艺了。

2号龛中存数则楷书题记，年代在"永平二年十月"："将仕郎守清溪县令杨钊造三身，将仕郎守清溪县令杨钊为亡考造一身""都将杨承

284

进造""戎昭军子将张弘礼造一身""戎昭军□□将杨承初敬造□□"[1]。

题记中戎昭军，为唐末昭信节度使冯行袭辖区。905年，西川节度使王建遣王宗贺领兵进攻金州，冯行袭不敌，逃往均州，其部将全师朗以城投降。王建收为义子，改名王宗朗，任命为金州观察使，辖渠、巴、开三州。同年十月，昭信军更名为戎昭军，十二月，冯行袭夺回金州，王宗朗见势不妙，焚烧城池，逃往成都。[2] 从《全唐文》收录的《停戎昭军额敕》一文来看，戎昭军不久即被废除：

> 天祐二年九月二十二日，於金州置戎昭军，割均、房二州为属郡。比因冯行袭叶赞元勋，克宣丕绩，用奖济师之效，遂行割地之权。今命帅得人，畴庸有秩，其戎昭军额宜停。其均、房二州，却还山南东道收管。[3]

题记的发现，亦可补史书之阙。王宗朗战败后，率部回蜀，后又返回金州，现在看来，其麾下将士可能并未全数返回，其中一部由杨承进统领，驻守清溪县，并沿用了戎昭军旧称。戎昭军中的不少将士，应该自金州而来，背井离乡、金戈铁马的生活令他们感慨战场的残酷与生命的易逝，遂于永平二年（912）与清溪县令杨钊一起造像，祈求平安。诸多将领中，杨承进的地位或许最高，任"都将"一职。

同样在永平二年，高梁寺千佛龛亦已完工，龛高1.2米，宽2米，凿有千佛50余尊，主尊座下有题记一通，下部漫漶，犹可读出"……

---

1 高小宾、雷建金撰有《内江清溪摩崖造像与古清溪县治》一文，曾收录题记，"将仕郎守清溪县令扬钊造三身，将仕郎守清溪县令扬钊为亡考造一身""都将杨万进造""戍召军将张弘礼造一身""戍召军正□将杨承初敬造中尊"。见《四川文物》，1988年第4期。但错讹较多，尤其是文中的"戍召军"，根据我的调查，当为"戎昭军"之误。
2 （清）吴仁臣：《十国春秋·前蜀本纪一》，中华书局，1983年。
3 （唐）李柷：《停戎昭军额敕》，《全唐文》，中华书局，1987年。

右弟子杨……发心……愿自……永平二……"。其他龛窟尚见"天复二年三月二日""……杨义……表赞……永□二年"题记。由此看来，五代年间，高梁寺开龛活动颇为踊跃。

后主王衍即位后，下诏削去王宗朗官职，恢复本名，王宗朗被带回成都，不久郁郁而终。主将如此，戎昭军的将士们或许也难以再被信任，永平之后，杨承进、杨承初等人音讯全无，戎昭军也消失在历史中。五代乱世，征伐不止，武将们如同一叶扁舟在狂涛怒海中飘零，史书中或许留下他们的勇猛无敌的身影，石窟题记中的他们，则更加真实，信任与背叛，生命与死亡，挥之不去。

市井生活，人间情趣

宋代

代表造像

孔雀明王、柳本尊十炼图、水月观音、白衣观音、数珠手观音、莲花手观音、甘露观音、宝镜观音、宝印观音、大方便佛报恩经变、父母恩重经变、华严三圣、圆觉洞、牧牛图等。

代表石窟

安岳卧佛院、圆觉洞、孔雀洞、茗山寺、华严洞、毗卢洞，大足北山、石篆山、妙高山、石门山、宝顶山、玉滩、老君庙，潼南千佛寺，合川二佛寺等。

供养人

杨义、王彦昭、比丘怀真、邓幸牧、聂公、杨正卿与妻邹氏、孙侪、孙衍、孙衡、黄氏小娘、韦君靖、种审能、蹇知进、刘恭、张莘民、赵彭年、王升、陈文明、任宗易与夫人杜氏、严逊、冯楫、杨才有、杨文忻、杨伯高、岑忠用、庞休、侯惟正、杨作安、赵勤典、陈充、侯良、谢继隆、赵智凤等。

巴蜀宋代石窟，以安岳与大足最具规模。虽然石窟艺术在两地出现的年代较早，比如安岳卧佛院早在盛唐年间就已镌造卧佛，经窟中也能看到"檀三藏经开元十五年二月镌了"题记。大足尖山子可见初唐"永徽"题记；晚唐年间，昌州刺史、静南军使韦君靖与部下在北山营造毗沙门天王。但两地石窟的题材、风格，还是以宋代最为典型。也正是因此，1945年4月，学者杨家骆、顾颉刚、马衡等率领的14人考察队，在枯藤丛生的岩壁上发现大足石刻，即将其誉为宋代石窟的代表作，赞誉有加："大足石刻湮没千载，此次考察队的成就，实与发现敦煌相伯仲""考论其价值，以为可继云冈、龙门鼎足而三。"

北宋元符二年（1099），普州人杨正卿在圆觉洞捐资修建了一龛莲花手观音；孔目官孙侪一家，也开凿甘露观音，石窟逐渐摆脱了五代的桎梏，气势恢宏，形神兼备。大约南宋初年，安岳石窟的重心转移到茗山寺、孔雀洞、毗卢洞、华严洞一带，题材也以密宗的毗卢遮那佛、孔雀明王、华严三圣、柳本尊十炼图为主，却极少留下供养人信息。

在昌州，南宋建炎二年（1128），奉直大夫、知军州事任宗易与夫人杜氏，为宋朝的命运忧心不已，遂开凿如意轮观音，祈求"干戈永息"；大足城外，庄园主严逊购置石篆山，以做水陆法会之用；在妙高山，释迦、老子、孔子同居一龛，供养人是宋朝著名大居士冯楫。宋代市民阶层活跃，成为石窟造像的主体，一则则题记，不仅记下了供养人的生平，也记下了充满市井气的宋朝。

除了安岳、大足，宋代石窟艺术在巴蜀再次走向兴盛。在潼南县（古属遂宁县清泉乡），开宝四年（971），令狐家族在千佛寺陆续开凿了十六罗汉、双观音等，题记显示，令狐璋夫妇及其长男、长男新妇李氏、令狐小娘子、其兄长令狐庆与妻蒲氏、子令狐彦与新妇蒲氏均参与其中。[1]

在合川濮岩寺，天禧三年（1019），州人赵元福、赵仁普等造三身佛龛：

> 夫法身□□□□□躯悲流于六道四生影现向/人间天上□□□刻像须达布金维持之教兴/继续之心有愿今兹石壁是谓古龛佛像既隳僧来/□骨厥有州郭弟子赵元福赵仁普等同发心请匠/镌造法护化佛三身共一龛命工妆彩脩供庆酬各希/门业以昌隆咸保运而亨泰先灵祖乃

---

[1] 重庆市文物遗产研究院等：《潼南千佛寺》，科学出版社，2019年。

仗此生天/债主怨家凭兹解脱以/皇宋天禧三年乙未岁十二月八日镌造永为供养。[1]

南宋淳熙三年（1176）、淳熙四年（1177）、淳熙七年（1180），涞滩二佛寺分别开凿了弥勒大像、须菩提、达摩像，现编号南岩第3号龛。达摩像高2.73米，头戴披风，耳坠圆珰，身着通肩广袖袈裟，左侧有则题记："当保弟□□□□镌造达摩□□□，此世来生福报。淳熙丁酉孟冬望日题。"[2]

淳熙十三年（1186），二佛寺续凿释迦牟尼与禅宗六祖像，现编号第15号龛，高3.85米，宽3.45米，释迦牟尼佛居中，左为达摩、慧可、僧璨，右为道信、弘忍与慧能，将达摩西来中国、禅宗六祖传承的脉络镌刻在崖壁之上。从题记来看，此窟完成于淳熙丙午季春："……衣钵，镌此大师□弗□道悟绝□二□六祖大师，谨以上报四恩，下姿三有，普及法界众生，咸证菩萨妙果。皇宋淳熙丙午季春记。"[3]

---

[1] （宋）赵元福等：《三身佛龛记碑》，见《民国新修合川县志》，成都：巴蜀书社，1992年。

[2] 刘长久：《中国西南石窟艺术》，成都：四川人民出版社，1998年。原文如此，"衣钵"前疑缺字。

[3] 同上。

禅宗兴于唐代，盛于两宋，得到文人、士大夫阶层的推崇，以禅入诗、入画、入书。四川禅宗尤为兴盛，出现了马祖道一、圭峰宗密、香林澄远、圆悟克勤等一批著名禅师，"言蜀者不可不知禅，言禅者尤不可不知蜀"，合川涞滩二佛寺诸如禅宗六祖、罗汉等题材的出现，应与此风气有关。

宋代是巴蜀石窟的重要转型期，北宋时期，安岳圆觉洞、潼南千佛寺造像，均以莲花手观音、甘露观音、阿弥陀佛、双观音为主，延续了唐代题材。时至南宋，诸如孔雀明王、毗卢遮那佛、华严三圣、圆觉洞等题材的出现，可能与密宗流行有关。安岳毗卢洞与大足宝顶山的"柳本尊十炼图"，塑造的便是川密宗师柳本尊一生的修行历程，日本学者把这一时期的巴蜀石窟誉为"中国后期密教美术"。

宋代的造像，以菩萨为例，再不似唐代薄纱附体，全身被厚重的衣饰包裹，以显示其华丽与高贵，新月弯眉，樱桃小口，皮肤吹弹可破，已是地地道道的南方人形象。宋人在艺术上多文人之气，多阴柔之美，这种风格也影响到石窟艺术，呈现出细腻、婉约的特点。宋朝市民意识大有发展，石窟艺术也充满着人间情趣，诸如养鸡、吹笛、牧牛、沽酒、习武、划船、牵马等场景也出现在了石窟中。

安岳石窟
隐秘的佛息之地

唐开元年间,普州乐至县人杨义来到卧佛院,其时,卧佛院的僧众,正在岩壁镌刻佛经。晚唐五代,安岳境内的圆觉洞、爱敬院纷纷出现造像,比丘怀真、都虞候邓幸牧、普州刺史聂公的经历,见证了五代的金戈铁马与生死离别。时至宋代,华严三圣、毗卢遮那佛、十二圆觉、柳本尊十炼图、孔雀明王等密宗题材成为主流。在毗卢洞,就连女性供养人,也坐进了佛龛中。

杨义的卧佛院之旅

大唐开元十一年(723),普州乐至县人杨义来到邻近的安岳县卧佛院,找到寺僧,言明心迹,寺僧引他到一尊立佛前,这尊新完工的佛像妙相具备、慈祥温润,杨义拿出些钱财,请寺僧觅得石匠,在佛像右侧岩壁上,开凿了百身千佛。那时候的杨义,似乎正有琐事缠身,在窟壁,他留下了这则题记:

杨义捐资的百身千佛,左侧即为凉州瑞像

惟开元十一年岁次癸亥,今有普州乐至县芙蓉乡普德里弟子杨义,为自身平安,敬造千佛百身供养。[1]

就在杨义捐资开凿千佛龛时,卧佛院的岩壁上,一尊庞大的卧佛或许已经完工,卧佛侧卧于山腰之上,双目微闭,曲眉丰颐,嘴角微微上扬。卧佛全称"释迦牟尼涅槃图",涅槃是梵语,意味着脱离生死轮回的最高境界,佛经记载,释迦牟尼涅槃时,弟子们哀嚎恸哭,阿修罗王、毗沙门天王、金翅鸟王闻讯赶来礼佛,力士听说释迦即将涅槃,蹙眉悲目,嘴唇弯闭,紧握拳头,似乎正用千钧之力发泄着胸中愤懑。

早在魏晋时期,释迦涅槃题材就已传入中国。东晋江、荆、豫三州刺史庾亮一次入寺院,看到殿中卧佛,说"此子疲于津梁"[2],意思是佛祖为了普渡众生,累得在此小憩,时人皆以为名言。释迦涅槃图也是中国石窟经久不衰的题材,新疆柏孜克里克千佛洞、敦煌莫高窟、云冈石窟中都有此类造像。敦煌莫高窟 158 号窟涅槃变,主尊长 15.8 米,表情安详,右手支颐,右胁累足而卧,窟壁绘有天龙八部以及诸国王哀悼图,有的以刀割耳,有的拿刀割鼻,有的以剑刺心,无不为释迦涅槃扼腕。

佛经有云,释迦涅槃时,"北首右胁卧,双手累双足"。中国的释迦涅槃图,大多遵循佛经记载,安岳卧佛却是左侧而卧,按理说并不符合佛教仪轨。当年开凿卧佛时,可能因为山崖石质和起伏等原因,僧人因地制宜改为"南首左胁卧",这才有了这尊特立独行的卧佛。

一千多年后,卧佛院早已荡然无存,改称卧佛沟,全长 865 米,宽约百米,两头窄,中间宽,形如一艘巨轮,南北两边红色细砂岩壁上开

---

1 邓之金:《安岳卧佛院摩崖造像上限年代探讨》,《四川文物》,1993 年第 2 期。《安岳卧佛院调查简报》记为"杨善"。
2 (南朝)刘义庆:《世说新语·言语》,上海古籍出版社,1982 年。

凿着130余窟摩崖造像与15窟佛经，佛像总计有1600余尊之多。杨义的千佛龛完好地保存至今，编号第50窟，100余尊高15—20厘米施禅定印的坐佛密布崖壁。而杨义当年看到的那尊佛像，则是巴蜀少见的"凉州瑞像"，《法苑珠林》记载：

> 元魏凉州山开出像者，至太武太延元年，有离石沙门刘萨诃师……西至凉州西一百七十里番和郡界东北，望御谷山遥礼而入，莫测其然也。诃曰："此山崖当有像出，灵相具者，则世乐时平，如其有缺，则世乱人苦。"经八十载，至正光元年，因大风雨，雷震山岩，挺出石像，高一丈八尺，形相端严，唯无有首，登即选石命工，安讫还落。魏道凌迟，其言验矣。至周元年治凉州，城东七里涧忽石出光，照烛幽显，观者异之，乃像首也，奉安像身，宛然符合……[1]

佛教中，某些造像因来历不凡，或与帝王、高僧有关，流传着神奇的灵验故事，也称瑞像，比如菩提瑞像、双头瑞像、释迦降伏外道像等。凉州瑞像，则与高僧刘萨诃有关。北魏年间，刘萨诃西行将至番和郡时，面对御谷山遥拜，众人皆不知其所为。八十年后，风雨大作，雷震山谷，一尊法相庄严的造像在山崖显身，佛像有身无首，工匠雕出佛首，刚按上又掉下来，后北魏太武帝灭佛崇道，果应了刘萨诃的预言。武则天即位后，佛头忽在凉州城东重见天日，恰好与佛身吻合，而武周时期佛教亦走向巅峰。

凉州瑞像因隐喻了灭佛运动，成为河西走廊的流行题材。敦煌藏经洞 P.3619 卷有一首唐代僧人浑惟明的《谒圣容》，歌颂的即是凉州瑞像：

---

[1] （唐）释道世撰，周叔迦、苏晋仁校注：《法苑珠林校注》，中华书局，2003年。

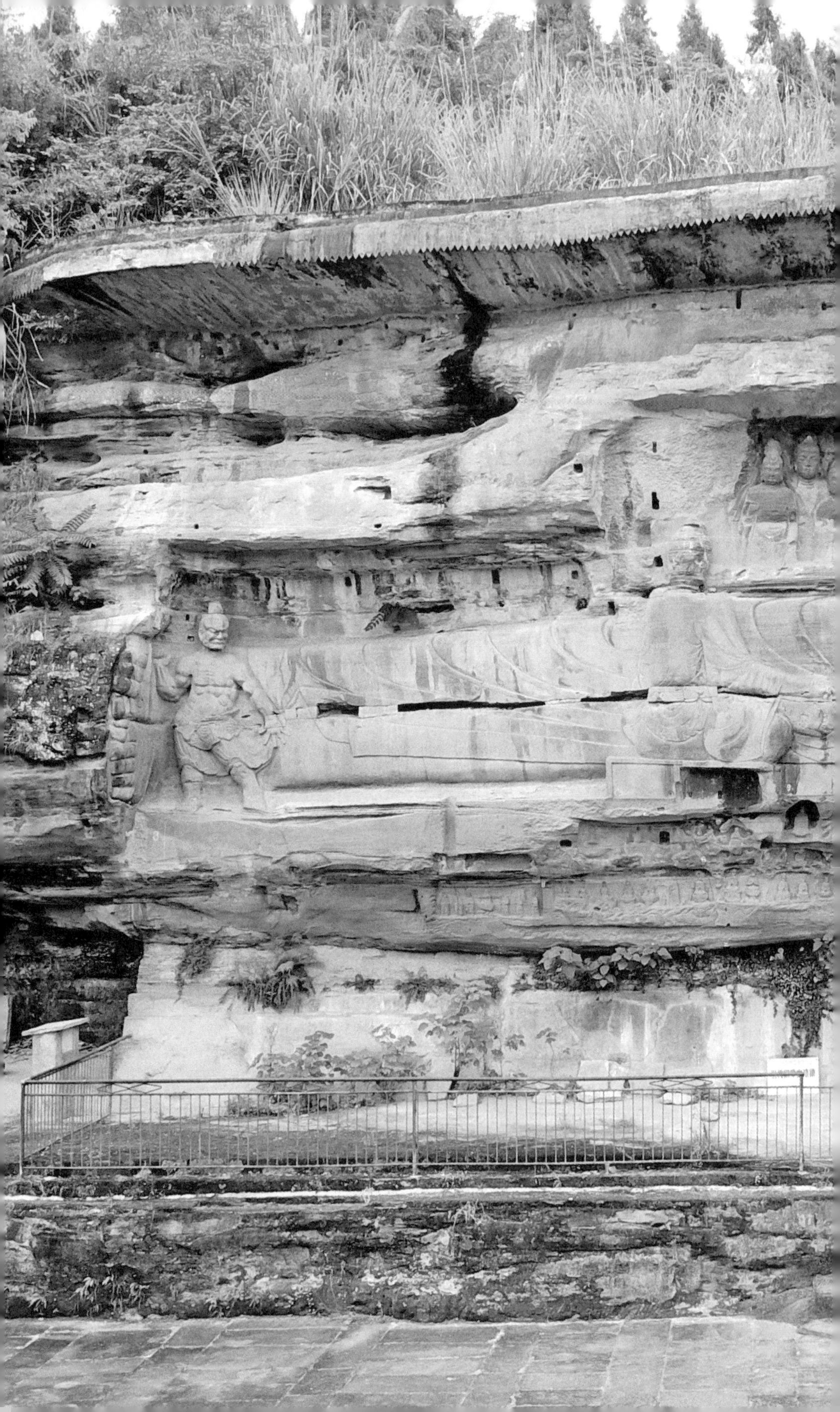

卧佛院卧佛像

法雨震天雷，祁山一半颓。鳞鳞碧玉色，寂寂现如来。缧髻从烟合，圆光满月开。从兹一顶谒，永劫去尘埃。

中国最集中的摩崖经窟群

后蜀广政二十四年（961），时任普州军事衙推、五音地理的王彦昭也来到卧佛沟。军事衙推助理军政，五音地理则根据自然与地理的蛛丝马迹判断敌情，指挥用兵，由此看来，王彦昭在军中所任，大概是幕僚一类的职务。

两年前，王彦昭曾在卧佛院出资妆彩了三世佛与经窟，这次，他又在经窟龛口觅了个方寸之地，开凿了一座佛顶尊胜陀罗尼经幢，为亡者超度，往生净土；为生者祈福，免除灾难。幢高1.46米，力士托举，双龙缠绕，风铃缭绕，祥云翩翩。雕凿精美，堪称绝品。王彦昭在左上方留下一则题记，其中两句读来令人唏嘘：

此世不值冤嫌，来生愿同佛会。

卧佛对面有几个空空荡荡的石窟，看不到一尊佛像，却终年铁门紧锁。这是唐代经窟，唐人娟秀、遒劲的小楷自上而下爬满岩壁，飞天在经文中飞舞。纵然是工匠点着蜡烛，一凿一凿、一字一字雕刻出来，却如同雕版般精美、工整。

中国石刻佛经始于南北朝年间，北京房山石经历隋、唐、辽、金、元、明六朝，雕有石板1万余块。房山石经是标准的碑版佛经，经文雕刻在石板上，藏于藏经洞中；摩崖石经则不同，工匠先开凿石窟，磨平岩壁后刻写经文。卧佛沟现存摩崖佛经 15 窟，总计三十余万字，也是中国最集中的摩崖经窟群，卧佛沟刻有《妙法莲华经》《般若波罗蜜多心经》《阿弥陀经》《佛顶尊胜陀罗尼经》《佛说禅秘要经》《维摩诘所说经》《大般涅槃经》等二十二种。[1]

第 59 窟镌刻《佛说报父母恩重经》，我打开电筒，一行行娟秀的楷体经文跃入眼帘：

佛言：人生在世，父母为亲，非父不生，非母不养。是以寄托母胎，怀身十月。岁满月充，母子俱显，生堕草上。父母养育，卧则阑车。父母怀抱，……□饥□……渴时须饮……计论母恩，昊天罔极。乌呼慈母，云何可报？阿难白佛言：世尊，父母之恩，云何可报？唯愿说之……

敦煌写本曾有《佛说父母恩重经》行世，讲述父母含辛茹苦养育子女之艰辛；甘肃博物馆也藏有宋代《报父母恩重经》绢画，宣扬为父母造经，即可报父母之恩。59 窟窟壁有"开元廿三年（735）二月十五日长江县李涉供养""□□□□年六月廿六日清信女满月"题记。长江县今不存，旧址在今遂宁市大英县一带，不知李涉是否通过此经，追思父母养育之恩？

近几年文物普查中，卧佛沟附近的月亮坪又发现一些经窟。月亮坪不通陆路，文管员吴忠富扛了两把竹梯子，找村民借了条铁船，一手划船，一手指着两岸被荒草遮蔽的岩壁，告诉我哪里有石窟。从卧佛沟附近数不胜数的佛像与经窟来看，卧佛院在唐代盛极一时。

这是个高 2 米、进深 3 米、离地约 10 米的经窟，窟壁经文上半截

---

[1] 邓星亮：《四川安岳卧佛院石窟刻经研究》，成都：巴蜀书社，2016 年。

后蜀广政二十四年（961），时任普州军事衙推、五音地理的王彦昭在卧佛院开凿经幢

石上众生

卧佛沟是迄今中国最集中的摩崖经窟

保存尚好，下半截常年受阳光直射，早晚温差大，早已层层剥落。石窟编号109窟，与左边相邻的110窟，开凿的都是《大方便佛报恩经》。109窟刻出第一序品、第三议论品，110窟紧接着刻第四恶友品，可见两窟开凿于同一时期。《大方便佛报恩经》将佛祖释迦牟尼塑造成为父亲抬棺送葬、剜眼为药给父亲治病的孝子，重庆大足宝顶山有一龛南宋大方便佛报恩经变，雕刻了舍身饲虎、鹦鹉行孝、睒子行孝、孝子抬棺等场景。

卧佛沟、月亮坪经窟整齐划一，显然经过了僧人的谋划。佛教传入中国后，北魏太武帝、北周武帝两次灭佛，僧侣还俗，寺院被拆毁，经书被焚烧，盛极一时的佛教差点遭受灭顶之灾。惊魂未定的僧人将佛经镌刻在经版上，倘若灾难再次降临，就取出石经作为底本拓印，以免佛经失传。可以想象，唐代卧佛院的僧众，或许也有过这样的恐慌，但经窟有的业已磨平，却未刻一字，庞大的刻经计划，或许一直延续到卧佛院衰落。

1958年，四个经窟分给村民吴亭华居住，猪圈、卧室、厨房、茅厕，恰好够用。吴亭华可能觉得岩壁上的经文不怎么美观，费尽气力铲掉一些；为了方便喂猪，他还在猪圈与卧室间开凿了一扇小门；空荡荡的经窟不能带来安全感，他又在门口的佛龛上凿了几个大洞，装了扇木门。就这样，吴亭华终于心满意足地搬了进去，这一住就是五年，枕边是唐朝佛像，就连炒菜，眼睛还能瞥到岩壁上的经文。四座唐朝经窟，就这样毁在了他的居家梦想中。

九死一生的比丘怀真

王彦昭开凿经幢之时，卧佛院大规模造像业已停止，不少百姓来到城外的爱敬院，开龛祈福。爱敬院如今称庵堂寺，地处安岳县林凤镇庵堂村，寺中岩壁有20余龛造像，大多开凿于五代，与四川许多五代龛窟一样，疾病、战乱与死亡，依旧在这里挥之不去。[1]

后蜀天成年间，大病初愈的比丘怀真，匆匆来到爱敬院，捐资开凿了一龛观音，天成五年（930）二月二十五日，这龛白衣观音完工了。观音慈眉善目，身披白衣，璎珞蔽体，盘左腿，屈右膝，双手抱右膝坐于莲台之上。怀真在题记中，记录下他九死一生的经历：

敬镌造曜像白衣观音菩萨/一身 右比丘怀真所造前件功德/意者为往年自身忽染天行/时疾归在俗家将现并染俗/家大小不安遂乃发心愿造/果蒙胜力加备得获平善不/负先心镌粧周备伏光圣慈/照知时以天成五年庚寅岁二月廿五日比丘怀真题记永为供养。[2]

几年前，怀真突染瘟疫，僧众怕他传染僧众，令其离开寺院，怀真只得返乡，却将全家老小感染，奄奄一息，医治无门。走投无路的怀真向观音菩萨祈请，说来也奇怪，一家老小竟得以安然无恙。

白衣观音是观音三十三变之一，怀真生活的时代，白衣观音信仰颇为流行，传说五代吴越开创钱镠曾梦见一白衣妇人，说倘若他能慈悲为怀，子孙将得到护佑。钱镠受封称王后，又梦到妇人祈求将天竺山作为

---

1 庵堂寺第17号龛，题记中有"遂同心就爱敬院堂内镌造……"，推测寺院旧称爱敬院。
2 成都市考古研究所等：《四川安岳县庵堂寺摩崖造像调查简报》，《成都考古发现2007》，科学出版社，2009年。"并染俗家大小不安"，原文作"永安"。

市井生活，人间情趣　　305

道场，作为回报，她将成为吴越的守护神，这位白衣妇人，即是白衣观音化身。因为这个渊源，白衣观音在吴越盛行一时，杭州烟霞洞洞口右侧即开凿有白衣观音，披风覆头，手持念珠，学者何恩之推断其开凿于940—949年间。

同样在天成五年，都虞候邓幸牧的石窟亦大功告成。石窟长1.88米，高1.07米，龛中琳琅满目，有释迦牟尼佛、阿弥陀佛、宝胜佛、十方佛以及弟子、飞天等。宝胜佛即多宝佛，《法华经》卷四"见宝塔品"中，此佛曾与释迦对坐。释迦多宝对坐说法，也是中国石窟的流行题材。在龛窟左侧，邓幸牧留下一则长长的题记：

敬造阿弥陀佛一身弟子邓幸牧为罪乱之时愿全家大小平安团聚得冤家支离发心敬造敬造释迦牟尼佛一身／弟子邓幸牧愿夫妇享泰子孙成行大小无虞常欢膝下／发心敬造敬镌造宝胜佛一身意者为使命性来祭祀鬼神人客上下宰煞物命愿冤家能散债主升天……[1]

冤家支离，债主升天，或许在邓幸牧心中，只有如此多的佛像，才能化解他心头的恐惧与不安，为家人带来平安。五代十国乱世，藩镇割据，七十二年中出了40余位帝王，换得如同走马灯一般，在军中担任都虞候的邓幸牧，恐怕也少不了南征北伐，结了不少冤家仇人。

自公元907年朱温篡唐以来，中原战乱频繁，兵连祸结，百姓民不聊生，大规模石窟造像早已停止。迄今中国的五代造像，大多分布在四川、江苏与浙江，又以四川最为丰富。除了庵堂寺，安岳圆觉洞、千佛寨部分石窟也开凿于五代年间，这些石窟共同点在于：龛不大，进深

---

[1] 《四川安岳县庵堂寺摩崖造像调查简报》，见成都文物考古研究所编著：《成都考古发现2007》，科学出版社，2009年。

浅，极少有大型造像，线条也日趋粗犷、简约，佛像虽然没有唐代的精美、大气，却也如实记录了中国石窟艺术的流变。

削发为僧的孙孔目

圆觉洞地处县城东南两公里外的云居山上，南北两壁开凿72个龛窟、1931尊造像。第58号龛聂公像高2.1米，聂公神情淡然，大腹便便，身着圆领袍服，头戴翘脚幞头，双手持笏板。左侧窟壁有则题记："□□□第二指挥使、金紫光禄大夫、校检司徒、使持节普州诸军事、守刺史、河东县开国男、食邑三百户聂"，题刻左侧尚有一碑，据宋人王象之《舆地纪胜》记载，此为"聂公真龛记"，开凿于后蜀广政四年（941）。聂公为河东县（今山西永济）人，随后唐军队入蜀，阴差阳错又成了后蜀官员，圆觉洞的西方三圣、地狱经变、十六罗汉等龛窟可能出自他之手。

安岳诸多石窟中，圆觉洞充当了承上启下的角色，这里不仅保留了五代石窟的星火，亦开创宋代造像之风。北宋元符二年（1099），普州人杨正卿与妻子邹氏，来到云居山，杨氏一门，父亲杨元善、母亲马氏、叔父杨元爱、叔母胡氏历来信奉佛教，早有意开龛祈福，却久久未能动工。如今父亲、叔父、叔母业已辞世，杨正卿觉得此事不能再拖，遂在云居山觅得一块岩壁，找来工匠开凿莲花手观音。窟壁下方的《真相寺石观音像记》，记载了开龛始末：

……本州信善杨正卿，以厥祖旧愿，造观音石像一尊。择真相崖龛，鸠工集事，阖家随善，共筹良缘。元符己卯创初，大观丁亥告毕。

安岳圆觉洞莲花手观音，供养人
杨元爱与胡氏夫妇

设水陆斋会，开四大部经，饭合郭僧道，崇赞佛乘，远酬祖意。巍峨圣像，睹即见真。泉石松风，皆谈实相。俾人人回心觉观，自反其闻。探观音最上之机，到菩萨妙湛檀那功行，岂易遽量。噫！妙法圆通，斯门第一。遽初方便，何假他求。根不着有，是非就耳。不即不离，无去无来。意取则六贼竞驰，情解则万缘交构。空诸所有，仿佛其源。一念澄虚，真观斯在。余喜杨生，措诚于道。挺出尘累，崇奉法要。求之妙谛，如火中莲。特为书其本末，而刊诸石云。功德主杨正卿，同寿邹氏 故父元善，母马氏，故叔父元爱，故叔母胡氏 大圣宋大观二年戊子春二月壬午朔二十六日丁未建立。奉议郎通判汉州军州事、管句学事、兼管内劝农事，借绯冯世雄书。[1]

庞大的工程直到大观二年（1108）二月方才完工，那时候的皇帝，已是道君皇帝宋徽宗了。莲花手观音高5.5米，脸部圆润，头戴镂空花冠，胸前饰璎珞，双手于腹前持长茎莲蕾，站立在双层仰莲台上。龛窟左右壁各缀刻一飞天，颈绕飘带，手托花蕾，轻盈曼妙，静止的佛龛仿佛具有了动感，大有"天衣飞扬、满壁风动"的意蕴。

石窟完工后，杨正卿还曾举行水陆斋会，开华严、涅槃、宝积、般若四部经，并为县中僧、道布施饭食。为他书写碑文的，是奉议郎、通判汉州军州事冯世雄。奉议郎从六品上，由此看来，杨正卿或许也是官宦出身。

南宋绍兴年间，一户孙姓人家也在云居山开凿了甘露观音，高6.8米，观音头戴镂空花冠，身着双领下垂式袈裟，璎珞蔽体，脸型方圆，长眉秀目，左壁于腹前提净瓶，右手齐肩执杨枝。

---

[1] 《真相寺石观音像记》，见胡文和、胡文成著：《巴蜀佛教雕刻艺术史》，成都：巴蜀书社，2015年。

左图　圆觉洞唐代十三层舍利塔

右图　圆觉洞北宋飞天手托花蕾，轻盈曼妙

孙氏一家四口，将自己的形象留在了窟中。最外侧的供养人头部业已不存，身着袈裟，左肩扣有哲那环，旁有题记："奉佛孙侪发心装銮圣像，祈寿年绵延""□□□僧□□□孙□□使州都孔目官历职满，舍陈俗气，乞剃度为僧。癸酉绍兴二十三年九月二十二日立毕"[1]；两个儿子孙衍、孙衡身穿圆领窄袖袍，头戴裹巾，"长男孙衍乙未初九日生""次男孙衡，庚申十一月二月四日生"；黄氏小娘头梳包髻，配耳坠，身着直领对襟窄袖褙子，"黄氏小娘，丁丑五月初四日生"。

孙衍、孙衡的父亲孙侪，曾任都孔目一职，掌管州中狱讼、簿籍。《水浒传》第三十回"施恩三入死囚牢　武松大闹飞云浦"，武松吃了官司，"厅上知府一力与他做主，定要结果武松性命，只有当案一个叶孔目不肯，因此不敢害他。"可见这孔目，似是有几分权势的。孙侪一心向佛，疲于俗务，任期满后脱下官袍，换上袈裟，削发为僧，举全家之力开凿了这龛甘露观音，与莲花手观音交相辉映。

莲花手观音、甘露观音体量庞大，工程历时数载，却由杨正卿、孙孔目两家人捐资完成。这是宋代供养人出现的新特点，宋代商品经济发展，官宦、商贾家境殷实，有实力承担造像，市民阶层逐渐成为供养人群体的中坚力量。

---

[1] 刘长久：《中国西南石窟艺术》，成都：四川人民出版社，1998年。

市井生活，人间情趣 311

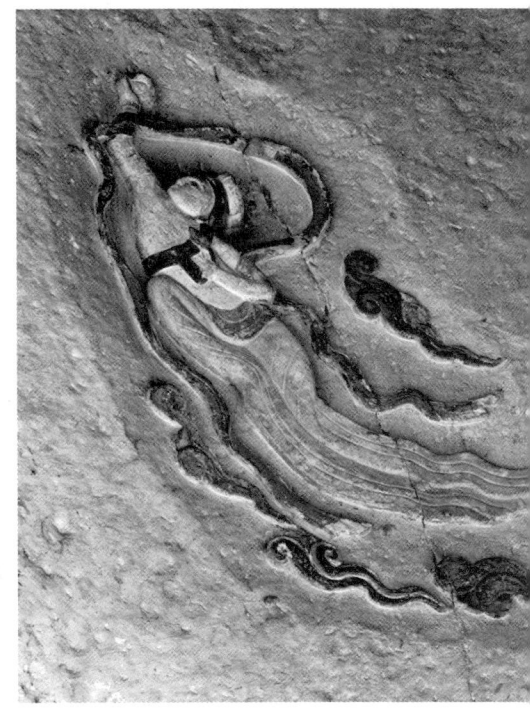

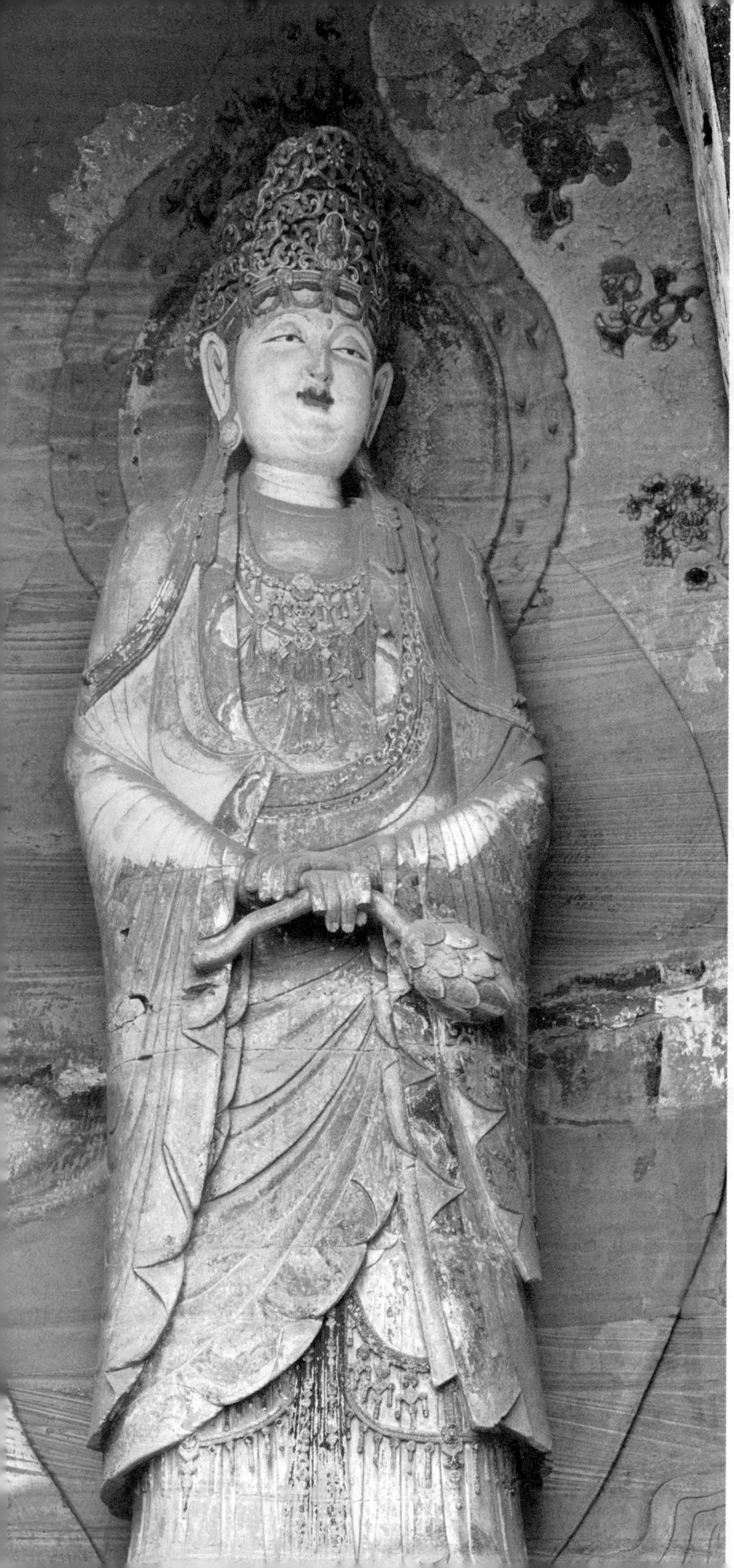

左图　圆觉洞莲花手观音

右上　圆觉洞释迦牟尼佛

右下　圆觉洞释迦牟尼线描图

右图　毗卢洞的紫竹观音

在佛祖身边占据一席之地

毗卢洞位于县城东南 50 公里石羊镇塔子山上，凿有石窟 20 余龛，造像 440 余尊，以柳本尊十炼图、水月观音、华严三圣最具特色。紫竹观音高 3 米，柳叶眉、丹凤眼、高鼻梁、樱桃小口，右腿跷起，左腿悬于莲台之下，恰似天真的邻家少女正在莲叶与竹林间嬉戏。当时的工匠似乎以身边的女子为模特，塑造了石窟艺术史上的尤物，难怪人们亲昵地称其为"跷脚观音""风流观音"。

紫竹观音，学名水月观音，观音有三十三变相，其一即为水月观音。印度佛经中并未有水月观音记载，那这尊观音是因何产生的呢？水月历来是中国诗人喜爱的意境，又是画家偏爱的场景，《唐诗三百首》中写到"水月"的诗歌就有二十八首。[1] 而佛教，尤其是禅宗推崇的"空灵境界"，也与水月描绘的意象相近，比如唐代高僧皎然的这首《溪上月》：秋水月娟娟，初生色界天。蟾光散浦溆，素影动沦涟。何事无心见，亏盈向夜禅。

敦煌莫高窟曾发现一部《佛说水月光观音菩萨经》，最早载有水月观音名号。958 年，官吏翟奉达请人誊抄了十部佛经于三幅卷轴上，为

---

[1] 焦杰：《试论水月观音在唐代产生的社会文化基础》，《平顶山学院学报》，2017 年第 6 期。

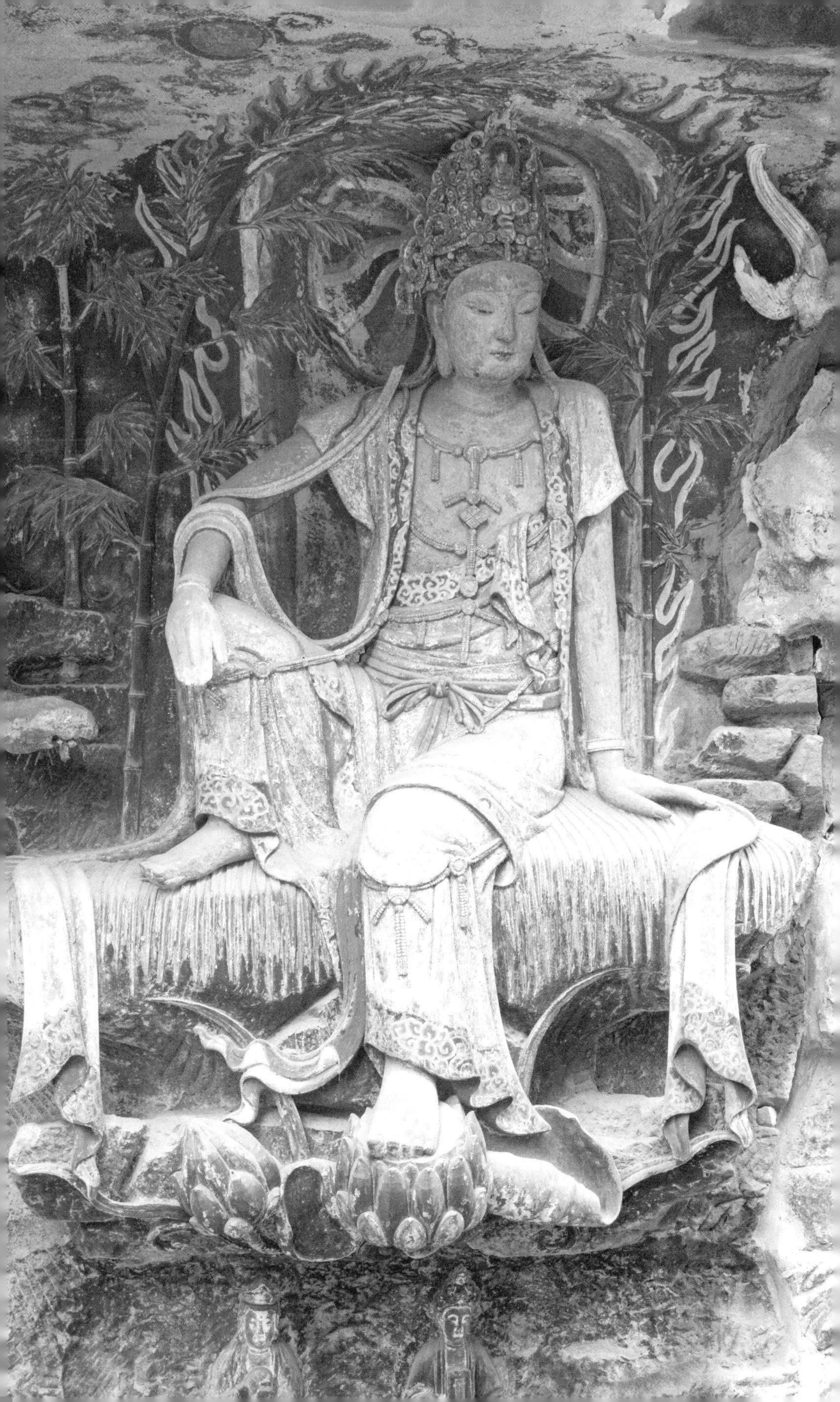

亡妻马氏祈福，其中就包括此经。这位观音的壁画似乎更为流行，唐代画家周昉以画水月观音闻名，曾在长安胜光寺首创水月观音画法：一轮新月，竹林环绕，观音在水月竹林之间。《益州名画记》记载，画家左全与范琼也曾在成都大慈寺与圣寿寺绘过水月观音。

水月观音尤受文人、诗人偏爱。宋代孙光宪的《北梦琐言》中有这样一个故事，唐朝侍郎蒋凝容貌俊秀，号"水月观音"，人皆以见之为祥瑞。著名诗人白居易还写过一首《画水月菩萨赞》：

净渌水上，虚白光中，一睹其相，万缘皆空。
弟子居易，誓心归依，生生劫劫，长为我师。

水月观音也是中国石窟的常见题材，敦煌莫高窟、安西榆林窟、东千佛洞、肃北五个庙诸石窟现存五代、宋和西夏相关题材壁画二十七幅，又以榆林窟2号窟北壁这幅最为精妙。风吹竹林，溪水潺潺，莲花朵朵，水月观音闲坐于竹林之中，抬头望着天边的弯月，静静聆听水流之声，似在凝神遐思，又似在聆听众生疾苦。天真可爱的善财童子，腾云驾雾赶来朝拜。画家通壁以淡雅的石青、石绿等冷色调来着色，营造出深旷清净的意境，大有传统山水画的意趣。

第18号窟千佛洞，正面为华严三圣，下方设高约150厘米的台基三面，其上镌刻圆龛322个（一说316个），直径约23厘米，最大者46厘米，龛中趺坐一像。正面圆龛以佛像为主，头有螺髻，身着袈裟；左右两侧几乎是女子像，头梳高髻，姿态各异，或结跏趺坐，或抱膝而作，或斜身歪坐；手中持物也不尽相同，或捧香盒，或持经匣，或抱大鱼。

圆龛左侧、右侧刻有姓名或法号，大概可分为四类，一是名字，如廖廷禄、何大义、李兴德、姜凤枝、杨一琴等；二是某氏，如严氏、王

在毗卢洞，捐资造像的僧、尼、供养人，
甚至怀抱着小孩的妇女都坐进了佛龛

氏、李氏二、冯氏三、陈氏大、陆氏大、桑氏大、杜氏二姐、邓氏幺姐；三是法号，比如易氏妙姓、陈氏妙惠、周氏妙惠、杨氏妙惠、龚氏妙善、刘氏妙善、付氏妙善、张氏妙缘等；四是出家人，如引悟、如瑞、了悟等。[1] 由此看来，这些供养人或许参与了毗卢洞的营建，他们

1　彭冰：《安岳毗卢洞女性供养人研究》，《中国美术》，2017 年第 6 期。

安岳毗卢洞 10 号窟宋代供养人

已不满足于刻上姓名，也将自己的形象留在了石窟中，与佛一起享受着人间香火。

宋代国力虽不如唐，城市经济却大有发展，市民阶层颇为活跃，俗世的人渐渐成为小说、评书中的主体，受此影响，石窟艺术也大有世俗化的趋势，诸如养鸡女、牧童、婢女等世俗形象频频出现在石窟中。只要信奉佛祖，就可以成为佛国的一员，在佛祖身边占据一席之地——甚至用不着修行，只需捐出几两银子就够了。

中国晚期石窟的代表作

宋代石窟存世颇少，以致清代学者提出"唐盛宋衰"之说，大足石刻的发现修正了这种观点，而安岳，则继续向世人展示着宋代石窟之美。宋代是安岳石窟的黄金时代，除了圆觉洞、毗卢洞，又在茗山寺、华严洞、孔雀洞、宝珠寺、宝相寺中发现诸多精品，石窟也逐渐摆脱了五代的桎梏，佛龛气势恢宏，佛像大多大于真人，惟妙惟肖。

茗山寺地处虎头山巅，现存造像 97 尊，数量虽不多，但规模宏大，龛龛精彩，诸如高约 5 米的观音、大势至菩萨，6 米的文殊师利，6.3 米的毗卢遮那佛，1.8 米、并排而立的十二护法神像等都堪称宋代精品。千年的风吹雨打使岩石显现出层层肌理，在佛像身上留下水波形线条，看起来更有沧桑之美，如同年轮，记录下时间的印记。文殊师利身后开凿有八个小圆龛，龛内各有一坐佛，左边五尊正对风口，仅存模糊的轮廓；右边三尊由于岩壁的遮挡形成避风港，几乎完好无损。

华严洞在赤云乡箱盖山上，高 6.20 米、宽 10.10 米，深 11.30 米，是安岳最大的一龛，正中雕刻毗卢遮佛、文殊、普贤菩萨，并称"华严三圣"，故称华严洞，但此窟两侧各有五菩萨，合为十二圆觉，描绘的是文殊、普贤、普眼、金刚藏、弥勒、清净慧、威德自在、辨音、净诸业障、普觉、圆觉、贤善首菩萨——向毗卢遮那佛问法的场景，出自《圆觉经》，定为圆觉洞或许更为合理。

清净慧菩萨头戴花冠，面容恬静，目光柔和，身披袈裟，手持莲蕾倚于右肩，右脚踏莲台，左腿压在右腿上；辨音菩萨柳眉杏眼，樱桃小口，面容清秀，头戴宝冠，上覆盖头，璎珞蔽体，双手、双脚笼于袈裟中。宋代的菩萨，再不似唐代那般婀娜多姿、裸露身体，而多闲淡自然、典雅恬静之气，充满了温厚、慈悲的人性特征。宋朝南渡之后，温

安岳茗山寺里朝拜的人们

321

润精致、细腻婉约的南方文化逐渐取代大气磅礴、粗犷强劲的北方文化，这样的风气自然也影响了石窟艺术。

安岳宋代石窟，或息于空山，或隐于林间，有的甚至藏身在百姓家中。双龙街乡孔雀村村民周世夏灶台旁就有一尊孔雀明王，佛像的脸庞已被灶烟熏得漆黑。土改时，村里将寺院划成几块，分给附近的贫农，周家也分了几间，当时灶台旁就有这样一尊孔雀明王，一晃已五十多个年头了。

孔雀明王是密宗一大本尊，头戴花冠，身着天衣，飘带飞舞，跌坐于孔雀之上，身后四手分别托经书、如意、宝扇与孔雀翎。孔雀明王的典故，出自《母大佛孔雀明王经》，佛教认为此经能远离疾病，不受水旱灾难、魔鬼，尤其是战争的侵袭。重庆大足有一尊孔雀明王完工于靖康元年（1126），是年闰十一月丙辰（1127年1月），北宋都城汴梁沦落金人之手，正是宋朝历史上最混乱不堪的时期。蜀人开凿孔雀明王，或许正是希冀躲避连年的战火。

从地域来看，毗卢洞、华严洞、茗山寺、孔雀洞呈梯形分布，彼此之间距离3—4公里。四地的题材，与北宋圆觉洞流行的莲花手观音、甘露观音不同，而以毗卢遮那佛、华严三圣、孔雀明王、柳本尊十炼图等密宗题材为主。毗卢洞的柳本尊十炼图，暗示着此区域密宗信仰极为流行。

柳本尊十炼图宽14米、深5米，塑造了柳本尊一生修行的十个劫难，大多是骇人听闻的故事。

柳本尊名居直，唐大中九年（855）生于嘉州龙游县玉津天池坝（今四川乐山境内），终日念诵《瑜伽经》，设道场，收弟子，弘扬密宗，后被尊为四川密宗第六代祖师。蜀王王建曾召他入宫，供养三日，赐封为"唐瑜伽部主总持王"。中国的密宗，一般认为始于开元年间，以密宗三大师金刚智、善无畏、不空进入中土为标志。时至晚唐，密宗在中原已是绝唱，却在巴蜀仍有着广泛影响。柳本尊采取烧炼身躯、施舍器官的修行方式，与中国传统的密宗教义大相径庭，有学者也称为"川密"。大约南宋初期，这个教派广泛流行于安岳乡间，尤其是毗邻大足的茗山寺、华严洞、孔雀洞等地。

孔雀村与大足毗邻，大足石门山孔雀明王的模样、布局与孔雀村这龛颇为相似。事实上，大足不少造像都能在安岳找到同样题材，比如宝顶山的柳本尊十炼图、圆觉洞、华严三圣等。南宋年间，赵智凤承柳本尊之衣钵，传承密宗，以一己之力，在宝顶山营建纵横五里的石窟群，这或许是茗山寺、华严洞与宝顶山造像相类似，却没有供养人信息的原因——密宗造像，为的是展示教义，教化百姓，而非世俗祈请。

得益于大足石刻考察团的调查，大足石刻早在 1945 年就已为世人知晓。相比之下，安岳石窟的发现要晚得多，这个隐秘的佛国，诸多石窟至今仍隐藏在山中林间，尘封于枯藤、杂草与青苔中，一任风雨侵袭。但安岳石窟的地位不言而喻，它如同星星之火，保存着五代石窟的火种，又开创宋代造像的风气，与大足石刻交相辉映，一同将中国石窟延续了四百年之久。

市井生活，人间情趣　　323

茗山寺文殊师利菩萨

茗山寺宋代毗卢遮那佛

茗山寺毗卢遮那佛局部

茗山寺大势至菩萨局部

华严洞地处赤云乡箱盖山，是安岳最大的石窟

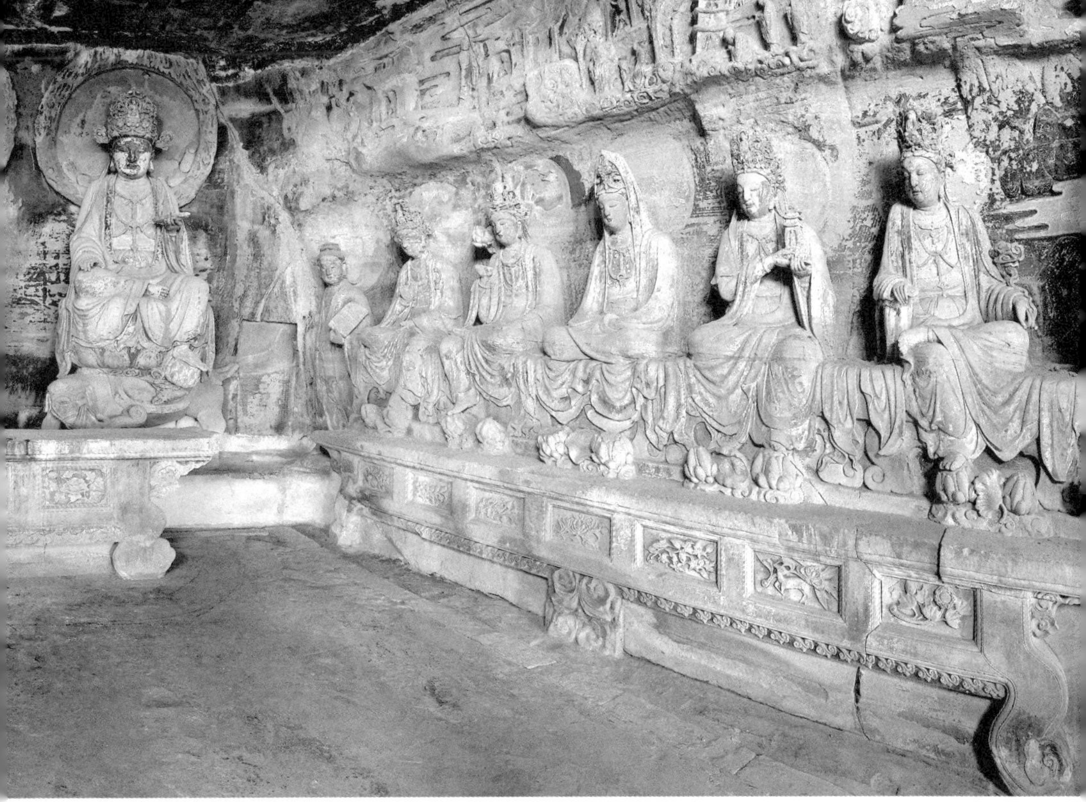

上图　安岳华严洞右壁的十二圆觉菩萨（局部）
右上　华严洞十二圆觉之清净慧、辨音菩萨
右下　清净慧菩萨、辨音菩萨线描图

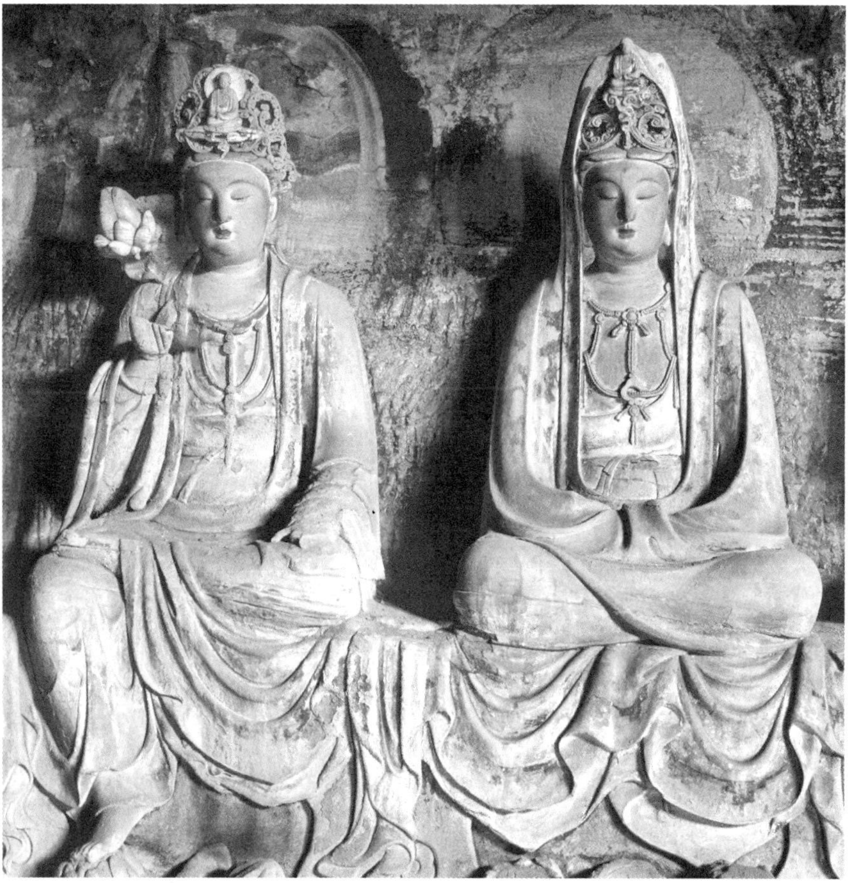

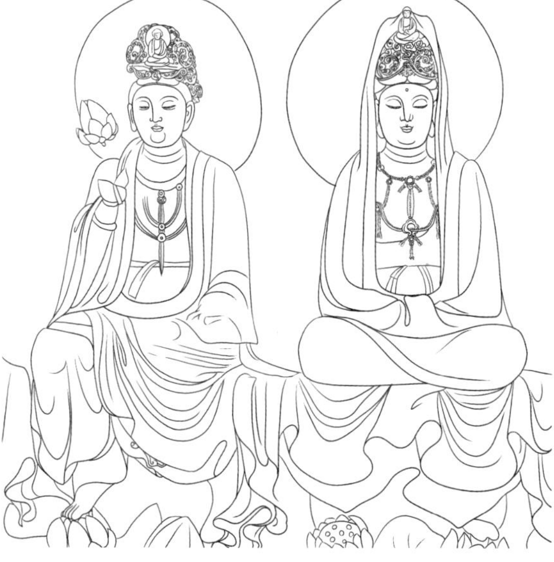

毗卢洞柳本尊十炼图，中国仅发现了两龛此类题材

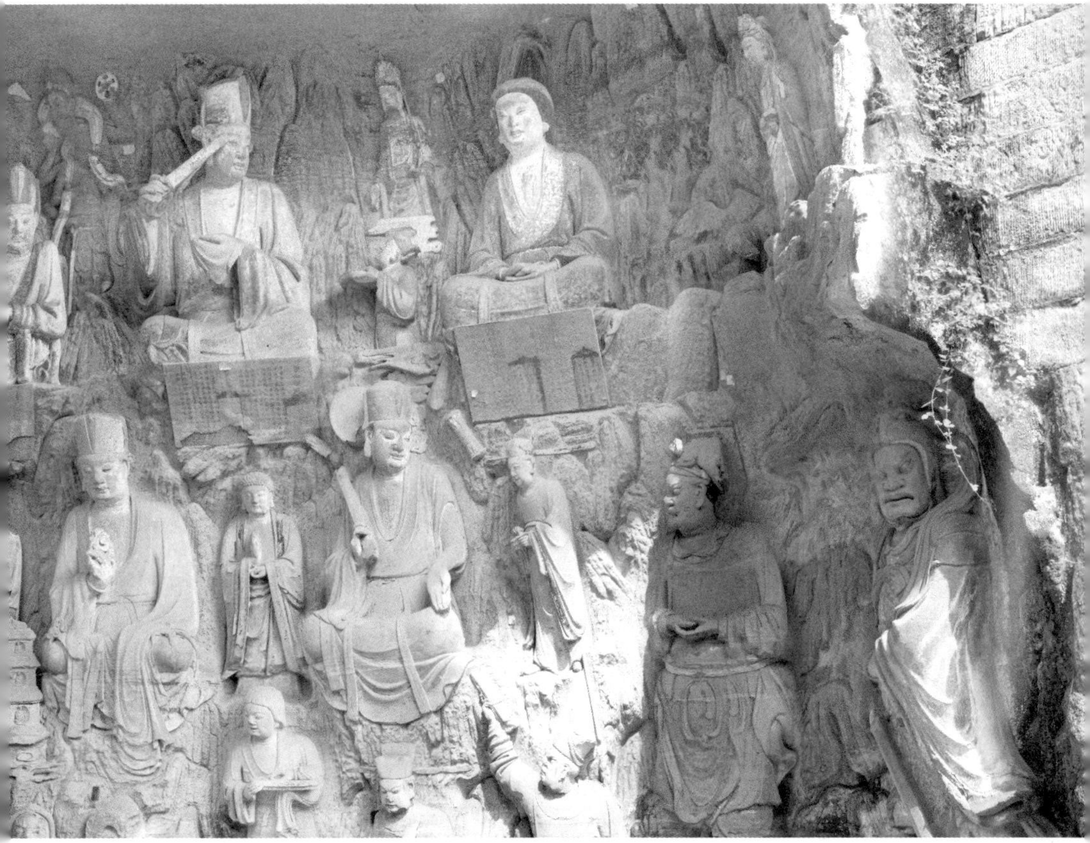

周世夏灶台旁的孔雀明王，已经被烟火熏得漆黑

大足石刻
宋代市井中的石窟史

节度使韦君靖、都押衙刘恭、奉直大夫任宗易、朝散大夫张莘民、录事参军赵彭年、庄园主严逊、大居士冯楫、化首岑忠用、僧人赵智凤……历代供养人的故事，化成大小龛窟，也串联起大足石刻的脉络。宋代市民阶层活跃，市井气息浓郁，那些鲜活的供养人，似乎也给石窟带来了几分烟火气。

右手握兵器，左手持佛经

唐景福元年（892）春，昌州龙岗山永昌寨。昌州刺史、昌普渝合四州都指挥、静南军使韦君靖站在龙岗山上（今北山），俯视着脚下的大足县城，身后，工匠挑着沉重的石块，营建城墙，武风赫赫的士兵在寨中操练，杀声震天。

公元880年，黄巢义军攻占长安，唐僖宗逃往成都，一时间中原兵戈四起，西蜀大地也是诸侯割据。时任昌元令的韦君靖乘乱而

北山佛湾长约500米的岩壁，开凿着290个龛窟

起，招兵买马，攻占昌州。西川节度使王建占领西川后，对东川之地虎视眈眈。韦君靖为求自保，遂在龙岗山创立永昌寨，招安流民，据寨自保。经过几年苦心经营，龙岗寨城墙周围28公里，建有敌楼一百余所，屯兵数万，粮草可支撑数十年，可谓固若金汤。

韦君靖一生南征北战，杀人如麻，担心死后下地狱，遂在892年的一天，从北方逃亡的难民中招募了几个工匠，在佛湾开凿毗沙门天王造像，并于乾宁二年（895）勒石刻碑，这便是北山编号第2龛的《韦君靖碑》。碑高2.60米、宽3.10米，碑文不仅记载了他营造龙岗寨的历史，还密密麻麻记下军中武将名字，如节度衙前总管杜元备、节度军事押衙赵沛、节度先锋兵马使杜元立、节度衙前虞候廖居瑶等，可见开凿石窟乃是昌州一时之盛事。[1]

毗沙门天王是佛教护法神，因传说帮助唐朝抵御西蕃、康、大石国军队，故而兴盛一时，尤为军中武将信奉。韦君靖与下属捐资的这龛毗沙门天王，高2.5米，怒目立眉，呈愤恚之相，身材魁梧，披挂两当甲，胸前各有一圆护，内饰虎头，腰束革带，带下佩戴牛角形小刀，足下踏有二夜鬼，胯下还有一戴冠人头像，佛经记载，左为尼蓝婆，右为毗蓝婆，中间的是地天，又名欢喜天。

在韦君靖提倡下，军中将领纷纷找来工匠开凿佛像，戒备森严的北山竟然也有了几分香火气，北山现存题记，就有"右衙第三军副将种审能""军事押衙寨知进""右厢都押衙知衙务刘恭"等军职。晚唐五代的蜀地，士兵多崇信佛教，右手握兵器，左手持佛经，军营中诵经之声不绝于耳，或许也是龙岗寨的真实写照。[2]

毗沙门天王没能给韦君靖带来好运，立碑不久后，韦君靖就在与王建的交战中一败涂地，下落不明，得益于北山58号龛的题记，为这位枭雄的命运提供了全新解读。58号龛为观音地藏合龛，地藏身着袈裟，头部已残，观音披戴璎珞，窟壁有则题记："敬造救苦观世音菩萨、地藏菩萨一龛。右为故何七娘镌造，当愿承此功德，早生西方，受诸快乐。乾宁三年九月二十三日设斋表赞毕。检校司空、守昌州刺史王宗靖造。"观音地藏中间冉冉升起祥云，云中跪着一位梳着高髻的女子，她就是何七娘。

晚唐蜀地诸枭雄中，以王建势力最大，陆续吞并阆州、蓬州、渠州、通州、万州，于907年创立前蜀，定都成都，王建喜好收义子。不少义子将原名保留一字，比如李绾为王宗绾，杨儒为王宗儒，以此看

---

1 （唐）胡密：《韦君靖碑》，见重庆大足石刻艺术博物馆等编：《大足石刻铭文录》，重庆出版社，1999年。
2 （清）吴任臣：《十国春秋》，中华书局，1983年。

北山第 5 窟毗沙门天王，应是韦君靖在北山永昌寨营造的早期龛窟之一

来，王宗靖极可能是韦君靖的更名。再者，王宗靖所任的"检校司空守昌州刺史"，也与韦君靖相同，而掌握军权的都指挥、静南军使则被收回。[1]

如果这个推断不假，在王建强大的兵锋面前，韦君靖也不得不走上投诚之路，成为王建一百二十名义子中的一员，并屈辱地更名换姓，不到一年，妻子何七娘去世，无疑令内忧外患中的韦君靖更加孤独。北山2号窟与58号窟，相隔不过百步，造像气度却相差甚远，一个威风八面，一个小心谨慎，这短短的百步，就是韦君靖的人生浮沉。

中国宋代造像的绝巅

韦君靖投诚后，龙岗寨的硝烟逐渐消散，开凿石窟的传统却延续下来，工匠在岩壁上往来上下，叮叮当当的凿石声回响在昌州城上空。驱散恐惧，祈求子嗣，高官厚禄，疾病永除……北山佛湾长约500米的岩壁，写满了昌州人的心愿，也连成了一条石窟长廊。

晚唐五代，观音地藏合龛是昌州人偏爱的题材，北山佛湾290个龛窟，观音地藏合龛就占了15个。观音、地藏的组合，从未在佛教典籍中出现过，按理说并不符合仪轨。那么，究竟是什么原因，使其如此盛

---

[1] 刘豫川：《〈韦君靖碑〉考辨》，见郭相颖主编：《大足石刻研究文集》2，重庆出版社，1997年。

行呢？答案是现实需求。佛教中，地藏菩萨掌管地狱、超度亡灵，观音则被视为救苦救难、有求必应的菩萨。观音与地藏，一个照顾生前，一个兼济死后，古人只要开凿一龛造像，就能把今生来世的问题全解决了，可谓用心良苦。

人之生死，皆与二菩萨密切相关，观音地藏合龛于唐天宝年间出现后，立即在广元千佛崖、龙泉天落石、夹江千佛岩、蒲江飞仙阁、丹棱郑山、内江圣水寺等地流行，几乎风靡全蜀。[1] 地藏大多是光头沙弥形象，身着袈裟，观音菩萨全身装饰华丽的璎珞，手持杨枝或净瓶。

前蜀永平五年（915），昌州右衙第三军散副将种审能来到北山，为儿子希言造了尊地藏。不久前，希言被贼人所伤，虽得医治，终因伤势过重早亡，令种审能颇为神伤。在龛口，他留下这则伤感的题记：

敬造地藏菩萨一身，右衙第三军散副将种审能为亡男希言被贼伤煞，造上件功德，化生西方，见佛闻法。以永平五年四月四日，因终七斋表赞讫，永为供养。[2]

后蜀广政十七年（954），昌州右厢都押衙知衙务刘恭与姨母任氏等人（右厢都押衙为军中武职，掌管军机筹划和军将调遣），唤来工匠，在北山开凿了一龛复杂的石窟：药师佛与八菩萨、十二神王、七佛、三世佛、阿弥陀佛，以及三尊地藏，一座经幢。刘恭在龛中，留下一则长长的题记：

---

1 ［日］肥田路美：《关于四川地区的地藏、观音并列像》，见重庆大足石刻博物馆编：《2005年重庆大足石刻国际学术研讨会文集》，重庆出版社，2007年。
2 （五代）种审能：《造第53号阿弥陀佛龛镌记》，见重庆大足石刻博物馆编：《大足石刻铭文录》，重庆出版社，1999年。

上图　北山 136 窟

下图　北山 136 窟，释迦牟尼佛与莲花手、净瓶观音

北山 136 窟宝印观音，面容恬静，头戴花冠玲珑剔透

北山 136 窟不空羂索观音，手托日月，又称日月观音

北山 136 窟文殊菩萨，文殊辩才第一，是智慧的化身

北山 136 窟普贤菩萨，含颦欲笑，神态微妙

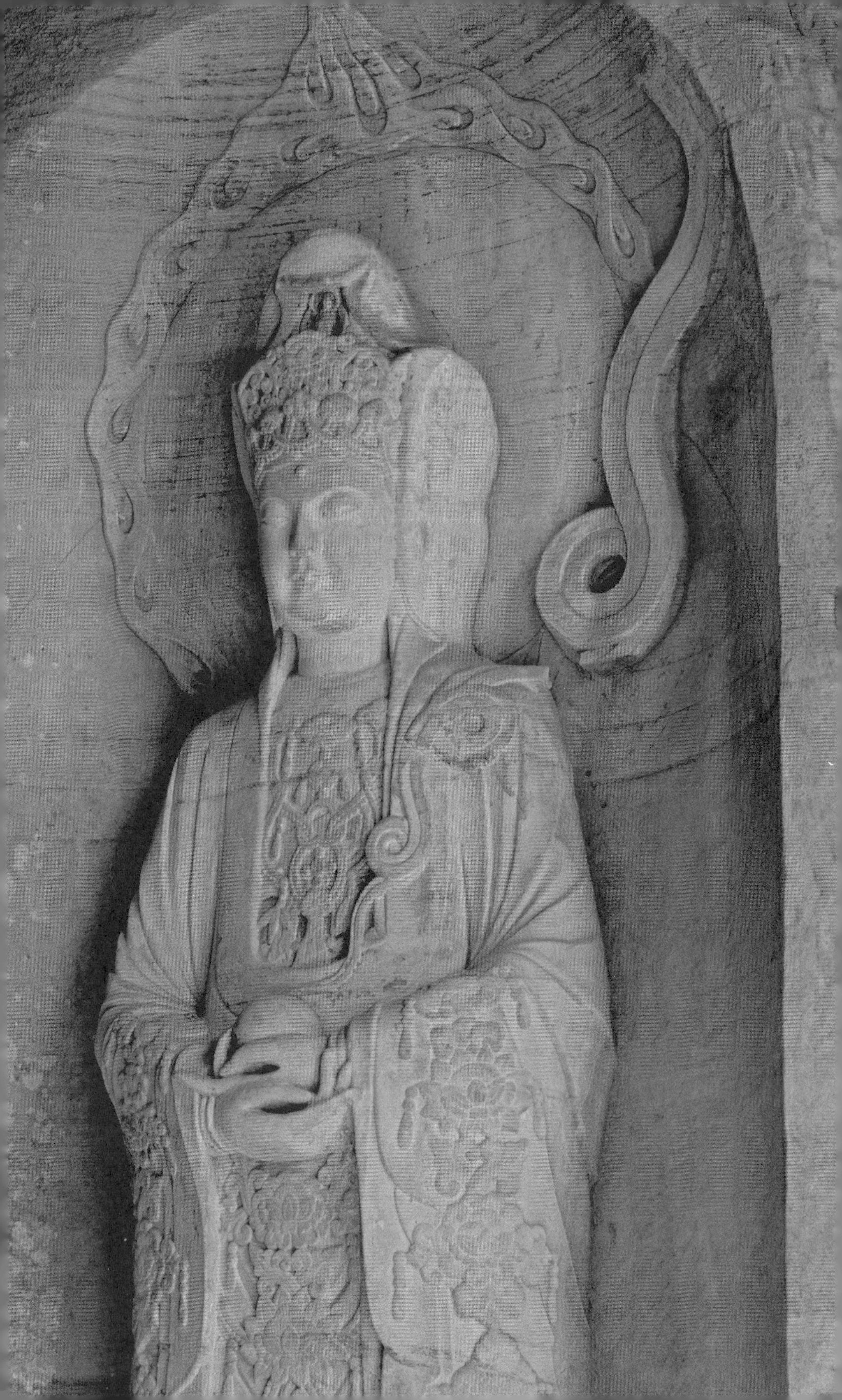

北山 136 窟白衣观音

敬镌造药师琉璃光佛、八菩萨、十二神王、一部众，并七佛、三世佛、阿弥陀佛、尊胜幢一所，兼地藏菩萨三身，都共一龛。右弟子右厢都押衙知衙务刘恭，姨母任氏男女大娘子、二娘子，男仁寿、仁福、仁禄等发心镌造前件功德，今并周圆。伏愿身田清爽，寿算遐昌，眷属康安，高封禄位，先灵祖远，共沾殊善。以广政十七年太岁甲寅二月丙午朔十一日丙辰设斋表赞讫，永为瞻敬。[1]

这龛造像，编号北山第 281 龛，琳琅满目，蔚为大观。佛教中，药师佛掌管着东方琉璃净土，信奉药师佛，有祛病、延寿等诸多益处，八大菩萨接引死者前往净土世界，十二药叉大将庇护左右，令疾病不得附体；地藏菩萨掌管着幽暗的地下世界，地狱十王审判世人的灵魂，信奉地藏，则可免除地狱之苦；佛顶尊胜陀罗尼具有破地狱的功能，拯救亡者于地狱，又为生者祈福。五代乱世，昌州虽偏安一隅，亦是狼烟四起，刘恭虽是一介武将，或许也有朝不保夕的忧虑，北山 281 龛，也就折射出五代社会的战乱、动荡、死亡与困惑。

宋朝建立后，昌州人渐渐走出了五代的忧伤与黑暗，北山造像风格为之一变，又以观音数目最多，如意轮观音、数珠手观音、白衣观音、宝印观音、莲花手观音、不空羂索观音、水月观音……诸多观音的出现，使得北山俨然观音的王国。

南宋建炎二年（1128），奉直大夫、知军州事任宗易与夫人杜氏，

---

[1] （五代）刘恭：《造第 281 号药师佛龛镌记及刻经两件》，见重庆大足石刻博物馆编：《大足石刻铭文录》，重庆出版社，1999 年。

市井生活，人间情趣　347

在北山开凿了一龛如意轮观音，窟高3.43米，宽3.22米，正壁雕刻三尊观音，如意轮观音居中，左手持莲花，右手在胸前结印，左侧为手持净瓶的观音菩萨，右侧为捧如意的白衣观音，左右两壁浮雕诸天神像。在窟壁，任宗易留下一则题记：

奉直大夫知军州事任宗易同恭人／杜氏发心镌造妆銮／如意轮圣观自在菩萨一龛永为一／方瞻仰祈乞／□□□□干戈永息建炎二年四月／□□□□。[1]

《如意轮陀罗尼经》记载，信奉如意轮观音，"若有军阵斗战，官事争讼，由明成就，皆得解脱"。建炎二年（1128），金兵大举南下，直杀到扬州附近的天长军，宋高宗连夜出逃，扬州城的百姓呼儿唤女，自相践踏者难以计数，此事传到昌州，无疑令早年在朝廷任职的任宗易忧心忡忡。

宋高宗绍兴年间，北山出现了一龛精美绝伦的造像——136号转轮经藏窟，这也是北山规模最大的龛窟。136窟高约4米、宽4.2米、进深6.7米，正中为八角形转轮经藏，由地及顶，蟠龙缠绕，与西藏喇嘛寺中常见的转经轮颇为相似；三壁雕有释迦牟尼、文殊、普贤、不空罥索观音、宝印观音、白衣观音、数珠手观音。宝印观音面颊简约，细腻柔美，肌肤看起来似乎富有弹性，花冠玲珑剔透，错综复杂点缀着数百颗花簇珠串，而这一切居然在冰冷的石头上开凿而成，难怪有"中国石窟艺术皇冠上的明珠"美誉。

宋代的观音，衣服褶皱很多，显得厚实。当年，马衡、顾颉刚等

---

[1] （宋）任宗易：《镌妆如意轮观音窟题记》，见重庆大足石刻博物馆编：《大足石刻铭文录》，重庆出版社，1999年。

人来到北山，看到这些观音，颇为诧异，是不是宋代石匠水平退化，雕不出唐代薄若蝉纱的感觉了？后来才恍然大悟——服饰史显示，宋朝以后，由于天气变冷、材质变化等原因，中国人就少穿丝绸，改穿棉布了。宋代的观音，再不似唐代飘带飞舞，身体扭曲，而是以玲珑的衣饰、繁复的头冠显示身份的高贵，以恬静的面容反映内心的宁静。诚如大足石刻博物馆黎方银馆长所言，宋人在美学上、艺术上，是文人气，多阴柔之美，在这种细腻、婉约情绪的影响下，宋代的瓷器造型优雅、釉色纯洁、图案清淡，陵墓雕刻人物拘谨、动物驯良，石窟给人秀丽清纯之感。[1]

题记显示，南宋绍兴十二年至十六年间（1142—1146），张莘民、赵彭年、王升、陈文明等人。相继捐资造了136窟中的佛祖、弟子与诸菩萨。张莘民时任朝散大夫、权发遣昌州军州事，赵彭年则任昌州录事参军、司户司法一职，司户参军掌户籍、赋税，司法参军掌议法、断刑：

弟子赵彭年同寿杨氏发至诚心，敬镌造文殊师利菩萨、普贤王菩萨二龛，上祝今上皇帝圣寿无疆，皇封永固，夷夏乂安，人民快乐。次乞母亲康宁，眷属吉庆，普愿法界有情同沾利益。绍兴十三年岁在癸亥六月丙戌朔十六日辛丑，斋僧庆赞，左从事郎、昌州录事参军兼司户、司法赵彭年谨题。[2]

大势至菩萨题记中，出现了"颍川镌匠胥安"名号，颍川在今河南

---

[1] 黎方银：《试论大足宋代石窟的文化基础》，见《大足石刻研究文集2》，重庆出版社，1997年。
[2] （宋）赵彭年：《造文殊普贤像镌记》，见重庆大足石刻博物馆编：《大足石刻铭文录》，重庆出版社，1999年。

禹县一带，北宋末年宋金鏖战，宋朝丧失了黄河南北的大片土地，镌匠胥安或许也在此时迁徙到了昌州。一个有趣的现象是，敦煌、云冈、龙门石窟数以万计，却极少能发现工匠姓名。敦煌莫高窟北区曾发现过一些小洞穴，漫漫黄沙下，一幅古画盖着一堆枯骨，他们是敦煌的石匠、画师，死后安葬在洞穴中，旁边就是他们生前的作品，却连姓名也没有留下。

迄今为止，大足石刻已发现20余位留下姓名的石匠，比如胥安、伏小八、伏小六、文惟简、文惟一、文居道、文玠等，又以伏氏与文氏人数最多，是巴蜀闻名的石匠世家。宋代场镇经济大有发展，手工业者的社会地位提高，自我意识觉醒，石匠在完成一龛造像后，往往镌刻自己的姓名，就像今天的画家在完成作品后，都要盖上印章。不少工匠身份前，还加上了"处士"称呼，"处士"是朝廷授予的名号，《宋大诏令集》记载，"自来惟有先生、法师、处士、大师等号，而品秩甚少。名称既高，视官亦隆，人难遽进"[1]，此时已成为一般称谓。

石篆山庄园主严逊

大足城外的严逊，一心向佛，苦于乡野之地无处礼佛，遂花去五十万钱，购得石篆山，并延请著名的文氏工匠开凿了十四龛造像，以作水陆法会之用，借以教化百姓，浩大的工程一直持续到元祐五年（1090）方才完工，宋代僧人希昼的《严逊记》碑，记录下这段往事：

1　司义祖：《宋大诏令集》，中华书局，1962年。

石篆山鬼子母龛。鬼子母在宋代已是贤淑的夫人模样

予读佛书,身体力行,持斋有日矣。生佛末法,不亲佛会,不与劝请,去佛时远。思作佛事,而莫之能也。于是称力复斯,以钱五十万,购所居之乡胜地曰石篆山,镌崖刻像,凡十有四:曰毗卢释迦弥勒龛,曰炽盛光佛十一活曜龛,曰观音菩萨龛,曰长寿王龛,曰文殊普贤龛,曰地藏王菩萨龛,曰太上老君龛,曰文宣王龛,曰志公和尚龛,曰药王孙贞人龛,曰圣母龛,曰土地神龛,曰山王常住佛会塔记龛。[1]

严逊本是遂州润国人,九岁那年,父亲为躲避徭役,举家搬到昌元县(今隆昌县)居住。若干年后,父亲大病一场,严逊又卖了昌元县的宅子,迁徙到大足县,购置古村、铜鼓、石篆山三处庄园。宋代庄园经

---

[1] (宋)希昼:《严逊记》,见重庆大足石刻博物馆编:《大足石刻铭文录》,重庆出版社,1999年。

市井生活,人间情趣　　351

石篆山文宣王龛

353

济发达,《水浒传》里,柴进的庄园,"门迎阔港,后靠高峰。数千株槐柳疏林,三五处招贤客馆。深院内牛羊骡马,芳塘中凫鸭鸡鹅。仙鹤庭前戏跃,文禽院内优游",严逊虽无这般阔绰,倒也算富足,山中种植松柏数十万株,每年贮存粮食两千斛,严逊将三处庄园交与三个儿子打理,自己闭门礼佛。

石篆山地处大足三驱镇佛会村,山势弯曲盘旋,宛如"篆"字,十余龛造像就分布在山中,推开院门,竹林摇曳,松涛阵阵,严逊与乡民们似乎从未离开,他们的故事,犹在院子里日复一日上演着。当年,石窟尚未建成,严逊就迫不及待地于元祐三年(1088)举行了一场水陆法会,并在文宣王龛中镌刻题记:元祐戊辰岁孟冬七日设水陆会庆赞讫。发心镌造供养弟子严逊愿生生世世聪明多智。岳阳处士文惟简。

水陆法会,亦称"水陆会""水陆道场",据云源于南北朝,梁天监四年(505,一说天监七年),梁武帝在镇江金山寺举行了中国历史上第一次法会,超度水陆亡魂。唐宋水陆法会大盛,归义军时期,敦煌曹氏就在寿昌县金山角下设立水陆道场;在老家眉山,文豪苏轼曾撰写《水陆法像赞》十六篇。水陆法会将佛教的地狱观念,民间的鬼神信仰,以及中国传统的孝道、悲天悯人思想结合起来,直到今天依旧在民间流行。

早期的水陆法会以佛教的佛祖、菩萨、天王为主,两宋之后,随着儒释道三教融合,水陆法会的内容变得庞杂,道教的天尊、神仙,儒家的圣贤、先哲,民间的鬼神信仰纷纷加入进来。这或许也是石篆山石窟,既有佛教的三身佛、文殊、普贤,也有道教的太上老君、孙贞人(真人),甚至还包括了儒家的文宣王孔子的原因。

石篆山一间古朴的院落中,孔子、老君、毗卢遮那佛并列在石包上。孔子头扎方巾,正襟危坐,左手抚膝,右手握羽扇,两侧是颜回、闵损、冉有、言偃、端木赐、仲由、冉耕、宰我、冉求、卜商十大弟子；太上老君头扎高髻，络腮胡须，左手抚玉带，右手持宝扇，身边站立太极真人、正一真人、定法真人等；毗卢遮那佛居中，释迦居左，弥勒居右，身后站着众弟子。严逊与他的夫人，也走进龛中，他手里拿着长柄香炉，似在上香，双目凝视佛祖。

另一位深受儒释道浸润的文人冯楫，似乎对此有着更深的体会。冯楫曾任潼川府路兵马都钤辖、知泸州军，也是宋朝著名的大居士，大约绍兴年间，他在大足县城西南的妙高山营建石窟，陆续开凿了阿弥陀佛、西方三圣及十观音、水月观音等，又以三教合一窟最为精妙，在这个高 3.14 米、宽 2.8 米的龛窟中，释迦牟尼佛居中，太上老君居左，文宣王孔子居右，亲密无间地住在了一起。

自佛教传入中国以来，为了争夺生存空间，一直与本土的儒家、道教有着激烈论战。唐朝初年，唐高祖李渊对三教进行调停，史称"三教

石门山隐藏在大足石马乡一个古朴的四合院中，清晨，文管员打开木门

市井生活，人间情趣　355

论衡"，佛、儒、道才从对立走向了融合；宋太祖赵匡胤既信佛又崇道，宋代许多文人儒释道兼修，文豪苏轼，"初好贾谊、陆贽书，论古今治乱，不为空言。既而读《庄子》……后读释氏书，深悟实相，参之孔、老，博辩无碍，浩然不见其涯也"。

石篆山与妙高山，也就成了宋朝三教融合的见证。

化首岑忠用的烦恼

北宋绍圣年间，家住大足长溪里的杨才友，与妻子冯氏一起，来到附近的石门山，与僧人商议开龛。那时候，北山、石篆山的龛窟早已鳞次栉比，石门山却是冷冷清清。杨才友请来工匠文惟一、文居道父子，觅了块上好的岩壁，开凿了一龛山王，山王、地母并排而坐，下方阴刻两只猛虎。绍圣二年（1095）二十四日清明节，龛窟完工，第二天，杨才友一家还举行了盛大的斋庆活动，祈求全家平安，鬼神退散。杨才友在窟壁留下一则题记：

弟子杨才友，女弟子冯氏，长男杨文忻，小男杨文秀，镌作匠人文居道。

得益于山王庇护，杨家的生活幸福而安宁。当年的长男杨文忻迎娶了新娘，生下儿子杨伯高。南宋绍兴十七年（1147），杨伯高为故去的父亲杨文忻开凿了一龛玉皇大帝像，玉帝柳叶眉、丹凤眼，颔下一缕长须，头戴冕旒，身着圆领长袍，双手捧玉圭，千里眼、顺风耳护卫左右。题记显示，杨文忻享年八十岁，于绍兴丙寅（1146）12月26日辞

大足石门山，杨氏祖孙三代的故事，
就镌刻在龛窟旁的岩壁上

世。杨伯高还在龛口留下了杨文忻的模样，他头扎方巾，身着尖领窄袖衣——这是南宋下层百姓的常见装束。

两龛相隔半个多世纪的石窟，讲述了杨才有、杨文忻、杨伯高祖孙三代的故事，山王是民间信仰，玉帝名列道教六御之首，看来杨氏一门是虔诚的道教信徒。佛教在石门山亦颇为流行，绍圣三年（1096），赵氏一娘子与儿子吴信之、吴舜之、吴节之一起，开凿了一龛释迦牟尼佛；南宋绍兴年间，规模恢宏的十圣观音洞也已完工。

绍兴六年（1136），大足县烈日炎炎，雨水稀少，庄稼歉收，百姓

左图　大足石门山十圣观音洞，正壁雕凿阿弥陀佛、观音、大势至菩萨

右图　从左向右依次为如意轮观音、数珠手观音、龙女

359

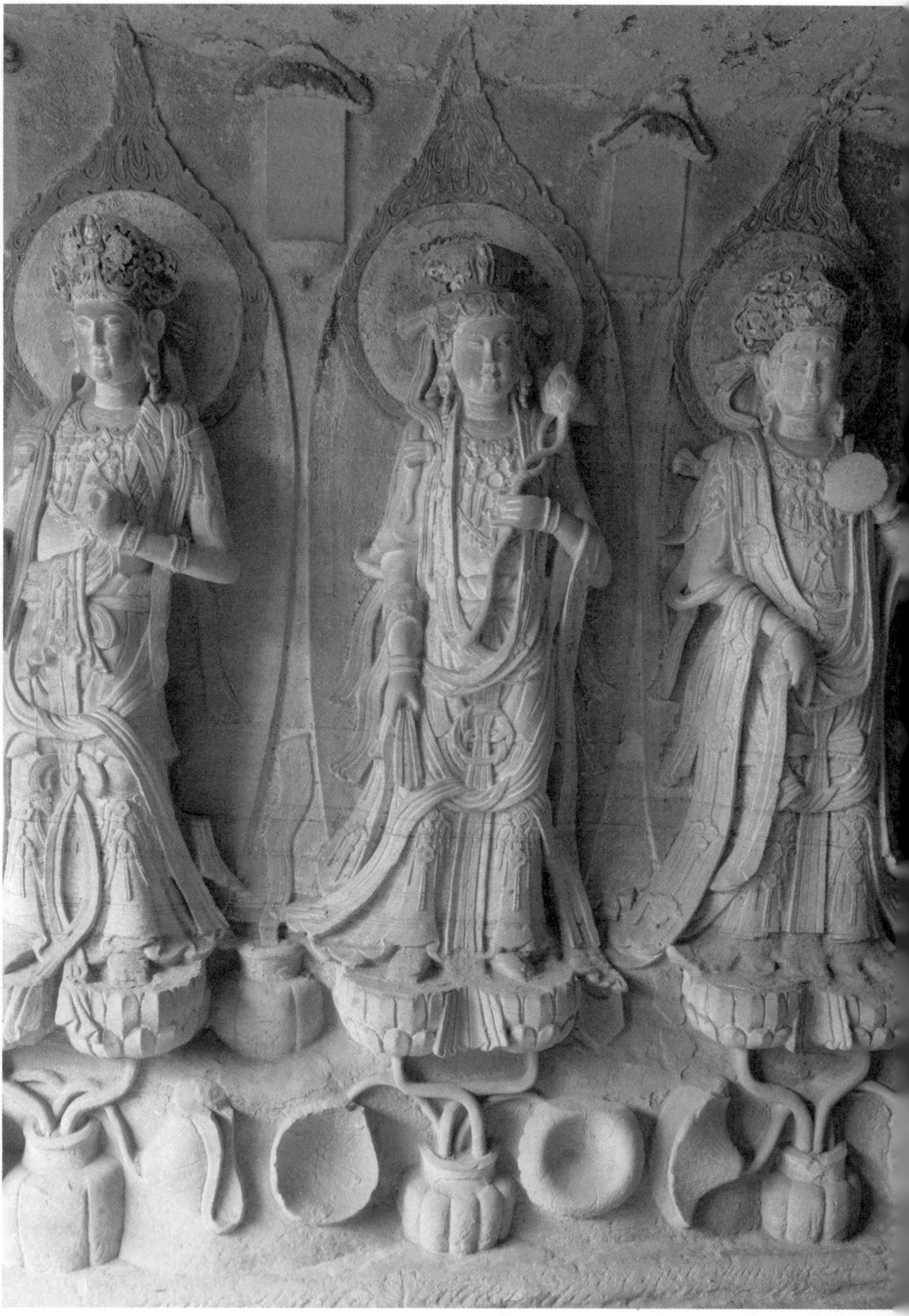

左图　石门山十圣观音洞，如意轮观音、莲花手观音、宝镜观音

右图　石门山十圣观音洞，从左往右依次为宝扇手观音、宝经手观音、宝篮手观音、净瓶观音

苦不堪言，居士岑忠用看在眼里，焦急万分，遂在石门山营造洞窟，镌刻观音祈福。几年时间里，岑忠用四方奔走，筹集资金，他的两个兄弟也加入进来，开凿宝扇手、宝兰手观音。岑忠用开龛的消息不胫而走，庞休、侯惟正、杨作安、赵勤典、陈充、侯良、谢继隆等人亦慷慨捐资，各自认领了尊观音，其中，赵勤典的宝镜手观音完工于绍兴十一年（1141）：

昌州在城左厢界居住奉佛男弟子赵勤典、男赵觉、赵恭，合宅舍财造上件宝镜观音一位，乞保一家安泰，四季康和，今世来生常为佛之弟子，次乞冤家解释，债主升天，时以辛酉岁正月望日庆。

宋代某些大型石窟，虽也是百姓集资修建的，却与唐代集社造像大为不同，捐资者大多以个人或家庭为单位，雕凿的也是单尊造像，唐代数十位供养人集社捐资的情况几乎消失，一方面显示出百姓较为富庶，另一方面也是个人意识萌芽的产物。

庞大的工程持续五年方才完工，岑忠用也将自己与妻子的形象留在了龛中，他头戴幞头，身着交领长袍，手中持有香炉；裴氏是一老妪形象，头梳发髻，手捧香合。在题记中，岑忠用劝人开龛，莫为子孙存钱，言辞虽然俚俗，却颇有趣：

忠用虽三代贫苦，实无一贯之本。……他年限满，堕落阴司，日受万死一身。常言儿孙自有儿孙计，莫为儿孙作马牛。时庚申十二月某日，化首岑忠用与裴氏夫妇共镌造。[1]

---

[1]（宋）岑忠用：《诱化修造十圣观音洞镌记》，《大足石刻铭文录》，重庆出版社，1999年。

362

大足石门山十圣观音洞，高 3.02 米，宽 3.5 米，进深 5.79 米，正壁雕凿阿弥陀佛、观音、大势至菩萨，左右壁各有五尊观音：净瓶、宝兰手、宝经手、宝扇手、甘露玉、宝珠手、宝镜、莲花手、如意轮、数珠手，观音足下有坛，坛口生出双梗莲朵，观音就站在莲朵之上。宝扇手观音身材修长，面容恬静，皮肤娇嫩，仿佛吹弹可破，腹前持一宝扇；宝经手观音亭亭玉立、含颦欲笑，繁复的镂空花冠与简约的面颊相得益彰。

宋代的昌州，在场镇、乡村，百姓纷纷加入到造像的行列中。在玉滩，高氏桂一娘拿出一百贯，为母镌造佛像，现编号第 6 龛，"奉佛女弟子高氏桂一娘为母舍钱一百贯文，买田施本岩用，满夫君陈文祖存日心愿。祈乞过往升天，见存安乐。住岩僧法隆记。"[1] 在佛安桥，古贯之夫妇造无量寿佛一龛，现编号 2 号龛，"奉善弟子古贯之夫妇发心镌造无量寿佛，祈乞亡过母亲任氏早获□□，□存二亲悉皆安乐。大宋天元甲子中元日设斋题壁。"龛中造像旁可见古文士、古及之、古平之、古国之等供养人信息，可见此龛为古氏一族镌造。在老君庙，任氏造观音菩萨，编号第 6 号龛，"昌州大足县□□乡本□□任氏等发心造此佛龛，乞愿寿□。庚戌建炎四年五月初八日己酉□。"[2]

经变故事，宋人的生活史

大足诸多石窟中，宝顶山规模最巨，崖面长约 500 米，高 8—25 米，

---

[1] （宋）住岩僧：《为高氏母女施地刻像镌记》，《大足石刻铭文录》，重庆出版社，1999 年。
[2] （宋）任氏：《造观音龛镌文录》，《大足石刻铭记》，重庆出版社，1999 年。

市井生活，人间情趣　363

宝顶山卧佛全长 31 米，这也是中国最大的半身卧佛

365

大足宝顶山地狱经变，将阴森的地狱搬到了岩壁上

龛窟首尾相连，造像栩栩如生，如同一幅宋代长卷画，在岩壁上徐徐铺陈开来。释迦涅槃图，也称"卧佛"，塑造的是佛祖释迦牟尼80岁那年，在拘尸那迦城娑罗林双树间涅槃成佛，弟子与眷属们前来送别的场景。卧佛全长31米，却并不完整，右肩没于地表之下，双脚隐于岩体之中，给人意犹未尽之感，因此，民间又有"宝顶卧佛，身在大足，脚

宝顶山观无量寿经变局部

踏泸州,手摸巴县"之说。这也是中国最大的半身卧佛。

宝顶山的大片岩壁,连环画一般开凿出许多经变故事,比如父母恩重经变、大方便佛报恩经变、观无量寿经变、地狱经变等。所谓经变,是将佛经中的故事以通俗的口语或绘画、雕刻的形式表现出来,宋代的许多寺院,出现了唱"经变"的人,用富有韵味的唱词唱出佛经故事,有时还在旁边挂上"经变"画,以招徕信徒。大足的石刻经变,应该与宋代寺院的风气不无关联。

父母恩重经变长15米,用祈求子息、怀胎守护、临产受苦、哺乳养育、咽苦吐甘、回干就湿、生子忘忧、洗濯不净、为造恶业、远行忆念、究竟怜悯十一个场景,塑造了一对夫妻将儿子拉扯成人的全过程。"临产受苦"中,挺着大肚子的孕妇咬着嘴唇,似乎疼痛难忍,侍女搀扶着她,接生婆单膝跪地,正准备接生,巫师手持令牌,驱赶鬼神。"远行忆念"中,儿子长大成人,即将离家远行,离别之际,白发苍苍的老父老母拄着拐杖,送了一程又一程。宋代工匠截取生活中平常而细微的镜头,直到今天依旧让世人动容。

印度佛教典籍浩如烟海,却从未出现过"孝道"这个词。佛教主张看破尘世,通过修行成佛,一直因"孝道"问题饱受儒家攻击,屡屡失去朝廷支持。此后,佛教为了在中国立足,不断吸收、融入中国传统文化,尤其是儒家的孝道观,《父母恩重经变》便是在这样的背景下产生的。敦煌莫高窟曾发现《父母恩重经讲经文》《十恩德》《孝顺乐》等诸多文书,宣扬孝道,156窟归义军节度使张议潮的功德窟中,也绘制了规模宏大的父母恩重经变。

佛教徒似乎并不满足,在大方便佛报恩经变中,释迦牟尼以身作则,亲自当起了孝子。一日,释迦在耆阇崛山中说法,弟子阿难入城化缘,遇到六师外道(印度与佛教对立的六个哲学派别),他们说,释迦舍弃双亲,独自修行,还不及路边供养父母的乞丐有孝心。阿难心生疑惑,回去禀告释迦,释迦召集三千大千世界诸佛菩萨,宣讲《大方便佛报恩经》。大方便佛报恩经变正是以恢宏的篇章,展示了释迦因地割肉供父母、鹦鹉行孝、剜睛出髓为药等故事,将释迦塑造成舍身饲虎的圣人、为父抬棺的孝子。

地狱变相,则又将阴森的地狱搬到了岩壁上,将诸如刀山、铁床、

地狱经变局部

毒蛇、截膝、寒冰、镬汤、饿鬼等十八地狱中的种种苦痛一一呈现，借此警醒世人。镬汤地狱中，柴火熊熊，油锅冒着热气，骨头与人头若隐若现，旁边的小鬼捂住双眼，不忍再看此等惨状。毒蛇地狱中，一条狰狞的毒蛇从小鬼口中穿入身体，又从胸口破膛而出，小鬼痛苦挣扎，哀号不已。

《唐朝名画录》记载过这样一个故事，画家吴道子在景公寺画了幅地狱变相，几天后，京师里卖酒、卖肉、卖鱼的商贩竟纷纷改行。千百年来，大足县城里的屠夫来到大佛湾，会不会竞相金盆洗手？我不得而知。

大足石刻中，宝顶山规模最大、雕凿最精，奇怪的是，山中造像数以万计，却无一雷同，似乎经过了统一规划，且看不到一则供养人题记，究竟是谁主持了如此恢宏的石窟？答案或许在隐藏在宝顶山一个不起眼的院落中。

圣寿本尊殿僧人赵智凤

宝顶山有个院落，终日铁门紧锁，名为小佛湾。院落中央有座石塔，通高 7.91 米，四方三层结构，逐级内收，塔身浮雕大小佛像 103 尊，空白处遍刻佛经经目，一个身披袈裟的卷发人也出现在了塔上，他，是赵智凤。[1]《重开宝顶石碑记》记载了他的生平：

宝顶山距大足治东仅一舍许，岩谷深邃，林壑秀美，丛篁古木，蓊

---

[1] 陈明光：《宝顶山石窟创建者——赵智凤事略》，《大足石刻研究文集》，重庆出版社，1993年。

小佛湾石殿上的圆龛

郁阴翳,真释氏清净道场之境。传自宋高宗绍兴二十九年七月十有四日,有曰赵智凤者,始生于米粮里沙溪,年甫五岁,靡尚华饰,以所居近旧有古佛岩,遂落发剪爪,入其中为僧。年十六,西往弥牟云游三昼。既还,命工首建圣寿本尊殿,因名其山曰宝顶,发弘誓愿普施法水,御灾捍患,德洽远近,莫不皈依,凡山之前岩后洞,琢诸佛像,建无量功德……[1]

---

[1] (明)刘畋之:《重开宝顶石碑记》,见重庆大足石刻艺术博物馆编:《大足石刻铭文录》,重庆出版社,1999年。

大足宝顶山华严三圣、、六道轮回、护法神将等龛窟

　　南宋绍兴二十九年七月（1159），赵智凤生于大足县米粮里，幼时母亲多病，五岁的赵智凤入古佛崖削发为僧，为母亲延寿祈福。十六岁那年，赵智凤外出云游，来到汉州弥牟镇（今成都青白江区）"圣寿本尊院"研习密教。晚唐五代，一个叫柳本尊的僧人在这里传授密宗，称唐瑜伽部主总持王，据说当时声势之盛，连蜀王都是座上常客。1179年，赵智凤返回宝顶山，创建圣寿本尊殿，开坛传教，三年的求法经历，或许是宝顶山出现众多密宗题材的重要原因。

小佛湾正殿是一座长条石垒砌成的石殿，殿中有几间石室，其中两间毗卢庵，一间释迦牟尼报恩经变窟，这是赵智凤与弟子受戒、观想、修行的场所。9号毗卢庵高2.3米、宽1.7米，正中雕刻毗卢佛，千佛、菩萨、明王密布四壁，威武的四大天王守护着"释迦舍利宝塔禁中应现之图"，舍利塔传说是印度阿育王所造八万四千塔之一，嘉定八年（1215）宣入宫中安奉，宋宁宗令画匠绘出宝塔图，赐予圣寿寺，可见南宋年间的宝顶山早已名声在外了。

宝顶山圆觉洞，描绘了十二圆觉菩萨向毗卢遮那佛问法的场景

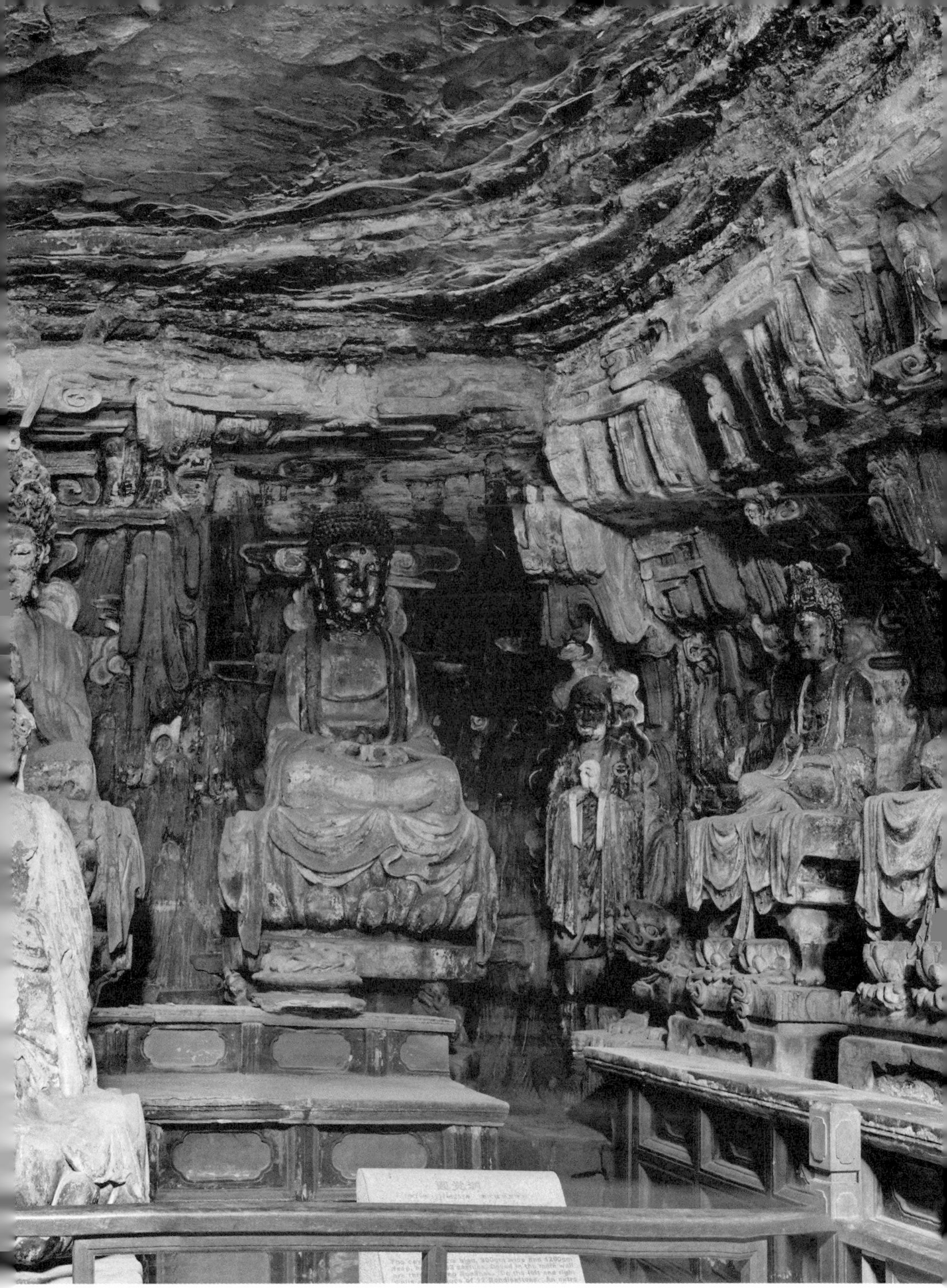

宝顶山护法神将

　　释迦牟尼报恩经变窟，现编号第3龛，造像虽已斑驳不堪，却依稀可以分辨出父母恩重经变相图、大方便佛报恩经变等。宋代的大足，无论官吏、商贾、诗人，还是贩夫、农民，都喜欢请工匠开龛造像，当年，从圣寿寺返回宝顶山后，赵智凤意识到，枯燥的佛经难以吸引信徒，栩栩如生的造像更易为世人接受，于是他遍访蜀中石匠，延请至宝

顶山上，并先在小佛湾进行了诸多尝试，方才动工。

每个清晨，赵智凤坐在石室中，举目皆佛像，听着不远处的大佛湾传来的一阵阵凿石声，清苦的生活持续了数十年，恢宏的宝顶山才日臻完工。中国许多地方的石窟，往往是皇室、官吏、商贾、百姓捐资开凿的，由于财力悬殊，龛窟也是大大小小，题材也难免重复；相反，大佛湾经赵智凤精心筹划，上万尊造像无一雷同，在中国石窟艺术史上可谓绝无仅有。

赵智凤营建宝顶山时，北山、石门山、石篆山业已衰落，著名的敦煌、云冈、龙门、麦积山石窟大规模造像早已停止，石窟艺术日暮残阳。可以说，赵智凤几乎以一己之力，填补了中国南宋石窟艺术的空白，将中国石窟的脉络，延续了四百年之久，留下了最后的余晖。

梵音缭绕的日子在1236年戛然而止，这年秋天，蒙古兵发三路伐宋，由此拉开了宋蒙长达半个世纪的征伐，昌州作为军事重镇，亦是硝烟弥漫。在蒙古铁骑侵袭下，昌州人口锐减，百姓流离失所，大佛湾的工匠人心惶惶，也丢下手中的铁锤、铁凿逃命，宝顶山柳本尊十炼图中的明王尚未完工，或许就与此有关。再后来，昌州城被攻破，蒙古铁骑呼啸而过，那些精美绝伦的造像与故事，渐渐被狼烟遮蔽，被尘封于枯藤、杂草与青苔中，直到20世纪40年代才重新被发现，那些充满市井气息的宋代造像，亦再次为世人所知。

日暮残阳,星星落落

明代

代表造像

十一面千手观音、九龙浴太子、鱼篮观音、净瓶观音、释迦说法图、十八罗汉漂海图等。

代表石窟

泸县玉蟾山、大足千佛岩、大邑药师岩、蒲江观音寺、夹江金像寺等。

供养人

僧人铭宗、呈道聪、黄觉贤、肖氏四娘、任佷年等。

南宋末年，剽悍的蒙古人在接连攻灭西夏、金国后，发动了灭宋的战争。蒙古人意图先占得巴蜀，尔后顺长江而下攻入临安城，巴蜀从此陷入了长达半个多世纪的鏖战之中。诚如元人虞集在《道园学古录》中所言，"……连兵入蜀，蜀人受祸惨甚，死伤殆尽，千百不存一二。"覆巢之下，岂有完卵。盛极一时的大足石刻走向衰落，大足宝顶山上有几尊未完成的明王，或许便是蒙军入侵的见证。

元朝末年，明玉珍在重庆称帝，建立大夏政权，改元"天统"。明玉珍立国后，禁儒、道两教，却对佛教尤为推崇，他曾令司徒邹兴监造了一龛高7.5米的弥勒佛，暗示自己是弥勒下凡，借此将政权神化，一如武则天故事，这也是巴蜀少见的元代石窟。

洪武四年（1371），明军灭大夏，巴蜀又归于中央政权。相对元代，明代巴蜀造像要活跃得多，但大多零星、散落，比如金堂三学寺，蒲江观音寺、高韩村，大邑药师岩，隆昌白云寺，大足千佛崖等。

大足千佛崖凿有不空罥索观音、地藏、观无量寿经变、十二光佛等，题记显示，千佛崖造像与僧人铭宗有关，洪武十五年（1382），明太祖始设僧会司于各县，掌一县之僧人：

大明国四川道重庆府昌州大足县僧会司僧人铭宗，为洪武三十一年十一月十二日寓居静南里重龙山般若庵开山。恒自性生于斯世，难报四恩，未资三有，于是岁月，四方善男信女同发善心慈悲，喜舍资财，命匠镌造十二光佛一龛。愿各人见生父母，及多生父母，累劫究亲，随个同生净土。□□□□化缘僧人铭宗，堂教僧官本师，和尚晓山证盟，珠玉寺无影禅师证盟，权司官和尚铭宝，报恩寺住持铭□，佛会寺住持广性、广贵，宝林寺住持铝□，妙高寺住持□□，宝顶住持僧□悟。□□匠人□□□□（德主）信人江齐祥、注齐□，永乐元年癸未三月岁次……

僧人铭宗与静南里的善男信女一起，开凿了一龛十二光佛，永乐元年（1403）三月完工，十二光佛旁各有题记，显示出□觉荣、呈道聪等人亦参与其中。同样在重龙山，黄觉贤与肖氏四娘，捐资了拘那舍牟尼佛；永乐八年（1410）正月，任伈年也捐资了一龛观无量寿经变，正壁雕有阿弥陀佛、观音、大势至菩萨，上方刻有楼阁，寓意西方极乐世界。任伈年还留下一则题记：大明四川道永乐十年八月造了。

相比之下，泸县玉蟾山则是四川明代少见的石窟群，现存71龛，400余尊，诸如"永乐二十二年""景泰六年""天启乙丑（五年）""嘉靖癸巳（十二年）""正德二年"等年号，暗示玉蟾山明代开窟之风极盛。明代十一面观音与千手观音逐渐融合，出现了十一面千手观音；鱼篮观音恰似农家村妇，淳朴自然。

经由宋末的战火与元朝的禁锢，明代虽续有石窟，但造像呆板，雕工粗糙。明人往往乐衷于培修、妆彩旧时佛像，对重新开龛倒没有太大兴趣。清代民国，圆雕佛像逐渐占据主流，石窟艺术更是日暮西山了。

泸县玉蟾山
铁骑下绽放的莲花

泸县玉蟾山，凿有佛像400余尊，数量虽不多，却是中国少有的明代石窟群。南宋末年，蒙古铁骑攻入巴蜀，大足宝顶山的工匠四散逃亡，巴蜀石窟一度陷入沉寂，而石窟的火种，却在玉蟾山重燃。玉蟾山现71龛，又以观音菩萨数目最多，尤其是鱼篮观音，令人想起《西游记》与明代传奇中的奇异故事。

明代石窟凤毛麟角

玉蟾山距离泸县县城只有一公里，距离现代社会却有500余年，明代风韵一直在这里挥之不去。玉蟾山金鳌峰岩壁上，开凿有71龛、400余尊明代造像，诸如九龙浴太子、十一面千手观音、鱼篮观音、十八罗汉漂海图等，数目虽不多，却不影响它在巴蜀乃至中国石窟史上的地位——石刻大多开凿于明代，至今仍能看到"永乐二十二年""景泰六年""天启乙丑（五年）""嘉靖癸巳（十二

玉蟾山明代石窟全景

年）""正德二年"等题记，[1]而明代石窟在中国已是凤毛麟角。

玉蟾山"遍山皆石，无石不蟾"，因而得名。林木幽深，溪流环绕，尤以金鳌峰风景最佳，摩崖石刻就环刻于金鳌峰山腰上。明嘉靖十八年（1539），诗人杨慎游玉蟾山，其时，玉蟾山上的工匠，正挥汗如雨，挥动手中的铁锤开凿石窟，不知道杨慎在题下"金鳌峰"三字时，断断续续的凿石声，是否曾飘荡在这位谪官耳中？[2]

巴蜀大地石窟造像密如蜂巢，为何唯独明代石窟如此少见？南宋末

---

1 冯仁杰：《泸县玉蟾山摩崖造像》，《四川文物》，1985年第2期。
2 曾广溯撰有《泸县玉蟾山"金鳌峰"作者考辩》一文，将"金鳌峰"三字，释为曾少岷所书。

年，蒙古在接连剿灭西夏、金朝后，发动了对宋朝的战争。蒙古军队意图像秦朝统一六国那样，先夺取巴蜀，尔后顺长江而下，进攻南宋都城临安，巴蜀也就成为抗蒙的主要战场，与蒙古铁骑鏖战长达半个世纪之久，就连南宋王朝业已灭亡时，巴蜀军民仍未放弃抵抗。

在战火纷飞的南宋，巴蜀石窟纷纷停止，大足宝顶山柳本尊十炼图有几尊未完工的明王，或许与蒙古入侵不无关联。蒙古人建立元朝后，巴蜀石窟陷入沉寂，除元代末年明玉珍在重庆令司徒邹兴监造了一龛高7.5米的弥勒佛外，元代石窟在巴蜀极为少见——蒙古人的铁骑切断了中国石窟的脉搏，石窟艺术已是日暮斜阳了。

明朝建立后，石窟艺术有复苏之势，规模却大不如前，一般比较分散，三三两两分布在寺院周围，就目前所知，明代中国北方、南方各出现了一处相对集中的石窟群——甘肃庄浪石窟与四川玉蟾山石窟。由于地处深山，长期以来为杂草、枯藤掩盖，庄浪石窟、玉蟾山石窟一直寂寂无闻，直到近年来才为世人所知。

家家念弥陀，户户拜观音

玉蟾山众多石窟中，第19龛千手观音规模最大，高5.6米，宽3.6米，进深1米，观音上身披挂璎珞，下着裙裳，外罩天衣，雕有40只手，左侧19只，右侧21只，持玉环、羂索、宝钵、宝印、如意珠、斧钺、金刚轮、杨枝、宝剑、宝螺、金刚杵等各式法器，身后密布千手，宛若孔雀开屏一般密布整窟。

千手观音是密宗一大观音，也是中晚唐四川石窟的流行题材，分布在安岳卧佛沟，内江圣水寺、东林寺，夹江千佛岩，资中重龙山，丹

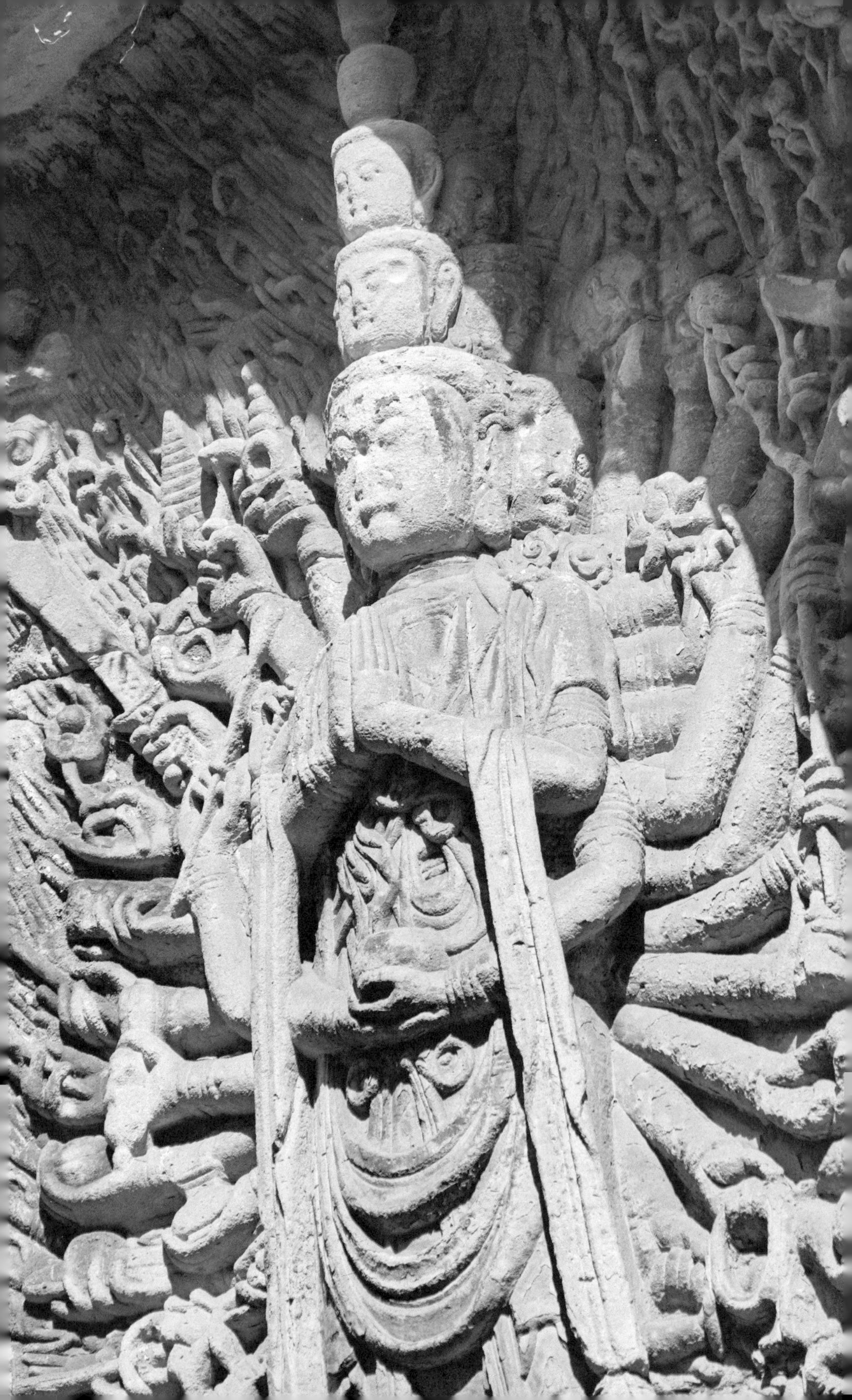

十一面千手观音局部

棱刘嘴等地。观音大多雕出 40 或 42 只手，密迹金刚、毗沙门天王、鸠槃荼王、金色孔雀王、阿修罗等部众分列左右。大足宝顶山千手观音有 830 只手，全身贴有金箔，也是中国规模最大的摩崖千手观音。

唐宋年间的千手观音大多只有一张面庞，玉蟾山的这龛却有十一面之多，自下而上以"三、三、三、一、一"呈塔状分布。十一面观音的信仰，宋元年间才在四川石窟中出现，作为密教的流行造像，十一面观音从藏地传入四川盆地，逐渐与千手观音融合，玉蟾山的十一面千手观音，或许正是在这样的背景下产生的。[1] 同样在明代，大邑药师岩、夹江金像寺也出现了十一面观音；元代之后，在敦煌莫高窟，十一面观音与千手观音也逐渐融为一体。

第 9 龛鱼篮观音，观音面部丰腴，头梳双髻，身着蓝色长裙，手提鱼篮，如果不说这是菩萨，很多人可能以为这是一位打着赤脚、提着竹篮给地里丈夫送饭的村妇。那份淳朴与自然，充满生活情趣。

鱼篮观音是观音三十三相之一，相传东海之滨百姓不知礼仪，观音菩萨化作美丽的渔妇前来点化，表示自己愿意嫁给一夜之间熟记《法华经·普门品》的人。第二天上午，有二十人过关；女子声称无法嫁给这么多人。又令其熟记《金刚经》，隔天早晨只有十人通过；女子再请他们三日内熟记全本《法华经》，只有马郎一人通过测试。

渔妇如约嫁给马郎为妻，怎奈新婚当日突然死去，尸体随即腐烂，马郎伤心欲绝，只得匆匆下葬。不久，有和尚云游至此，告诉马郎他的

---

[1] 陈凤贵：《四川泸县玉蟾山明代十一面千手观音摩崖造像初探》，《四川文物》，2016 年第 5 期。

观音头梳双髻，身着蓝色长裙，手提鱼篮

妻子是观音菩萨下凡，前来点化他。马郎掘开坟墓一看，墓中果然只有穿着骸骨的金链，这是圣贤死后才有的迹象。马郎从此虔诚向佛。村民听说后，家家户户供奉渔妇画像，鱼篮观音信仰在当地逐渐流传。因鱼篮观音曾化作渔妇下凡，其在图画、石窟中的形象颇类世俗女子，这或许也是玉蟾山石窟的观音被认作"村妇"的原因。[1]

《西游记》第 49 回"三藏有灾沉水宅　观音救难现鱼篮"，普陀山水池里的金鱼，因日日听观音讲法，最终修炼成精，欲加害唐僧师徒。悟空不敌，到普陀山向观音菩萨求教，观音手提紫竹篮，降服金鱼精，陈家庄信众看到鱼篮观音在云中现身。从《西游记》"内中有善图画者，传下影神"的记载来看，明代鱼篮观音的形象业已流传。明代《观音鱼篮记》《观音菩萨鱼篮记》《锁骨菩萨》《鱼儿佛》等传奇、杂剧的流行，更使得鱼篮观音成为民间耳熟能详的神灵，其中，《观音鱼篮记》万历年间由金陵唐氏文林阁刊行：

扬州儒生刘真赴京科考，在寺院偶遇金丞相，以一手草书获得丞相赏识，入住相府，教授丞相爱女金牡丹，两人情投意合，坠入爱河。相府莲池中的金鱼精，偷偷变成金牡丹模样，与刘真私奔到扬州。相府仆人偶遇二人，心生疑惑，将此事禀告给丞相，而真正的金牡丹已卧床不起。这宗离奇的案件最终由包公审理，包公请龙王、城隍相助，金鱼精跑到南海普陀山，被观音以竹篮降服，刘真与金牡丹有情人终成眷属。[2]

观音在玉蟾山数目最多，除了千手观音、鱼篮观音，尚有数珠手观音、净瓶观音、不空羂索观音、南海观音等。几次去玉蟾山，我都碰到一位头发花白的老婆婆，弓着羸弱的身子，背着香火纸钱，走到净瓶观音脚下。烧完香，老人就坐在石头上，跟观音拉起了家常，她告诉观

---

[1]《泸县玉蟾山摩崖造像》一文将鱼篮观音定为"村妇图"。
[2] 于君方：《观音——菩萨中国化的演变》，商务印书馆，2015 年。

左图 对中国百姓而言，观音俨然世人，尤其是可以倾听女性信徒声音的"贴心人"

右上 玉蟾山不空羂索观音

右下 观音在玉蟾山数目最多，除了千手观音、鱼篮观音，尚有数珠手观音、净瓶观音、不空羂索观音、南海观音等

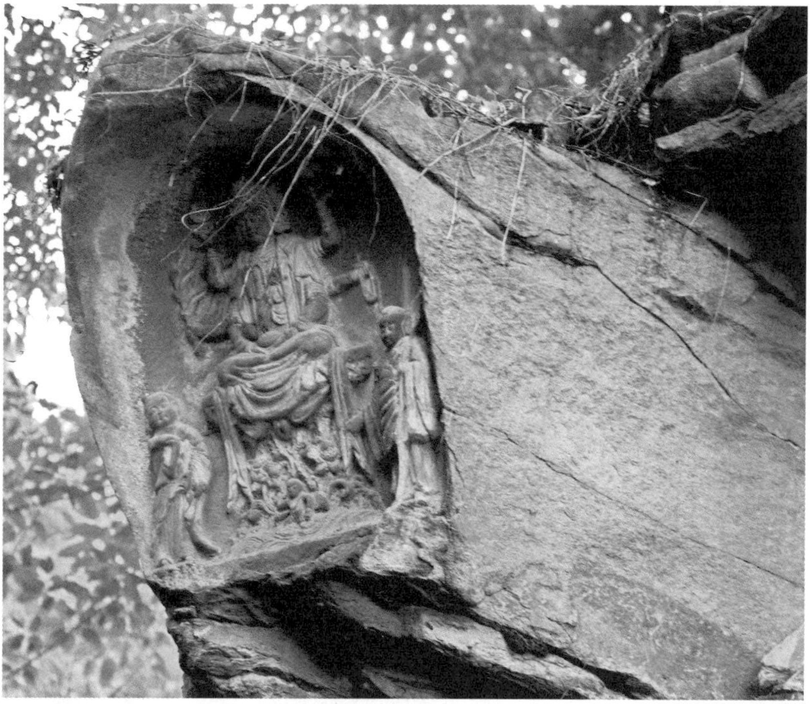

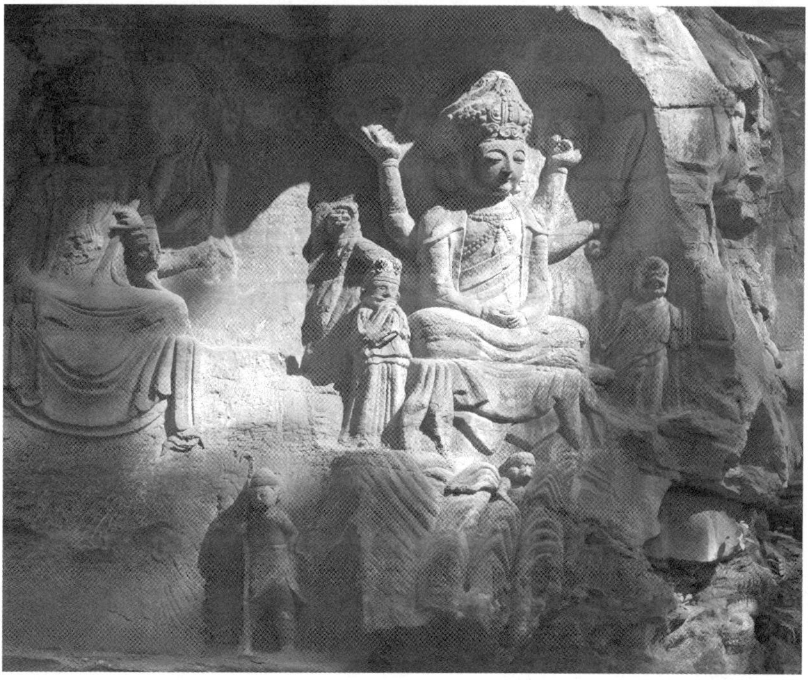

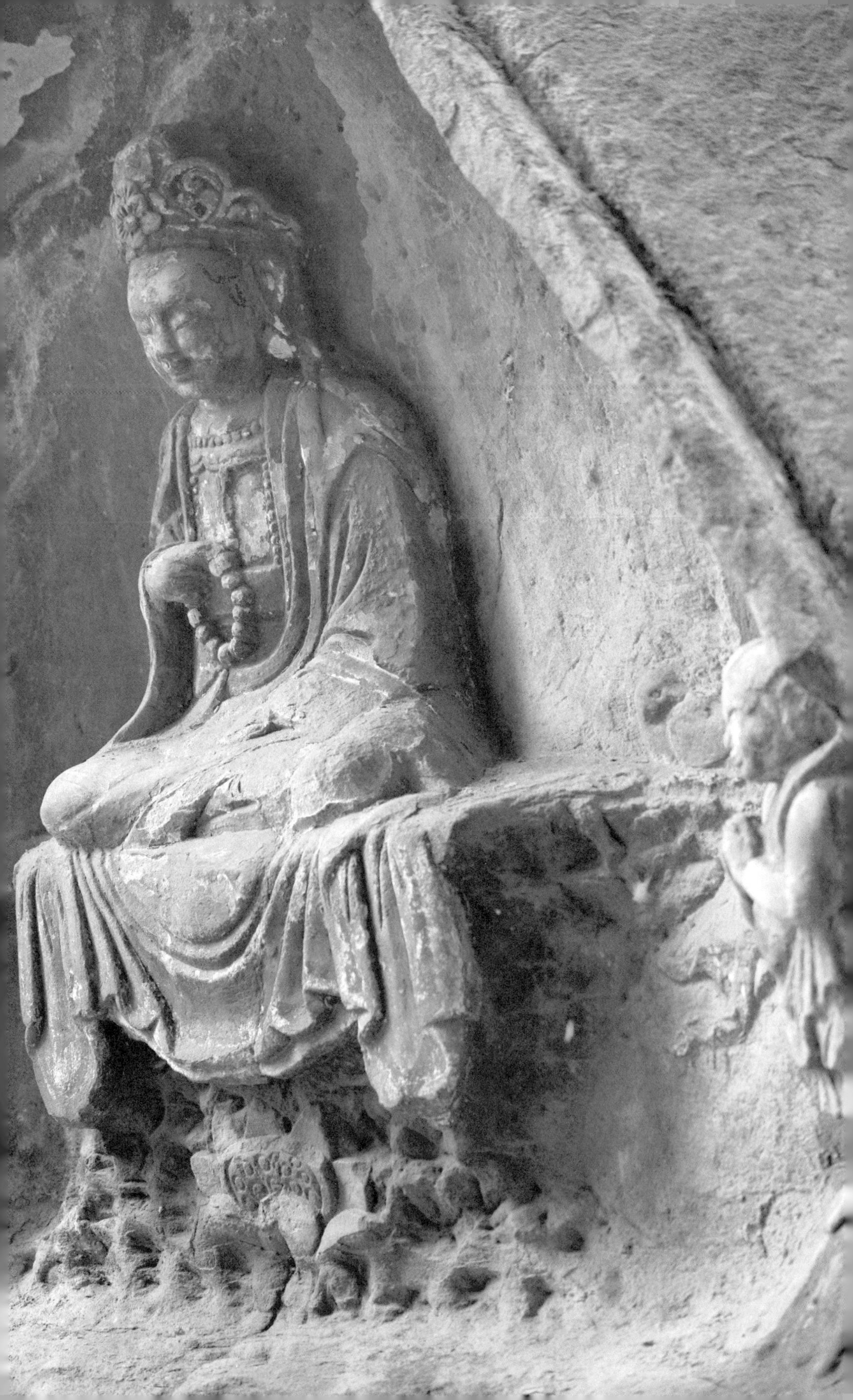

南海观音，这也是明清时期中国流行的观音信仰

音，丈夫死得早，自己三十岁就守寡了，含辛茹苦将三个儿子拉扯成人，给他们娶了媳妇。有了媳妇忘了娘，几个媳妇进门后，儿子却不如以前听话了，不过，她还是祈求慈悲的观音菩萨能保佑媳妇生几个大胖小子。

俗话说，"家家念弥陀，户户拜观音"。观音出现前，中国神话传说中的女神大多是冷冰冰的形象，比如王母娘娘，强行拆开牛郎织女，又把善良的月宫仙子变成蟾蜍，凶恶、孤僻，如同旧社会的恶婆婆；又如女娲娘娘，上天入地，补天造人，似乎更像英雄。佛教传入中国后，观音逐渐以和蔼可亲、有求必应的形象俘获了中国人，对中国百姓而言，观音恐怕已不仅仅是可以帮助世人脱离苦海的神偶，而俨然成为可以倾听世人，尤其是女性信徒苦恼、忧愁的"贴心人"。

明人笔记小说中的鲜活生命

后山的"建文皇帝像"也是玉蟾山少见的大型造像，高 4.5 米、身着僧衣的建文皇帝卓然而立，身边跟着随从。这尊造像，其实是"一佛一僧人"，却在民间流传中成了逃亡的建文皇帝。传说明成祖朱棣政变，建文皇帝连夜潜逃出宫，最终隐居在泸县玉蟾山。中国许多地方都流传着建文皇帝的传说，一方面是攀龙附凤的心态作怪；另一方面，在很多中国人心中，皇帝都是端坐在金銮殿之上，却有个皇帝为了躲避追杀，

四处逃亡，油然而生的同情心使得他们愿意相信村里的某处深山老林应该就是建文帝的绝佳避难所。

十八罗汉漂海图，也是玉蟾山的绝佳之作。中国明清时期的十八罗汉，往往在大雄宝殿中正襟危坐，玉蟾山的十八罗汉却分列"U"形谷两侧，除降龙罗汉驾龙、伏虎罗汉骑虎外，其余站立在鱼、虾、鳖、龟之上漂洋过海，谈笑风生。

玉蟾山石窟一般不大，高、宽不足1米，造像早已不是北方石窟中的异域面孔，也不是中国北方人，而是柳眉杏眼、留着小胡子的南方人，似乎不是威严的佛像，而是明人笔记小说中有血有肉的生命。玉蟾山有龛"九龙浴太子"，佛教典籍记载，释迦牟尼是古印度净饭王长子，名悉达多，降生后两条神蛇为他沐浴，而在玉蟾山却成了九条龙，因为中国人历来不喜欢蛇；悉达多也早不是异域太子，却是个围着肚兜的乡间娃娃。佛从中原走到泸县，已完成了中国化的进程。

一代代供养人的身影

明代，在千里之外的甘肃庄浪县关山深处，凿石声也是不绝于耳。甘肃陇东高原是中国石窟集中区域，庆阳北石窟、泾川南石窟、王母宫石窟便是其中的精品。三十年河东，三十年河西。时至明代，庆阳北、

右上　玉蟾山十八罗汉飘海图，也是中国戏剧经久不衰的主题
右下　玉蟾山南海观音与十八罗汉漂海图

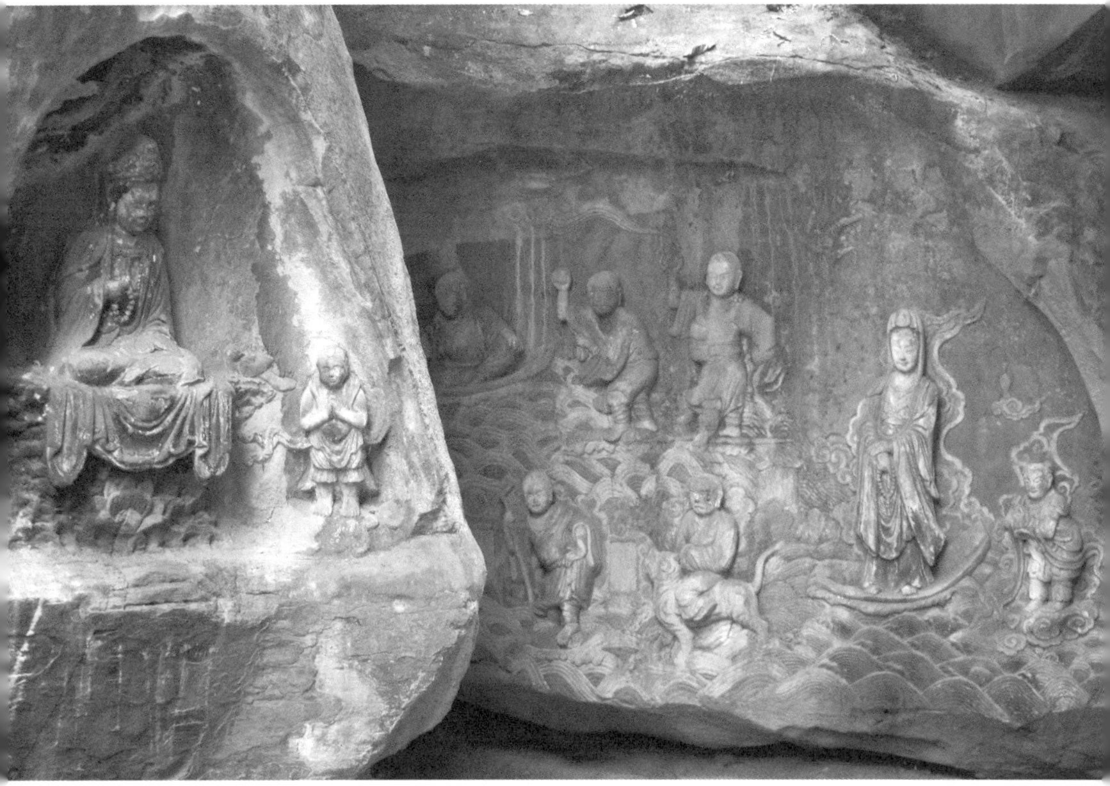

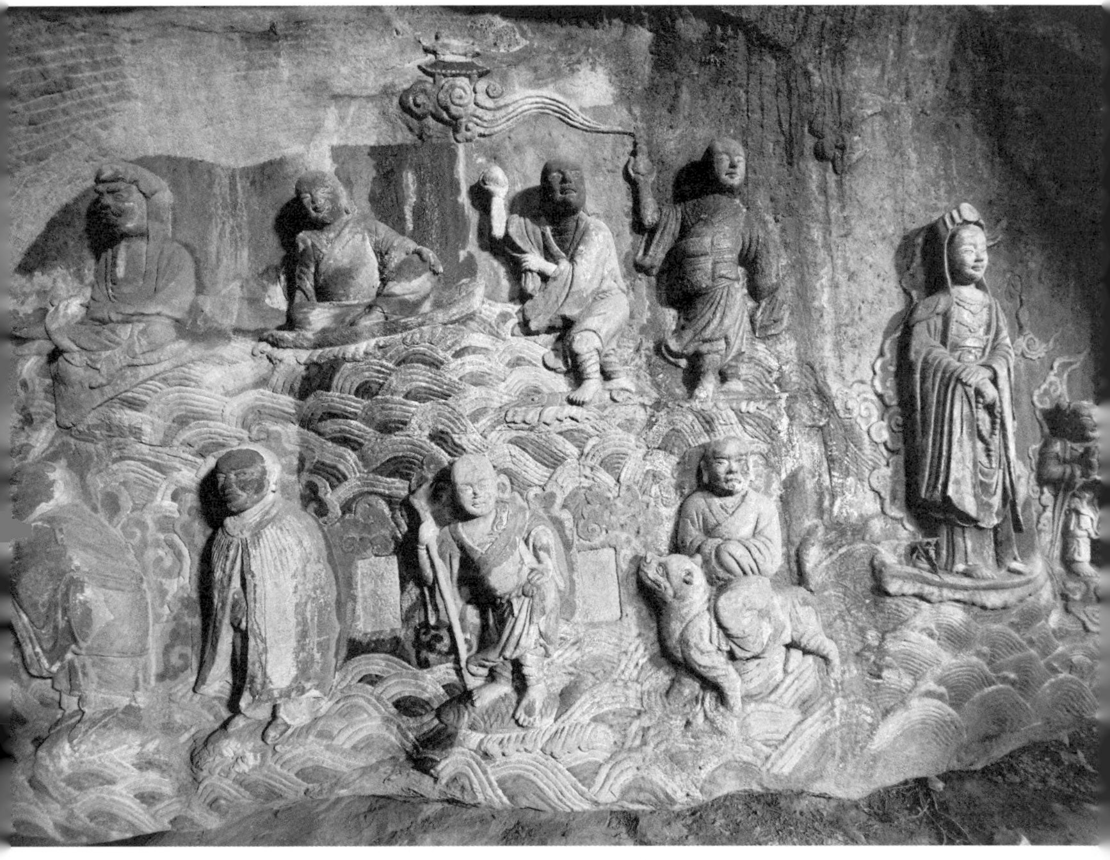

> 九龙浴太子，悉达多的形象，
> 却是个围着肚兜的乡间娃娃

泾川南大规模造像早已停止，原本默默无闻的庄浪石窟，却步入了黄金时代。

庄浪石窟现存99龛，其中明代石窟60余龛，境内西寺、朝阳寺等几乎全部开凿于明代。庄浪地处陇山古道要冲，是古代关中通往陇右的必经之地，明代先是明宗室安王封地，永乐年间安王绝嗣，改属韩王，岩壁上至今尚能看到"大明国陕西平凉府/静宁州主山寺住/持僧无想/韩府内臣李/大明嘉靖拾一年"[1]题记，可见庄浪石窟与明朝宗室崇佛颇有关联。

较之元代，佛教在明代走向复苏。明太祖朱元璋出身僧侣，即位后大力倡导佛教，佛教在中国重新赢得了宽松的环境，这也是玉蟾山、庄浪石窟得以滋生的土壤。可惜好景不长，清同治年间的一场大火将山上的寺院毁于一旦，盛极一时的玉蟾山门可罗雀，400多尊佛像也渐渐为荒草、枯藤掩盖。

堪称"白银时代"的明代商品经济虽有发展，但在战火中重生的文化脉搏，却再也无法恢复到唐风宋韵的鼎盛，就雕刻工艺而言，玉蟾山造像呆板，线条生硬，雕工也显得粗糙。蒙古人的铁骑中断的不仅是巴蜀石窟艺术，也让传承了数百年之久的雕刻技法随着那些在战火中流亡、罹难的工匠一起，永远消失在历史深处。自石窟艺术进入中国以来，如果说中国大地上那些由北向南、精美绝伦的石窟是佛祖走过的步

---

[1] 杨富学、程晓钟：《庄浪石窟》，甘肃文化出版社，1999年。

步莲花，玉蟾山，或许就是佛祖最后的脚印。

明代之后，大规模造像在巴蜀也很少见，圆雕造像更为流行。不过，这并不妨碍供养人礼佛，他们虔诚地拿出银两，修葺破败的寺院，妆彩山野的石窟。眉山丈六院，唐代大佛明代已色彩斑驳，洪武二十七年（1394），附近的陈姓、唐姓、周姓捐资妆彩，大佛才焕然一新；达州高观音崖有宋代十一面千手观音一龛，明万历八年（1580），信士杨崇山、李氏等也重妆观音，并举行法会。

唐代巴州刺史严武披荆斩棘，清扫苔藓，巴州南龛再次梵音缭绕。时至明代，石窟蒙尘，不少巴州人也以妆彩石窟为功德。明天启四年（1624）四月，黄宗卿祖孙三代，重新妆彩了双头瑞像，并留下题记一则：

……黄……周氏□□男黄应棘……氏□女二姐……上同父黄宗卿等装彩共□佛祖一堂永保万年长春天启四年四月八日。

时至清代，供养人的妆彩更为频繁。清光绪六年（1880），信士吴灿纶等人为南龛84号龛的佛祖、菩萨、天王等重穿"新衣"；乾隆五十七年正月十六日（1792），杨世清与儿子杨如婉、杨如琰，也发心妆彩了南龛85龛，当时他们称呼造像为"佛爷"。巴中南龛造像至今浓妆艳抹，不少龛窟就是明人、清人重妆的。

明代、清代供养人开窟减少，但妆彩、修缮活动却从未停止，巴蜀地区许多石窟得以保存至今，与明、清供养人的维护密不可分。一龛龛造像背后，既有唐代、宋代开凿石窟的供养人，也不乏明代、清代保护石窟的供养人，那些古老的石窟才得以经历岁月，传承至今。